U0362068

行政法视阈下的参与权解析

蒋润婷 著

南 开 大 学 出 版 社

天 津

图书在版编目(CIP)数据

行政法视阈下的参与权解析／蒋润婷著. —天津：
南开大学出版社，2017.9
　(天外"求索"文库)
　ISBN 978-7-310-05455-8

　Ⅰ.①行… Ⅱ.①蒋… Ⅲ.①行政法－研究－中国
Ⅳ.①D922.104

中国版本图书馆 CIP 数据核字(2017)第 203032 号

南开大学出版社出版发行
出版人:刘立松
地址:天津市南开区卫津路 94 号　　邮政编码:300071
营销部电话:(022)23508339　23500755
营销部传真:(022)23508542　　邮购部电话:(022)23502200

＊

三河市天润建兴印务有限公司印刷
全国各地新华书店经销

＊

2017 年 9 月第 1 版　　2017 年 9 月第 1 次印刷
230×155 毫米　16 开本　17.5 印张　2 插页　248 千字
定价:53.00 元

如遇图书印装质量问题,请与本社营销部联系调换,电话:(022)23507125

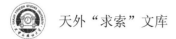

天外"求索"文库编委会

主　任：修　刚

副主任：王铭玉

编　委：余　江　刘宏伟

前　言

　　我国正处在社会转型时期，而西方国家已经步入后现代社会。在当今社会剧烈变迁的大背景之下，尤其是随着我国社会转型，政治体制改革不断深入，强调物质文明、精神文明、政治文明和生态文明的情况之下，政府职能发生了重大转变，政府行政行为的方式也必然发生重大调整，需要重塑新型的政府与公民的关系。从行政法角度来看，行政法基本理论的核心在于探讨政府和公民之间的关系。本书着重分析与行政权力运行密切相关的行政参与权问题，从宏观的视角研究现代行政过程中的价值追求、公共治理模式、行政参与权的理论基础、法律关系、实现方式、价值原则以及意义所在等内容。

　　促使本书将研究焦点定位在行政参与权问题的主要原因是日益具有广泛性和普遍性的行政参与实践。行政机关回应公民参与需求与维系自身权威之间的矛盾，客观上构成了公民参与的障碍，由此引发了对参与权理论和制度予以研究的迫切需求。无论是我国传统的法律文化还是现代行政法学，都将行政主体作为研究的重心和基点。但是，无论是从理论层面还是从实践层面，行政法律关系都不可能仅由行政主体一方形成和支撑，还必须要有相对方即相对人的介入。这样，公众作为相对方的行政法主体，应否具有参与权，又如何行使参与权，就成为行政法理论所要研究的重要问题。

　　我国当代行政法治的发展已经为行政参与权的研究积累了深厚的法学基础。从公共权力的发展演变，以及宪政理论的不断丰满，再到我国公民法律文化的不断丰富，这些都可成为研究我国行政参与权的理论基础。当今公共治理模式的演进是对传统公共行政模式的超越。行政参与伴随着公共治理的发展，体现出了政府角色的转换。行政参与权的发展推动了我国公法制度的重塑，对公法制度结构的调整起到了积极的作用。

本书的研究从行政参与权的法理基础和公共治理理论基础分析入手，探讨行政参与法律关系和行政参与权的实现方式，系统阐述行政参与权的法律价值和实现原则，经过对行政参与权实现因素及现状的分析，提出完善我国行政参与权的相关对策。

本书关于行政参与权的理论分析，即为研究行政参与权的理论基础。从行政法律关系的变迁中体现出行政相对人法律地位的演变，即由从属与被动走向积极。这种演变背后透视出政府行政职能转变以及公民权变迁的深层原因。而关于行政参与权的理论基础，可以从国家与社会二元化的政治学理论、人民主权的宪法学理论，以及行政民主化的行政学理论等方面进行分析。同时，公共治理模式也带来了行政参与权的发展变化。

笔者在文中对行政参与权的法律关系以及实现方式作出了分析。通过分析，本书认为行政参与权利是政治权利，因而行政参与和政治参与具有内在关联性；行政参与权利是公法权利，因而其保障和实现都具有不同于私法权利的公法特色；行政参与权也是程序性权利，其实现依赖于行政程序法制的健全。目前行政参与权的主体以多种形态存在，并且不同种类的主体以各自不同的权利实现方式行使参与权利。如此，行政参与权的类型也存在种种差别，包括个体参与权与组织参与权；直接性参与权与间接性参与权；必要性参与权与选择性参与权。同时，权利的实现方式也存在各种差别，并且其实现方式的选择关系到行政主体与相对人关系的重构。对一项理论的分析和研究，离不开目的、理论基础、内容形式的阐述；同时，也必须对价值和原则层面进行深度探讨。本书对行政参与权的价值意义与实现原则进行了研究，分析了相对人行政参与的合法、理性与和谐的价值，探讨了行政参与权对于公法制度重构的意义。在行政参与权的实现中，提出坚持权利保障原则、有序原则、公开原则以及诚信原则。

本书在解决问题的取向方面，分析了影响行政参与权实现的相关因素，包括我国行政参与权相关的法治现状，以及行政参与权发展的新的趋势，并且在这种背景之下的立法缺失等问题，在此基础上，本书选取了主体完善、制度设计完善以及司法救济完善这三个维度展开论述。在主体完善方面，应对行政参与权的主体进行拓展，积极完善社会自治组织，并借鉴其他国家和地区的经验，保障我国公民参与行政过程的主体资格，发展我国的利益关系人制度和公益代表人制度；在制度保障层面，通过借鉴相关国际经验，对我国听证制度与信息公开制度予以完善，从而为行政参与权的实现提供切实的保障；在司法救济制度完善方面，应加强对行政参与权的保障。

　　当下在我国关于行政参与权的法治现状中还存在种种不完善之处。对行政参与权的研究和关注，将给我国行政法发展以及行政管理研究提供一种新的思路。通过扩大公民参与行政，来实现国家权力与公民权利间的平衡，可以充分发挥行政相对人参与行政活动的积极性，以推动我国的现代法治进程。

目　录

第一章　导　论

第一节　问题的提出以及研究的意义

一、问题的提出

对于行政参与权问题的研究必须放在行政参与过程这个背景中。行政参与过程是一个由主体因素、客体因素、制度因素、理论因素等等相互作用而形成的系统。当前的行政参与现状中，各种因素存在着矛盾和冲突的不协调状态，束缚了行政参与的发展。

第一，在实践中的私人参与行政，即要求行使参与权的热情不断高涨，在参与的形式、参与的途径及参与的内容等方面都日益凸显多样性。这样的参与热情是 20 世纪 60 年代以来的"以公民为中心"的公共行政改革浪潮的支流之一。在这样一种公共行政改革的浪潮中，个体性参与和群体性参与、组织性参与和团体性参与并存；通过人大代表的提案和听证制度等制度化参与，与一些自发性参与并存。在这样的社会变革中，行政活动必须采取积极措施回应私人参与，比如"人性化执法""一站式服务""压缩公务开支""聘请人民监督员""曝光不文明执法行为"等便应运而生。这些为学术界提出了许多需要梳理和解决的问题。

第二，听证会、座谈会、行政复议和行政诉讼等理性参与存在的同时，许多自发的非理性参与，比如网络调查、自发联名、街头"散步"、临时集结等也不乏存在。这些自发性的行政参与需要理论的规范和指引，比如：行政过程中的哪些人可以享有参与权利；哪些方式才更有利于公共利益的表达和维护等等方面，都需要进行系统的理论分析。

第三，从我国现行的行政法治状况来看，我们对行政参与没有足够的保障，现实弱势的行政参与无法依赖法律制度的保障达到应有的地位。从人权、人民主权、自然正义、行政民主等方面分析，参与权不仅必要而且重要。但现实中不难发现私人参与的弱势地位和形式化倾向。由于行政的历史传统、理论支持的匮乏以及参与主体与行政主体现实力量的不对等，导致行政参与的效果不理想。这些问题亟须行政法治予以制度化解决。

本书就是围绕着如上问题进行研究，试图对参与权问题进行理论论证，进而寻求有效的制度建构。

二、研究意义

本项研究是在行政法视阈下，重点论证参与权的理论基础、内容、价值和制度保障等。该项研究具有理论与现实两个层面的意义。

（一）理论意义

1. 有助于推动行政法律关系理论研究的深入发展。分析参与权利的内容、基础、作用机制和保障制度等，将对推动行政法律关系理论研究的发展产生积极意义。相对人参与权的充分行使，可以实现行政主体及相对人的权利义务体系的平衡。参与权的实现可以保证权力的合法化与规范化，相对人通过参与权的行使也可以制衡行政机关的权力。并且，作为行政程序法的核心，参与权是实现现代行政程序作用的必要环节。由此，参与权的研究可以推动行政法律关系理论的发展，在实现行政法的实体正义与程序正义方面都可能产生重要作用。

2. 有助于深入探讨相对人行政参与的基本途径。当代中国正在经历社会转型，市场经济的建立和发展，正在改变着原有的由政府吸收和代表社会成员所有利益的模式，以至于在政府所代表的国家利益之外，不存在任何相对独立的个体利益的状况。在市场经济社会，不同社会团体及其利益的分殊化趋势日益明显，不同的利益团体在自身利益的诉求和争夺中，必然积极地作用于政府的公共政策过程。因此，基于不同社会主体的利益分殊而产生的参与冲动可能与不完善、不通畅的参与机制形成尖锐的矛盾，从而影响社会秩序和社会稳定。本书在分析行政参与权的价值与原则等问题的基础上，重点阐述保障行政参与权的制度设计，这将有助于完善相对人行政参与机制与途径的理论研究。

3. 有利于促进行政法学理论与行政学理论的交叉性研究。行政法学以约束和规范行政主体的法律规范为研究对象；而行政学则以政府的行政管理活动为研究对象，二者具有不同的研究内容、方法和归宿。但是，行政法学和行政学联系又是如此密切，以至于在 19 世纪最早出现的冠以行政学的著作实际上研究的就是行政法学。本书虽然在行政法的视阈下研究相对人的参与权，但是，却自觉地融合了诸如公共治理理论等行政学的相关范畴，并试图通过后者拓展行政法学的研究空间。所以，本书在推进上述两个学科的交叉研究和共同发展方面也具有一定的积极价值。

4. 有利于对行政法治的现实需要做出积极回应。步入改革开放时代的中国越来越多地感受到行政法治的必要性。在这种情况下，对参与权的研究具有鲜明的现实必然性。相对人参与权的确立及其行使，关系到行政法实体正义与程序正义，而行政法正义原则的实现，将对实现我国行政法治产生深远影响。本书适时地对参与权进行系统和深入的分析，不仅将促进参与权在行政管理领域的实现，也会对该领域研究的深入发展发挥一定作用。

（二）现实意义

1. 本书的研究，有助于反思我国以往行政管理中的经验与教训，并通过这一反思，推进我国参与权保障的制度设计。从历史发展来看，处于一定历史阶段的法律都是其时代精神的反应。而人类历史具有动态性，随着社会的变迁，为了回应社会的需要，其相关的行政法律体系也要发生相应的变化。本书对相对人参与权的研究正是与当代中国的社会转型相契合的，其阐述的内容对于指导参与权的制度设计，具有一定的实践价值。

2. 通过对相对人参与权的研究，可以系统归纳我国相对人参与权的分类及表现形式。这种归纳是通过对我国现行的行政法律、法规的梳理以及分析得出的。本书较为系统地分析和整理了相关的法律法规，并阐述了其中的合理与失当之处，不仅为以后的同类研究积淀了一定的理论养分，也为完善相关立法提供了线索和指南。

3. 从民主与法治的建立与完善的角度来看，应当加强对参与权的研究。随着我国改革开放政策的深化实行，过去 30 多年间，在制度建设方面较之前有了明显的进步。但是，在中国加入 WTO 并置身于经济全球化的今天，行政管理体制面临严峻挑战。为了进一步推动社会主义市场经济体制的完善，健全完善社会主义民主政治，有必要加强各项制度建设。从规范政府行为方面来看，要在转变政府职能、改革政府机构、转变管理方式的前提下，提高行政管理工作的质量。这样，客观上需要相对人对参与权进行有效行使。因此，现阶段亟须完善并提供有效的制度供给，以确保行政管理的公开化、民主化和科学化。本书的研究对于这一目的的实现同样具有较强的现实意义。

第二节　相关概念的界定

一、行政参与权

（一）概念

在中外行政法律制度研究中，"行政参与"一词并没有统一的概念，它的归属在我国学界也存在一定争议。有的学者认为行政参与是行政法的一项重要原则，谓之"参与原则"，有的则将其上升为相对人的一项重要权利，即参与权。"参与"是现代行政法的一项重要内容，也是新型行政的民主基础。为了使相对人经由"参与"而获得的权益得到更有效的保护，而不仅仅流于形式，本书将"参与"作为行政过程中相对人的一项权利，称为"相对人的参与权"。

学界对"行政参与"的概念界定比较有代表性的有以下几种：

（1）"参与型行政，也称互动型行政，是指行政机关及其他组织在行使国家行政权、从事国家事务和社会公共事务管理的过程中，广泛吸收私人参与行政决策、行政计划、行政立法、行政决定、行政执行的过程，充分尊重私人的自主性、自立性和创造性，承认私人在行政管理中的一定程度的主体性，明确私人参与行政的权利和行政机关的责任和义务，共同创造互动、协调、协商和对话行政的程序和制度。"[①]（2）行政参与原则，"是指法律上所确认的为保障受行政活动结果影响的人（包括直接影响或间接影响）有权参与到行政管理之中并对行政决定的形成发挥有效作用的原则。"[②]（3）参与原则，"指受行政权利运行结果影响的人有权参与行政权力的运作，并对行政决定的形成发挥有效作用。"如葡萄牙《行政程序法》第八条明确规定了参与原则："公共行政当局的机关，在形成与私人有关的决定时，尤其应借本法典所规定的有关听证，确保私人以及以维护自身利益为宗旨团体的参与。"[③]（4）"参与权是行政机关在进行行政决策、制定规范性文件和制定行政计划时，应尽可能地听取和尊重行政相对人的意见，并赋予利害关系人以申请发布、修改或废除某项规章的权利。"[④]（5）行政参与是指"公民直接参与到公共行政中去，表达自己的利益愿望，并对行政权力的行使进行有效监督，具体包括公民参与行政立法、行政决策、具体的行政执法活动。"[⑤]

　　从上述概念来看，"行政参与"一词应包含下述内容：（1）参与发生在行政活动过程中，包括行政立法、行政司法和行政执法等行政行为过程；（2）适用于影响相对人权利的行政行为；（3）在参与

---

　　① 杨建顺：《政务公开和参与型行政》，载于杨解君编：《行政契约与政府信息公开》，东南大学出版社，2002 年版，第 233 页。

　　② 张泽想：《论行政法的自由意志理念法律下的行政自由裁量、参与及合意》，《中国法学》，2003 年第 2 期。

　　③ 王万华：《行政程序法研究》，中国法制出版社，2000 年版，第 186 页。

　　④ 吴德星：《行政程序法论》，罗豪才主编：《行政法论丛》第 2 卷，法律出版社，1999 年版，第 104 页。

　　⑤ 张春莉：《论公民行政参与》，《学海》，2003 年第 6 期。

过程中，行政相对人与行政主体处于对等的位置；（4）按照特定的法律程序进行，如听证程序；（5）影响行政行为的结果。

我国行政法将行政行为区分为抽象行政行为和具体行政行为，参与权可适用于这两种行为。比如，一种正义的和有效的立法制度应当具有平等的参与原则（包括公民有权参与立法过程并决定其结果、选举权得到应有的尊重等）和政治自由原则（包括自由权的广泛性、宪法确保公民参与和影响政治过程的公平机会等）。

本书所讨论的参与权，是指行政相对人所具有的，由行政法所规范的，参与有关行政行为，表达私人意愿，维护自身权益，并对行为的结果产生有效影响的权利。

（二）权利起源

1. 参与权的发展历程

古希腊时期开始，参与权以公民参与行政活动和国家管理为内容。当时所谓"参与"的概念、范围和实质都与今天的行政法与行政管理中相对人的参与有很大的区别。当时的"参与"是指市民阶层对国家事务的参与，仅局限于特定阶层的少数人，参与的形式和效果都不同于当今。

到了近代资产阶级革命时期，资产阶级在与封建统治阶级斗争的过程中发展了这种"参与"观念，提出了"参议制"等民主参政议政的模式。在民主参政议政模式的完善过程中，资产阶级提出"人权"理念，并以此为武器加快民主化的进程。正是当年的"民主"和"人权"奠定了今天的"参与权"的基础。

资产阶级革命胜利后，现代意义上的行政模式和行政程序逐渐兴起，推动着现代行政程序理念的向前发展。与此同时，随着现代行政程序及其理念的发展，参与权概念和制度也逐步建立起来。现代行政程序充当了制约行政权、保护民权的角色，追求程序正义的基本理念，确立了相对人对行政程序的参与权。

现代行政模式兴起之初，行政法学家在谈论行政控制手段时，大多仍只提到"行政手段、司法手段和立法手段"，[①]参与权制度的发展仍然非常缓慢。直到二战后，随着保障人权呼声的日益高涨和政府行政模式的彻底转变，相对人的参与权作为保障人权、实现民主、制约政府权力的重要手段才迅速发展和成熟起来。一方面，人权内容中的基本人权容易受到行政权力的侵害；另一方面，人权的发展使公众对政治权利的要求不断提高，加之政府的功能和管理理念在转变，因而现代意义上的参与权得以确立起来。

2. 我国行政参与权的发展历程

在我国，行政参与权的理论发展主要始于 20 世纪 80 年代。《行政诉讼法》颁行并在理论和实务上取得一定成绩后，学界开始关注行政程序，逐渐将行政程序与行政诉讼区分开来，开始探索行政程序法制化的实现，行政参与权作为行政程序的核心内容开始受到重视。最初，学者大多认为行政参与是行政程序的一项原则而将其表述为相对人参与基本原则。随着研究的深入，有的学者将其纳入行政程序法的基本原则范畴。[②]在我国推行行政制度改革的背景下，"行政参与"开始被作为相对人的一项权利加以研究。相应地，行政参与权在立法和司法实践领域中，也得到了很大的发展。从 1996 年颁布的《行政处罚法》首次规定了被处罚人的参与权，到 2004 年《行政许可法》规定了行政相对人、利害关系人、公众的参与权，行政参与权适用的广度和深度都有了很大的发展。行政参与权突破了诉讼程序中的参与原则，在《行政诉讼法》基础上，通过《行政处罚法》到《行政许可法》的发展，得到了进一步的完善。

（三）行政参与权在行政程序法中的核心地位

行政参与权是行政程序法的核心，这一观点在学界已普遍取得共识。行政程序法是行政机关和相对人在行政程序中的角色分配体

---

① Frank J · Goodnow, The Principles of The Administration Law of United States, Gaunt, INC.1999, p367-377.

② 如学者杨海坤、黄学贤将行政程序法基本原则归结为：合法、合理公开、公正、参与、顺序、效率等七原则。参见杨海坤、黄学贤：《中国行政程序法典化——从比较法的角度研究》，法律出版社，1999 年版，第 117-124 页。

系。相对人通过陈述意见等方式，能动地参与行政决定的制作过程，影响行政决定的结果。因此行政程序在现代不仅是行政机关作出行政决定的操作步骤，同时还是以相对人的程序权利制约行政权力滥用的重要保障。[①]

1. 实现行政程序法立法功能的基础

行政程序法的立法功能体现在：（1）保证实体法正确实施，实现实体正义；（2）制约行政权力，保护相对人权利，保证行政过程的公正，实现程序正义；（3）实现资源合理配置，提高行政效率。[②] 详析如下：

2005 年 9 月在北京举行了个税起征点听证会。个税草案公布起征点从 800 元提升到 1500 元，目的是减轻广大中低收入者的个人所得税负担。听证会由 13 位听证人、28 位听证陈述人参与，其中 20 名为公众听证陈述人。听证的结果是其中 50% 的陈述人赞成将起征点调至高于 1500 元，而最终公布的法案将起征点确定在 1600 元。此次个税立法有了相对人的参与，保证了立法过程中公众得到了为维护自身利益而表达意愿的权利，行政机关履行了听取公众意见制定法律规范的义务，其结果是使得行政立法更趋于合理化，更能代表民意，确保了实体正义的实现。这一结果说明：行政实体法规范的是行政主体及相对人的权利义务体系，实现实体正义就是要保证该权利义务体系的平衡与合理，这离不开相对人参与权的充分行使。程序正义的实现和行政过程的公正，同样有赖于相对人参与权的充分行使。在任何行政程序中，只有在相对人主动参与、充分表达意愿的情况下，才能保障相对人的权利，防止行政权力的滥用，保证程序的正义。

我国长期以来形成了以政府为主导的行政模式——相对人常处于被动的位置。如此，政府行政难免会出现脱离客观实际的做法，因此，必须通过不断的修正方能逐步适应现实需要，必须通过相对

---

① 王万华：《行政程序法研究》，中国法制出版社，2000 年版，第 3 页。

② 王万华：《行政程序法研究》，中国法制出版社，2000 年版，第 34-46 页。

人参与权的充分行使才能保障行政行为与客观现实相符，实现资源的优化配置。

2．贯穿于行政程序的始终

在行政行为作出前，可以通过参与的方式启动行政程序，如依照《行政许可法》，要获得许可的相对人可以通过向行政机关提出申请来启动听证等许可程序。行政行为过程中的参与，是参与权实现的核心，主要方式有听证、陈述意见等。有时，即使行政行为已经完成，但在特殊情况下仍有参与的必要，主要表现在对行政主体作出的具有瑕疵并且违反《行政程序法》的行为，相对人请求补正、更正等情形。

3．发挥现代行政程序法"权利制约权力"作用

要防止行政权力的滥用，仅靠行政主体的自我制约是不够的，需要引入适当的外部监督机制，参与权就是此类机制之一。只有充分实现行政参与，通过相对人的权利来制衡权力，才能保证权力行使的合法化、规范化，有效地防止权力滥用。没有在公开背景下，在参与当中形成的弱者借助程序对强者的制约，就没有真正的程序民主。

由此可见，参与权作为行政程序法的核心贯穿在行政程序的始终，体现出行政程序法的立法功能，是实现现代行政程序作用的必然途径，在今后行政程序法的立法中应给予足够的重视。

二、利益和权利

（一）利益

马克思指出："人们所奋斗的一切，都与他们的利益有关。"[①]在我国古代典籍中，"利"和"益"是两个独立的词语，"利"字最早出现在甲骨文，以刀割禾，意为收获。有的学者认为"利"主要泛指利益。后来，"利"又引申出"好意"之意，与"害"相对。霍尔巴赫认为："人的所谓的利益，就是每个人按照他的气质和特有的观念把自己的安乐寄托在那上面的那个对象；由此可见，利益就只是我

---

① 《马克思恩格斯全集》第 1 卷，人民出版社，1956 年版，第 82 页。

们每个人看作是对自己的幸福所不可缺少的东西。"①

20世纪美国著名法学家庞德认为："利益是个人所提出来的，它们是这样一些要求、愿望或者需要，即：如果要维护并促进文明，法律一定要为这些要求、愿望或者需要做出某种规定，但是它们并不由于这一原因全部是个人的利益。"因此，利益也就是"人们个别地或者通过集团、联合或者亲属关系，谋求满足的一种需求或者愿望；因而在安排各种人们关系和人们行为时必须将其估计进去。"②以上利益的讨论说明，利益本身的产生和实现都需要在特定的社会关系中进行。而且，利益和特定时期由特定文化传统决定的人们的心理活动相关。由于利益与特定时期由特定文化传统决定的人们的心理活动相关，与特定地域内特定时期的社会主流价值和由这些价值所决定的规则之间有密切的联系，因此，在一个共同体内，利益的获取方式、分配原则等都基于反映共同主流价值的个人利益与公共利益关系的确定。

人类社会告别专制皇权时代以后，社会契约理论为现代国家的存在提供了合法性的理论注解。根据社会契约论的观点，国家的成立源于人民与国家之间宪法上的委托关系，国家权利始于公民个体让渡出来的权利，个体公民的权利是国家权力的基础。但是，不可否认的是，每个人的需求和价值取向是千差万别的。因此，必然产生基于包括经济利益在内的各种个人利益而表现出来的各种冲突。鉴于此，国家的存在正在于将利益冲突保持在可以容忍的程度上，从而保证人作为类存在物所形成的一定的社会的稳定与秩序。而国家的目的就在于保障基于个人利益而产生的公共利益。马克思主义认为，个人利益与"所有相互交往的人们的共同利益之间的矛盾"③是分工发展的结果。"每一个人的利益、福利和幸福同其他人的福利有着不可分割的联系。"个人利益是共同利益的基础，是构成公共权

---

① ［法］霍尔巴赫：《自然的体系》，商务印书馆，1999年版，第259-260页。

② ［美］罗·庞德：《通过法律的社会控制——法律的任务》，商务印书馆，1984年版，第22页。

③《马克思恩格斯全集》第3卷，人民出版社，1965年版，第37页。

力行为和规则制定的基本制约要素。但正如马克思主义所阐明的，个人利益与共同利益是"个人发展的两个方面，这两个方面同样是个人生活的经验条件所产生的，它们不过是人们的同一种个人发展的表现。"①也只有基于共同利益，个人利益的获得和满足才具有可能性，相对于政治共同体这一前提的每个人的公民资格和政治参与也才具有一定的时代意义。熊彼得认为，"对不同的个人或者集团而言，共同的福利必然意指不同的东西"，所以，并"不存在全体人民能够同意或者用合理论证的力量可使其同意的独一无二的决定的共同福利。"②这从公民个人利益的多样性的角度说明：公共利益未必是所有公民都一致同意的产物，而毋宁说是通过公民们达成共识的利益筛选程序而产生的于政治共同体有利的公共的善。

只有在一个由人组成的一定地域的共同体中，才有为了共同体存续的公共利益和为了个体发展的个人利益存在的意义。个人利益和公共利益之间的关系实际上是个人与共同体之间关系的一个视角。在一个多元的社会，弥漫在社会中的多元价值观念，必须经过充分的公共意识的沟通，方可寻出一个符合多数价值理念的公益概念。正如马克思所指出的："共同利益恰恰只存在双方、多方以及存在于各方的独立之中。"③这种"各方的独立"只有通过各方的参与和相互的交流才能够确保并通过某种机制达成公共利益。对当代任何一个在特定基础上构建起来的政治共同体来说，都不能以"看不见的手"来自发实现个人利益向公共利益的汇集，也并不能够从所谓的主流价值观和生活方式中通过某种卢梭式的规范推导或者引申出来。公共利益必然以个人利益为基础，但这并不意味着公共利益与每个个体的利益具有直接的属种关系或包含关系。公共利益的公共性在现实的政治生活中往往根据议题的不同而与共同体的不特定多数人联系在一起，比如养老金的发放在特定时期总是与特定的人

---

① 《马克思恩格斯全集》第 3 卷，人民出版社，1965 年版，第 605 页，第 86 页。

② ［美］熊彼得：《资本主义、社会注意和民主主义》，商务印书馆，1999 年版，第 372 页。

③ 《马克思恩格斯全集》第 3 卷，人民出版社，1965 年版，第 197 页。

即年龄达到了国家规定标准的人联系在一起，而未达到规定年龄的人则被排除在外。因此，我国有学者认为，"在公共利益方面，存在着多数选择与正义原则的冲突、个人理性与公共利益的冲突、政府利益与公共利益之间的冲突这个'公共悖论'"。[①]公共利益具有复杂性和不确定性，不同层级的公共利益与个人利益交织在一起，就形成了整个共同体的利益结构，它以一定层次的公共利益与个人利益关系为逻辑起点和终点，表现为特定时期由利益关系所决定的社会结构和社会的整体流动及其趋势。

基于此，利益关涉每个个体的生存，表现为每个个体的主观欲望或者需求，而在特定的历史时空中构成人们一切政治活动的出发点并外化为指向一定结果的行为。由于具有与每个个体不可分割的属性，任何一个社会政治共同体都需要确定利益提出者的身份，设计利益表达的渠道，确保利益的一定程度的实现，从而达到一定程度的社会稳定和发展。同时，在任何一个现代国家，公共利益的存在也是每个人的利益能够表达和实现的前提。因此，作为"事物相互作用的动力"[②]，利益本身决定着个体和共同体两个维度之间的连接，同时也需要个体和共同体之间的连接来予以实现。这就从根本上为公民资格的存在提供了土壤。

（二）权利

任何个体利益的满足都涉及共同体的分配，而且必须通过共同体的相关机制来进行，权利就是这样一种根本的设定和实现机制。从已有的中西方相关理论来看，由于出发点和视角的差异，学术界对权利的解释难有定论。以至于研究者只好把它作为"简单的、不可定义的、不可分析的原始概念"[③]来探讨。关于权利的最具影响力的定义有以下四种：[④]

---

① 麻宝斌：《公共利益与公共悖论》，《江苏社会科学》，2002 年第 1 期。

② 李景鹏：《回顾与展望——在政治学研究中关于权力与利益问题的探索》，《李景鹏文集》，中国法制出版社，2002 年版，第 1 页。

③ ［美］J.范伯格：《自由、权利和社会正义》，贵州人民出版社，1998 年版，第 91 页。

④ 常健：《当代中国权利规范的转型》，天津人民出版社，2000 版，第 12-19 页；夏勇：《人权概念起源》，中国政法大学出版社，1992 年版，第 45-53 页。

　　第一，利益论，认为权利是某种从义务中获得的利益。代表人物包括边沁、耶林、里昂斯、莱兹等。主要论点是：义务是为权利而设的，所有义务都是为了促进某个人的利益，离开利益，权利为空。

　　第二，选择论，代表人物有哈特等，主要论点是：从义务中受益既非拥有权利的必要条件，也非其充分条件，权利只是一种被尊重的选择。

　　第三，要求论，代表人物有马尤、范伯格等。主要论点是："拥有某种权利就是针对某人某事提出某种要求，并且对此的承认根据法律规则作出，或者在道德权利的情况下根据开明的良知原则来作出。"①现实的权利不能仅仅以需要为基础，还必须具有制度根据，否则就只是一种可能的权利，因此，权利应当是"正当有效的要求权"。②

　　第四，资格论，代表人物有麦克洛斯基、米尔恩等。主要观点包括：权利是一种法律授予的资格，而不是对他人的要求。权利是"对什么享有权利"，而不是"根据什么享有权利"。

　　马克思主义认为，权利是社会的产物，是具体的、历史的，它"决不能超出社会的经济结构以及由经济结构制约的社会文化的发展。"并且，权利是统治阶级的利益和意志在宪法和法律中的体现，是维护政治统治的需要。所以，权利就是在特定的社会经济基础上，由国家权力确定的社会成员获取自身利益的特定资格，它反映着社会利益的分配关系。

　　综上所述，利益论者无疑抓住了权利的出发点和归宿；选择论实际上标识着权利主体在社会成员共同认可的一定水平上为或不为的主动性；要求论实际上强调了权利可获得和实现的基础和途径；资格论强调了权利之所以成为权利的合法性，即权利经由一定的授权程序的检验。不仅如此，权利的这些属性也揭示了权利的获得和

---

　　① 常健：《当代中国权利规范的转型》，天津人民出版社，2000 版，第 15 页。
　　② ［美］范伯格：《自由、权利和社会正义》，贵州人民出版社，1998 年版，第 97 页。

行使的整个过程：人们基于利益提出要求，通过法律程序的授予，获得平等资格，在一定水平平等的基础上，具有作出选择的自由。其中，特定法律程序的授予这个环节使权利在本质上反映着单个成员利益与全体成员的共同利益之间的关系。因此，权利首先强调了个体为维护某种利益而提出主张或要求，需要借助某种力量来将主张或要求变成现实的过程。其次，只有在平等这样一种基础上，我们才能够达成权利的最后一个环节：拥有被尊重的选择行为，甚至选择是否行使权利本身的权利。需要注意的是，作为社会关系的一种反映，所有选择都伴随或附着于特定范围的人群或共同体的成员资格——现代国家中的公民资格，①即相关权利为特定的人类共同体的成员平等地享有，而涵盖于权利当中的义务也为这个特定的人类共同体的成员平等地承担。

三、行政相对人

（一）行政相对人概念

行政相对人，是指行政管理法律关系中与行政主体相对应的另一方当事人，即行政主体行政行为影响其权益的个人和组织。

首先，行政相对人是指处在行政管理法律关系中的个人和组织，任何个人和组织如果不处于行政管理法律关系中，就不具有行政相对人的地位，不能赋予其"行政相对人"的称谓。行政管理法律关系包括整体行政管理法律关系和具体行政管理法律关系。在整体行政管理法律关系中，所有处于国家行政管理之下的个人、组织均为行政相对人；而在具体行政管理法律关系中，只有其权益受到行政主体相应行政行为影响的个人、组织，才在该行政法律关系中具有行政相对人的地位。

其次，行政相对人是指行政管理法律关系中作为与行政主体相对应的另一方当事人的个人、组织。行政管理法律关系中双方当事

---

① 康德认为这种资格是"不言而喻"的，他讨论权利的语境是设定好的，即在一个有界的共同体范围内来讨论权利。见［德］康德：《法的形而上学原理》，商务印书馆，1991年版，第42页。

人法律地位的"不平等"是区别于民事法律关系的重要特征：其中一方享有国家行政权，能依法对对方当事人实施管理，有权实施行政管理行为，在行政法学中谓之"行政主体"，而接受行政主体行政管理的一方当事人在行政法学中则谓之"行政相对人"。作为行政主体的一方当事人是行政机关和法律、法规授权的组织，作为行政相对人的一方当事人是个人、组织。行政机关和法律法规授权的组织，在某些具体的行政法律关系中，有时也会被其他行政主体管理而成为行政相对人。

第三，行政相对人是指在行政管理法律关系中，其权益受到行政主体行政行为影响的个人、组织。而这种行政主体行政行为对相对人权益的影响，或是直接的，或是间接的。但作为个人、组织，无论其权益是受到行政主体行政行为的直接还是间接影响，都是行政相对人。因此，出于对公民和组织合法权益的保护，不能仅仅把行政相对人界定为行政主体行政行为直接对象。

"行政相对人"的提出，对于丰富行政法学理论以及发展和完善行政法律制度，具有重要意义。"加强对行政相对人问题的研究，在行政法学学科建设以及行政法治的理论和实践上都具有重要意义"。[①]"行政相对人"概念，充分反映了个人、组织与行政主体的对应主体地位，根本性地赋予了行政法律关系以实质性的意义。行政相对人制度的形成，也促进了行政过程法律规制的必要性和可行性。

（二）行政法律关系中的相对人

目前，对于"行政相对人"涵义的关注点都集中到了行政相对人与行政主体的不同法律地位，以及与行政主体之间权利义务的对应性上。这种从行政法律关系的视野对行政相对人的理解，有利于从法律关系主体的角度认识行政相对人，便于明确行政相对人在行政过程中的作用，并推动行政法律关系理论的完善。

关于行政法律关系的理论认识，在我国行政法学中尚不尽一致。在 20 世纪 90 年代初期，我国有些学者就认为没有必要研究所谓的

---

① 方世荣：《论行政相对人》，中国政法大学出版社，2000 年版，"前言"第 5 页。

行政法律关系，因为他们所理解的法律关系一般是以双方当事人的地位平等为前提。但行政关系则是一种不平等的社会关系，因而行政法学也只需要研究行政主体一方，而至于相对人一方则已经包含在行政活动的内容和特征中，无须专门研究。①今天，行政法学的发展已经进入了一个新阶段，一般认为，法律关系是法律调整社会关系的结果，如张文显教授就认为，"法律关系是法律规范在指引人们的社会行为、调整社会关系的过程中所形成的人们之间的权利义务联系，是社会内容和法的形式的统一"。②行政法律关系也就是行政法调整行政关系的结果，是对行政法中各种权利义务及其运行过程的高度抽象，是对行政法实质规定性的深刻揭示，能用来分析各种复杂的行政法现象。行政法律关系对于行政法制的完善、对于指导各方当事人正确行使权利和义务从而促进行政法治的实现、对于指导行政诉讼制度的健康发展、对于责任政府的建立等都具有重要的实践意义。③

（三）行政相对人的意义

行政相对人主体性的凸显，促使了对 "行政行为单方性" 论断的逻辑正当性的反思。这种 "行政行为单方性" 的理论源于行政行为理论的创立者奥托·迈耶的思想。1896 年出版的《德国行政法》，使他成为 "现代行政法方法真正的开山鼻祖和经典人物，……也使他成为在 1900 年至第一次世界大战之前德国行政法领域中'不可争议的权威'"。④

理论学说都有它产生的特定的时代背景和思想背景，奥托·迈耶的行政行为理论也是应其所在时代的需求而产生的。"绝对警察国家体制下，把作为财产权主体的国家（与私人一样受私法约束）和

① 参见敖双红：《回顾与前瞻：行政法律关系之研究》，《福建公安高等专科学校学报》，2007 年第 2 期。

② 参见张文显：《法哲学范畴研究》，中国政法大学出版社，2001 年版，第 96 页。

③ 关于行政法律关系理论研究的详细内容，参见杨海坤、章志远：《中国行政法基本理论研究》，北京大学出版社，2004 年版，第 146-164 页。

④ ［德］米歇尔·施托莱斯：《德国公法史——国家法学说和行政学》，法律出版社，2007 年版，第 542-548 页。

作为公共权力主体的国家相区别，极大地发展了公共权力的、保守的、反民主的行政法理论，这种理论保护君主与官僚的特权"。[①]在这种理论中，行政法是公法，是"'国家为了实现自己的目的而进行国家行为'的法律，是政府独断权力运行的法律"。[②]这种强调行政行为的单方性的观点，是片面强调国家理性高于个人理性、公共利益优于个人利益、国家权力能够强制作用于公民权利的国家至上观念的政治哲学的法律反映，是传统的管理型行政法对行政权作用特点的形象概括。

第二次世界大战之后各国逐渐改变国家和政府独享公共权力的格局，使得西方世界开始反思代议民主政治的局限性。代议制民主较无政府状态的原始直接参与式民主而言，确有不可比拟的优越性，但国家权力的管理亦有"失灵"的领域。于是，社会自治、公民参与等成为二战之后迅速发展的政治形态，权利制约模式、行政参与制度也成为行政法的发展趋势。

相对人作为行政法律关系的一方主体，享有参与行政法律关系的自由，但行政主体意志的表达会受到一定的抑制和约束。因此依照法定程序，经由陈述、申辩、听证等，行政主体或认可、或否定相对人的意思表示，而产生一定结果。这种结果，通过程序被相对人所接收，包含了相对人的意志因素。

"听证、提供证据、陈述意见、查阅卷宗、复议等行政程序就是双方意志交流和交涉的平台，从行政法的角度看，这样的平台越多、越有效，双方意见的交流就会越充分，行政决定是行政意志与公民意志交涉下的结果。……行政行为从单方意志性到交涉性是现代行政权力运作方式的一个重要变化。交涉性是指行政主体在行使行政权力时应与相对人沟通与交流，包括意见交换与信息沟通、告知与反馈、陈述与听取，不再只是单方的调查与搜集。交涉介于强制与合意之间，不等于协商，不同于民事行为中的双方合意。交涉性是

---

① ［日］和田英夫：《现代行政法》，中国广播电视出版社，1993 年版，第 32 页。

② ［德］米歇尔·施托莱斯：《德国公法史——国家法学说和行政学》，法律出版社，2007年版，第 543-544 页。

在单方意志性与协商性之间的一种状态。行政行为的程序化在二次大战以后越来越成为行政的一个新趋势。"①

当代我国行政法律制度，已经建立了诸多规范相对人行为的规则，如行政处罚法第四十二条关于相对人行使听证权的时间规定、行政许可法关于申请方式、申请人违法行为所导致的后果等的规定、行政复议法关于申请人的资格、申请方式、申请期限等的规定等等。这些规则都主要是针对行政相对人的主体资格和行为效果而建立的法律制度。行政相对人的行为要发生所期待的法律效果，需要符合法律规定的这些条件，主要有主体资格要件、行为方式、时效、顺序、格式等程序要件、行为内容要件等条件。对于符合这些条件的行为，则属于合法行为，能够产生相应的法律效果，促使行政主体作出相应的法律行为，或者对行政主体产生法定义务，或者促使行政主体考量相对人的具体利益等。当行政相对人的行为违反法律规定的禁止性条件时，就构成违法行为，不仅不能产生所追求的法律后果，还会产生行政违法责任，如行政许可第六十九条关于"被许可人以欺骗、贿赂等不正当手段取得行政许可的，应当予以撤销"，并且"被许可人基于行政许可取得的利益不受保护"的规定就体现了这种立法精神。

因此，依据法定要件的具备与否和对法定禁止性条件的违反与否，行政相对人的行为就有合法行为、违法行为两种形态；依据其效力状态，可以划分为有效行为、无效行为、效力待定行为，而相对人行为的效力状态也必然影响到行政行为的效力后果。一般来说，"当私人的公法行为仅仅是作出行政行为的动机时，私人公法行为的欠缺，对基于该行为作出的行政行为的效力无任何影响。在私人的公法行为成为某行政行为的前提要件的情况下，私人的公法行为是构成一系列行政程序的要素，当私人的公法行为仅仅有瑕疵时，基于该行为而作出的行政行为的效力不受任何影响；当私人的公法行为

① 石红心：《从"基于强制"到"基于同意"——论当代行政对公民意志的表达》，《行政法学研究》，2002 年第 1 期。

无效或合法地撤回时，该行政行为欠缺前提要件，故原则上无效"。①
当私人的公法行为违法时，基于此而作出的行政行为当然也因为欠
缺前提要件，原则上也应无效。

四、行政相对人权利

当代行政相对人的法律地位从过去从属、消极、被动的地位转
变为独立、积极、主动的地位，因此在权利内容上发生了重大变化。

（一）相对人权利

对于行政相对人权利的定位，应当是相对于代表公共利益的行
政权（即"公权"）而存在的"私权"，"系宪法、法律等规定的公民
各项基本权利，在行政管理领域中的具体详细化，由一般公民、法
人、社会团体以及处于行政相对方身份的国家组织等享有并行使"②
的权利。

行政相对人权利的主体是相对人，而公民只有在与行政机关所
形成的行政法律关系中才具有相对人的身份，才可被称为行政相对
人，所以相对人权利也只能是公民在行政法律关系中作为行政相对
人所享有的权利。权利和义务作为法学的核心范畴，二者在"结构
上的相互关系"，③就意味着在特定的法律关系中"一人享有权利，
另一人履行义务。"④在行政法律关系中，行政相对人享有权利也就
意味着相对应的行为主体要承担义务。

本书采用的概念即行政相对人权利是指："由行政法所规定或确
认的，在行政法律关系中由行政相对人享有，并与行政主体的义务
相对应的各种权利。"⑤

首先，相对人的权利是由行政法所设定的权利。行政法是以规
定行政机关与相对人之间的权利义务的方式来调整行政活动范围的

---

① 杨建顺：《日本行政法通论》，中国法制出版社，1998年版，第212页。
② 罗豪才、崔卓兰：《论行政权、行政相对方权利及相互关系》，《中国法学》，1998年第
3期。
③ 张文显：《法哲学范畴研究》，中国政法大学出版社，2001年版，第338页。
④ 同上，第340页。
⑤ 方世荣：《论行政相对人》，中国政法大学出版社，2000年版，第62页。

社会关系的法律。因此，凡行政相对人的权利，都应当是由行政法规范所规定或确认的权利。[①]

其次，相对人的权利发生在行政活动过程中。行政法规定着行政活动过程中行政机关与相对人的权利义务，所以相对人权利只能在行政活动中行使。

最后，相对人的权利可以由相对人自由处分。[②]相对人权利属于个人权利，可以自行处分，因而可基于意思自治而转让或放弃。行政机关享有行政权，意味着要履行其应有的行政职责；放弃行政权力意味着可以放弃行政职责，所以行政权不能由行政机关随意放弃。

（二）现代行政法律关系中相对人的应有权利

公民的权利由人身权、财产权向社会经济文化权利不断扩充，且这些权利已被多数国家的宪法所规定，成为公民在宪法上的基本权利。行政法是与宪法紧密相连的部门法，公民作为相对人在行政法中所享有的权利也随着宪法中基本权利的扩充而不断丰富，相对人权利的数量日益增加，功能日显重要。对于现代行政法中相对人的应有权利，学者们有不同的归类和列举：

第一，参加行政管理权；受益权；了解权；隐私保密权；得到

---

① 这里尤其要注意区别相对人权利与宪法规定的公民的基本权利。相对人权利源于宪法中的基本权利，但这并不等于宪法中的基本权利就是相对人享有的行政法权利。二者的主要区别是：第一，宪法权利是公民的基本权利，具有母体性，能派生出公民在部门法中的一般权利。相对人权利是公民的一种具体权利。它由行政法确认，以宪法规定的公民基本权利为立法依据、指导思想，是公民的基本权利在行政领域中的具体化，它的价值在于维护和实现宪法上的公民基本权利。第二，公民在宪法上的基本权利具有普遍性，只要具有公民资格，则人人享有，而相对人权利只有公民在具有行政相对人的身份时才有资格享有。第三，公民的宪法权利具有广泛性，包括国家政治、经济、文化等各个基本领域，而相对人权利范围则较窄小一些，只涉及在国家的行政活动中公民作为相对人享有的权利。公民的宪法权利直接反映公民与国家的关系，在权利的行使上与各种国家机关发生法律关系，相对人权利反映的是公民与国家行政机关的关系，相对人权利在行使上只与行政机关发生法律关系。第四，公民的宪法权利具有稳定性、不可缺乏性，是公民在社会生活中必需的权利，是不能被取消的，而相对人权利具有相对的变动性和灵活性，往往可能因情势变化而被终止或取消。

② 如相对人接受义务教育的权利是不许放弃的；经申请而许可的专利可以放弃，但不可转让。

合法、正当、平等保护的权利；协助行政权；建议、批评、控告、揭发权；复议、申请、诉讼和申诉权；获得补偿、赔偿权。①

第二，参与权，包括直接参与管理权、了解权、听证权、行政监督权、行政协助权；行政受益权，包括就业权、享受养老、保险救济金等社会福利的权利、获得许可、奖励、减免税等其他利益的权利；行政保护权，主要是指在行政范围内对公民的侵害可提供行政诉讼的权利。②

第三，平等权；自由权；管理权；救济权。③

第四，参政权，指参与国家和公共团体的活动为内容的权利；受益权，包括要求特定行政行为的权利，如接受许可、认可的权利、请求特许的权利、请求生活保护决定的权利和请求养老保险金裁定的权利；自由权，指私人的自由不受行政主体的违法侵害的权利。④

第五，参与权；行政协助权；行政保护权；行政受益权；隐私保密权；行政监督权；行政赔偿和补偿权。⑤

第六，对负担行政主张的自由权；对授益行政主张的授益权；提起行政诉讼的权利；申请权利时程序上的权利。⑥

第七，参政权；受益权；知情权；隐私权；建议、批评、控告、揭发权；复议、诉讼权；求偿权。⑦

第八，参加行政管理权；受益权；了解权；知情权；隐私保密权；合法权益的正当、平等保护权；建议、批评、检举、揭发权；申请复议、提起诉讼和申诉权；获得补偿、赔偿权。⑧

方世荣先生在《论行政相对人》一书中采用了德国学者叶连内

---

① 罗豪才主编：《行政法学》，中国政法大学出版社，1999 年版，第 111-114 页。
② 周佑勇：《公民行政法权利之宪政思考》，《法制与社会发展》，1998 年第 2 期。
③ 熊文钊：《现代行政法原理》，法律出版社，2000 年版，第 496 页。
④ 杨建顺：《日本行政法通论》，中国法制出版社，1998 年版，第 191 页。
⑤ 胡建淼：《行政法学》，法律出版社，1998 年版，第 221-222 页。
⑥ ［日］室井力：《日本现代行政法》，中国政法大学出版社，1995 年版，第 45 页。
⑦ 杨惠基：《行政执法概论》，上海大学出版社，1998 年版，第 81-82 页。
⑧ 杨翔：《行政法学——关于行政法基本理论的分析》，中南工业大学出版社，2000 年版，第 93-94 页。

的观点。本书在德国学者叶连内对公民地位的划分①所产生的公民权利以及上述所列举的各种相对人权利基础上加以补充，将相对人权利分为行政实体性权利②与行政程序性权利两大类。③

1. 实体性权利

（1）自由与平等权。自由权是指相对人对其一切合法权益和自由具有排除行政机关的妨碍，不受其非法侵害的权利。自由权的特点是相对人通过自身的行为即可实现该权利，它只要求行政机关履行不作为的义务，主要是不得侵害和妨碍。相对人的自由权是一种广泛的权利，它是相对人各种合法权益和自由的总称，包括由宪法、法律等规定的各种合法权益和自由。反映到行政法领域的这种自由权，就是要求行政机关履行一种不作为的义务，对各种合法权益和自由不得以违法行政加以侵害，否则要承担行政法上的责任。同时，自由权有两个派生出来的权利④：当相对人合法权益与自由受到行政权的非法侵害时，相对人具有自行抵制的权利，如公民、企业具有的拒绝行政机关乱摊派、乱收费的权利，企业具有的排斥行政机关干涉其内部经营自由权等；当相对人的合法权益受到侵害后有获得行政赔偿的权利，这是行政机关应尽的法律义务，各国的国家赔偿法对此均有规定。

行政相对人自由权实现的同时，也要求在行政活动中得到行政机关的平等对待。行政机关在作出行政行为时，在同等条件下，对相对人都要给予同等对待。在行政立法上，要求行政机关对同等条

---

① 德国学者叶连内在 19 世纪初提出公民的地位可以分为四类：（1）被动的地位，公民对国家与法律的关系，没有享受的权利，只有服从的义务；（2）消极的地位或称为消极的受益地位，即国家规定了一些公民权利与自由，但又受到了种种法律与实际的限制；（3）积极地位或称为积极的受益地位，即公民受到国家与法律的积极保护，享受劳动权、生活权，统称为社会权，而且这种受益权日益扩大；（4）能动的地位，即公民根据法律可以积极能动地行使各项权利，如选举权、参政权等。参见罗豪才、吴撷英：《资本主义国家的宪法与政治制度》，北京大学出版社，1983 年版，第 82 页。

② 其中的行政实体性权利包括：自由与平等权，行政受益权，参与权。

③ 本书对相对人权利的分类参考了方世荣先生的《论行政相对人》一书中第二章的部分内容。

④ 方世荣：《论行政相对人》，中国政法大学出版社，2000 年版，第 98-99 页。

件的相对人"平等地分配利益，平等地要求义务，不能有歧视性原则、标准的条款"，[①]在行政执法和行政许可上，不得滥用自由裁量权，作出不公正的处理决定。"平等是法的基本属性，同时也是法追求和维护的目标，法国的《人权宣言》最早以法的形式确定了平等原则，该宣言第一条即规定'人民生而权利平等。'"[②]在英国，受平等对等的权利体现在"越权无效"这一原则中。行政机关和行政裁判作出行政决定和裁判时如果有"不相关的考虑"，即"考虑不应该考虑的事情，或者不考虑应当考虑的事情"，作出了"不合理的决定"，即"行政机关的决定在任何具有一般理智的人都不会采取时"，就是对相对人的不公平对待，这便是权力滥用，属于实质上的越权。[③]在美国，法律平等保护原则是行政制度的基本原则。"任何州不得对在其管辖下的任何人拒绝法律的平等保护"，所以"行政机关制定的法规或实施法律的行为……都不能违反平等保护原则，任何人必须受到和他处于同样情况的人的同样待遇"。[④]现代各国宪法普遍规定"法律面前人人平等原则"，赋予平等权以基本权利的性质。平等观念的内容之一就是"法律适用平等的要求，即国家机关平等地保护公民，不得差别对待"，"平等权概念实际上确立了国家活动的合理界限，是国家机关活动的基本出发点"。[⑤]

（2）受益权。受益权是相对人通过行政机关的行为而获得各种利益及利益保障的权利，已成为各国在行政法领域内确立的一项重要权利。受益权根据相对人获得的方式可分为消极行政受益权和积极行政受益权。19 世纪末 20 世纪初，行政职能转变时期兴起的消极受益权，是指相对人无须向行政机关主张而由行政机关主动提供利益的权利，主要体现的就是政府为公民提供的各种福利。积极行政受益权是指相对人主动向行政机关主张权利，要求行政机关为之

---

① 方世荣：《论行政相对人》，中国政法大学出版社，2000 年版，第 69 页。
② 参见王世杰、钱瑞升：《比较宪法》，中国政法大学出版社，1997 年版，第 68 页。
③ 参见王名扬：《英国行政法》，中国政法大学出版社，1987 年版，第 171-172 页。
④ 王名扬：《美国行政法》，中国法制出版社，1995 年版，第 104 页。
⑤ 董和平、韩大元、李树忠：《宪法学》，法律出版社，2000 年版，第 341-342 页。

提供各种服务的权利，如申请行政许可、行政奖励，请求行政机关对其财产、身份给予确认或提供保护的权利。建立社会服务体系、建立社会保障体系，为公民提供各种福利仍然是现代政府的主要职能。比如"德国早在 19 世纪 80 年代就建立了完整的社会保障体系，英国在 1848 年就通过了《公共健康法》，这标志着现代医疗体制的建立；之后欧洲和美国相继建立了公共健康维护体系，由政府提供医疗服务和医院设施来防治疾病和维护公众的健康。"① "如兴建基础设施，包括交通、运输、通信系统、科学教育事业，提供生活设施如水、电、气，从事城市规划、绿化、环境卫生等社会公共服务等等。社会保障包括失业保障制度、医疗卫生制度、退休养老制度等。"②

（3）参与权。相对人的参与权不等于广义的公民参政权。广义上的公民参政是公民参加国家全部政治生活的行为。行政参与也是一种政治参与，"但政治参与并非都是行政参与，政治参与除了行政参与外，还包括宪政上的参与和政党事务的参与"。③行政法律关系是一种以行政机关和相对人为双方当事人的权利义务关系，所以参与权应该是指相对人作为行政法律关系的一方当事人"参加国家行政管理的权利，是行政相对人依法以各种形式和渠道参与行政决定、影响或帮助行政权力的依法有效行使的权利"。④尽管行政机关是公共利益的代表，但"公共利益是个人利益的集合，是各社会成员的共同利益，而现代政府及行政必须成为一个'非武断的政治体系'，使最终的行政决定既符合公共利益又符合相对人的个体利益，使行政行为具有'公正性、准确性和可接受性'"。⑤所以行政相对人应密切关注公共利益的维护，有权利表达自己的意见、愿望、要求。行政机关对此必须给予充分的重视与尊重。

---

① 董炯：《宪制模式的变迁与行政法的兴起》，罗豪才主编：《行政法论丛》第 3 卷，法律出版社，2000 年版，第 21 页、23-24 页。

② 刘莘：《行政法热点问题》，中国方正出版社，2001 年版，第 2-3 页。

③ 叶必丰：《行政法的人文精神》，湖北人民出版社，1999 年版，第 207 页。

④ 方世荣：《论行政相对人》，中国政法大学出版社，2000 年版，第 83 页。

⑤ 叶必丰：《行政法的人文精神》，湖北人民出版社，1999 年版，第 209-210 页。

2．程序性权利

在行政法领域，相对人参与的程序主要是事前程序和事后救济程序。根据行政行为功能的不同可分为抽象行政行为的程序和具体行政行为的程序。前者如行政立法程序，后者如行政处理程序（包括行政执法和行政司法程序）。救济程序是指对违法行政予以补救的程序，主要包括行政复议和行政诉讼程序。相对人的程序性权利就是在上述两类程序中所具有的权利。

（1）事前程序权利

对这种权利可以追溯到自然正义原则："其一，任何人不应是涉及自己案件的审判员；其二，任何人都不能在不给予公平的审判机会之前受到惩罚。根据第一个规则，如果有一个被认为有成见或偏见的人参与了决定，那么法庭或其他机构的决定将被视为无效。根据第二个规则，假如一个人受到某一行政行为的不利影响而没有预先给其以公平的反对机会，那么这一行政行为会被视为无效。"[①]同时，美国的正当法律程序原则也可以发现这一权利的踪影：美国宪法修正案第五条和第十四条规定，"未经正当的法律程序不得剥夺任何人的生命、自由和财产，……，宪法上正当法律程序的意义就是公正行使权力。要求行政机关在对当事人作出不利的决定时，必须听取当事人的意见，所以听证是美国公民根据宪法正当法律程序所享有的权利……"[②]

随着世界各国行政程序法的普遍制定，相对人享有了大量的行政程序权利。主要有：听证权：不仅是相对人在行政程序中的权利，同时也是行政程序法中的核心制度；阅览卷宗权：指在行政过程中，相对人为了自身的利益，向行政机关要求了解与本人有关的档案资料和其他有关信息；申请权：是指相对人为了满足自身的利益向行政机关提出请求的权利，如请求颁发许可的权利；得到通知的权利：是指相对人在行政机关作出对他的特定的具体处理时，有得到行政

---

① ［英］威廉·韦德：《行政法》，中国大百科全书出版社，1997年版，第10页。
② 王名扬：《美国行政法》，中国法制出版社，1995年版，第383页。

机关告之有关内容、理由、依据等相关情况的权利；评议权：指在行政立法中，对于法规、规章的制定，相对人有发表意见和建议的权利①；申请回避权：指相对人在与自己有关的案件中，在认为处理该案的行政官员与本案有利害关系时，有权要求其回避的权利；举证权：指相对人在陈述自己的意见时提出有利于自己主张的各种证据的权利；辩论权：指相对人在其利益受到行政机关不利决定时，有权为自己提出辩解并驳斥行政机关的理由、依据等的权利；程序抵抗权：指相对人对严重、明显的违法行政行为在程序上予以直接抵制的权力，使违法行为不能发生效力②。

（2）事后救济程序

事后救济程序主要是行政复议和行政诉讼程序。相对人在这两种程序中享有的权利主要是：被告知救济途径及期限的权利；提出复议、诉讼的权利；申请回避权、陈述意见权、辩论、质证权；申请执行权；上诉权等等。相对人享有的行政法权利，使其具有了独立人格，这是其法律地位具有独立性的前提和基础，由此才能在权利行使中真正取得独立、积极、主动的地位。

第三节　行政参与权的研究现状分析

关于行政参与权所涉基本内容而言，学界已有不少论述，为本书的研究奠定了理论基础。以下从不同方面对参与权问题进行综合阐述。

① 例如美国通过非正式程序制定的法规规定："评论是非正式程序中不可少的环节。公众提供意见的方式由行政机关决定，可以采取接受书面意见、书面资料方式，可以允许口头提供意见，也可以采取非正式的磋商、合议、咨询和其他供公众表示意见的方式。"王名扬：《美国行政法》，中国法制出版社，1995年版，第360页。

② 如我国《行政处罚法》第49条规定："行政机关及其执法人员当场收缴罚款的，必须向当事人出具省、自治区、直辖市财政部门统一制发的罚款收据；不出具财政部门统一制发的罚款收据的，当事人有权拒绝缴纳罚款。"

一、行政参与

归纳起来，法学界对行政参与的关注主要从三种意义上展开。

（一）参与型行政

"所谓参与型行政，亦称互动型行政，是指行政主体及其他组织在行使国家行政权，从事国家事务和社会公共事务管理的过程中，广泛吸收私人参与行政决策、行政计划、行政立法、行政决定、行政执行的过程，充分尊重私人的自主性、自立性和创造性，承认私人在行政管理中的一定程度的主体性，明确私人参与行政的权利和行政主体的责任和义务，共同创造互动、协调、协商和对话行政的程序和制度。"[1]

（二）行政参与原则

行政参与是行政法的一项基本原则，这一点已在我国当代许多行政法教材和专著中有所体现。[2] "参与原则应该是现代行政程序价值最本质的反映，在具体的行政程序制度中应有更加广泛的应用和体现。参与应该被内化为高于一般原则的理念，可以说，现代行政程序就是行政相对人参与的程序。"[3] "参与原则是指行政主体在实施行政行为的过程中，除法律另有规定的以外（这种例外只能限于极个别的事项），相对人有权参与行政过程，并有权对行政行为发表意见，而且有权要求行政主体对所发表的意见予以重视的原则。"[4] "参与原则指受权力运行结果影响的人有权参与行政权力的运作，并对行政决定的形成发挥有效作用。"[5]

---

[1] 杨建顺：《政务公开和参与型行政》，杨解君：《2001 年海峡两岸行政法学术研讨会实录》，东南大学出版社，2002 年版，第 221 页。

[2] 例如，应松年主编的《当代中国行政法》（中国方正出版社，2005 年版）、杨海坤、黄学贤合著的《中国行政程序法典化——从比较法角度研究》（法律出版社，1999 年版）、熊文钊的《现代行政法学原理》（法律出版社，2000 年版）等行政法学的教材和著作中都明确论证了行政参与是行政法的一项基本原则。

[3] 邢鸿飞、吴志红：《行政程序参与原则之我见》，《学海》，2001 年第 4 期。

[4] 杨海坤、黄学贤：《中国行政程序法典化——从比较法角度研究》，法律出版社，1999 年版，第 122 页。

[5] 王万华：《行政程序法研究》，中国法制出版社，2000 年版，第 186 页。

（三）行政法权利

参与权利是行政过程中当事人的一项重要权利，"行政相对人的参与权是行政相对人其他程序性权利的奠基石。只有行政相对人在行政程序中拥有了参与权，才能进一步享有知情权、抗辩权及救济权。换言之，行政相对人在程序中拥有行政程序性的权利是参与权的发展结果"。[①] "行政程序参与权是指行政相对人为了维护其自身的合法权益而参与到行政程序过程中，就涉及的事实和法律问题阐述自己的主张，从而影响行政主体作出有利于自己的行政决定的一项权利。"[②]

二、行政法视阈下的行政参与权

（一）属于公法权利

就行政参与权利的性质而言，大陆法系国家多从公法权利的角度予以认识。德国行政法学的集大成者奥拓·迈耶，就认为参与权是一项典型的公法权利，所谓"真正公法上的权利是从授予个人参与权开始的"。日本学者美浓部达吉则从公法权利的特性上论证了参与权的公共利益目标，"在公法关系上，国家的权力就不单为国家的利益而存在，同时亦为着人民的利益而存在；而人民的权利，亦不单为着权利者本身的个人利益而存在，而是同时完成国家的利益的"。[③] 我国学者杨建顺也在对日本行政法的阐述中指出："私人公权，不仅是为了保护权利主体自身的个人利益而赋予的，而且是为了实现公共利益，或者说主要是为了实现公共利益而确认的。"[④]

（二）属于政治权利

我国学者多数从政治权利的角度认识行政参与权。认为政治权利是"公民参与并影响政治生活从而得以在社会的政治生活领域达

---

① 张晓光：《行政相对人在行政程序中的参与权》，《行政法学研究》，2000年第3期。
② 章剑生：《行政程序法基本理论》，法律出版社，2003年版，第172页。
③ ［日］美浓部达吉：《公法与私法》，中国政法大学出版社，2003年版，第107页。
④ 杨建顺：《日本行政法通论》，中国法制出版社，1998年版，第190页。

到自我实现的权利"[①]，而参与权则是政治权利的核心内容。就内容而言，日本行政法学认为参与权就是参与政治的权利，包括选举权、被选举权、成为公务员的权利、罢免公务员的权利等。[②]

（三）属于程序性权利

我国学者多从行政程序权利的角度认识行政参与权的内容，将其概括为获得通知权、陈述权、抗辩权、申请权四项内容；[③]关于行政参与权的保障，提出了三方面的发展思路：细化宪法规定、提升认识、救济保障；杜睿哲也提出了三个保护策略：宽松的参与时空、经济的参与方式、充分的参与效果。[④]

三、行政参与与政治参与

政治参与是一种政治学概念，也是政治生活的重要活动。《中国大百科全书·政治学》将政治参与界定为"公民自愿地通过各种合法方式参与政治生活的行为"。[⑤]《布莱克维尔政治学百科全书》对政治参与的解释是"参与制订、通过或贯彻公共政策的活动"[⑥]或定义为"政治参与是公民或公民团体试图影响和推动政治系统决策过程的活动。"[⑦]还有学者给出了如下定义："普通公民通过各种合法方式参与政治生活，并影响政治体系的构成、运行方式、行动规则和政策过程的行为。它是政治关系中政治权利得以实现的重要方式，反映着公民在社会政治生活中地位、作用和选择范围，体现着政治关系的本质。"[⑧]综上可以看出，政治参与的主体是公民和公民组成的团体；政治参与的客体是政治活动，即

① 李琦：《公民政治权利研究》，《政治学研究》，1997 年第 3 期。

② 杨建顺：《日本行政法通论》，中国法制出版社，1998 年版，第 191 页。

③ 参见章剑生：《行政程序法基本理论》，法律出版社，2003 年版，第 177-186 页。

④ 张晓光：《行政相对人在行政程序中的参与权》，《行政法学研究》，2000 年第 3 期。

⑤ 《中国大百科全书·政治学》，中国大百科全书出版社，1992 年版，第 485 页。

⑥ 《布莱克维尔政治学百科全书》，中国政法大学出版社，2002 年版，第 608-609 页。

⑦ 魏星河：《我国公民有序政治参与的涵义、特点及价值》，《政治学研究》，2007 年第 2 期。

⑧ 王浦劬：《政治学基础》，北京大学出版社，1995 年版，第 206 页。.

政府决策及其与之相关的公共生活；政治参与的目的是影响或改变政治系统的决策。

首先，从参与主体资格来看，政治参与和行政参与有所不同。政治参与的主体是公民和公民团体，重点在于参与者的公民身份。而行政参与的主体则是所有受到行政权力影响的利害关系人，重点在于行政行为的利害关系人。其中个人既包括本国公民，也包括外国人和无国籍人；组织既包括本国组织，也包括外国组织、国际组织、跨国组织等。其次，行政参与主体的范围更广泛。参与行政过程的利害关系人可以包含外国人和无国籍人以及外国组织和国际组织等，而政治参与仅强调公民的参与。第三，从参与客体看，政治参与的客体是政治活动，行政参与的客体是行政活动。

关于政治与行政关系的经典阐述就是威尔逊和古德诺的"政治与行政二分说"，即"政治是国家意志的表达过程，行政是国家意志的执行过程"。①这一理论在 20 世纪上半叶曾成为公共行政理论的主流，甚至影响着政府的体制设置和行政的发展。但在 20 世纪 60、70 年代之后，"二分说"广受质疑和批评，更多的人转而关注"行政过程的政治"，认为行政本身就是政治的重要组成部分，行政在执行政治任务的过程中，必然要不断地作出因地制宜的政治性决策。"法律多元主义的一个结果就是在法律秩序内部增加了参与法律制定的机会。在这方面，法律舞台成了一种特殊的政治论坛，法律参与具有了政治的一面"。②这种对行政过程也是政治过程的一部分、行政过程具有政治特性的理论认识，在我国政治理论中也有类似的表述，比如孙中山先生所指出的，"政是众人之事，集合众人之事的大力量，便叫作政权；政权就可以说是民权。治是管理众人之事，集合管理众人之事的大力量，便叫作治权。所以政治之中，包含有两个力量：一个是政权，一个是治权。这两个力量，一个是管理政

---

① ［美］古德诺：《政治与行政》，华夏出版社，1987 年版，第 12 页。

② ［美］P. 诺内特、P. 塞尔兹尼克：《转变中的法律与社会：迈向回应型法》，中国政法大学出版社，2004 年版，第 107 页。

府的力量，一个是政府自身的力量。"①这种理论认识上的变化，从"政治行政二分说"到认为政治与行政不能截然两分、行政过程也具有政治特性，当然根源于社会现实的重大变化：警察国家、有限政府向福利国家、全能政府的转变；行政的主要活动从以秩序行政、消极行政为主转向秩序行政与服务行政并存、消极行政和积极行政并存；行政的作用从单纯的执行法律转向以执行法律为主兼具一定范围内的规则制定和纠纷裁决权；法律对行政的约束也从严格的依法行政的要求转向对行政进行宽泛的裁量授权。这种具有政治特性的行政过程必然为公民参与范围的拓展提供了条件。尤其是在选举、立法等领域所实现的代议制民主不足以承载人民当家做主的责任和使命转而探寻直接民主的方式时，追求和完善行政过程的直接民主、实现利益主体与行政主体的直接对话和沟通，就成为政治参与的必然发展。因而，从政治过程与行政过程的关系看，政治参与和行政参与也并不是割裂开、完全分离的关系。

政治参与和行政参与还分别表达了两类民主形态：政治民主和行政民主。民主是人类社会生活的政治理想和制度追求。在近代政治实践中，民主更是人们普遍关心的政治价值。托克维尔总结美国民主的实践，指出"人们生活中发生的各种事件，到处都在促进民主。所有的人，不管他们是自愿帮助民主获胜，还是无意之中为民主效劳；不论是自身为民主奋斗，还是自称是民主的敌人，都为民主尽到了自己的力量。所有的人都汇合在一起，协同努力，归于一途。"②政治思想家们设想的理想民主形态是直接民主，"在他们看来，公民大会式的民主无疑是最直接的民主。公民召开全体大会，共同决定本社区的重大问题，通过投票选举公共权力的执行者，同时又能随时撤换他们。"③但是，这种柏拉图所谓"城邦式民主"与卢梭所谓"公民直接表达公意"的直接民主，在现代"大国众民"式的民族国家很难实现。除了纯粹由数

---

① 《孙中山全集：第九卷》，中华书局，1986年版，第254页。
② [法] 托克维尔：《论美国的民主》（上卷），商务印书馆，1996年版，第7页。
③ 王长江：《现代政治执政规律研究》，上海人民出版社，2002年版，第31页。

量引起的难题之外，对于人们集会的时间、地点、意志表达的有效性等，也存在明显的地理和个体上的限制。代议制民主作为一种次优选择，已经成为近代政治民主的主要形态，即人民"通过由他们定期选出的代表行使最后的控制权"。①但是由于经济人的自利性、信息的不对称性、制度的不完善性等因素决定了代议制民主存在一些必然的缺陷，诸如政府自身的缺陷、投票规则的缺陷、监管不力的缺陷等，②"行政国家"的出现更激化了代议制民主的困境。1979 年发端于英国撒切尔政府、并迅速席卷全球的公共行政改革浪潮，其核心使命和主要结果就在于通过寻求直接民主制与代议民主制的契合，以克服代议民主制的先天不足。同时，政治思想家也在努力构建替代性的民主理论，诸如：帕累托和熊彼得的"精英民主"理论；拉斯基、达尔等人的"多元民主"理论；本杰明的"强势民主"理论；吉登斯所谓"第三条道路"；博曼、哈贝马斯的"协商民主"理论等，都在积极倡导和推动公民直接参与公共行政的实践。在这种参与式民主中，最重要的活动就是公民之间、公民与政府之间的沟通和对话。这种沟通和对话是双向的、对等的和实践的，不仅是"坐而谈"，而且是"起而行"的。强势民主透过公民之间的对话来创造一个公共领域空间，可以让大家探寻出一个彼此共识的公共利益目标，并且通过与政府的对话，促使双方共同采取积极的行动。因而，公共行政就是政府与公民共舞、互动的"舞台"，公共行政决策就是政府与公民、国家与社会合作、共赢的"作品"。

四、行政参与的权利化

行政参与成为公众应有的行政参与权，其各项权能得到法律的确定且公众能实际享有后，公众便具有了完全的参与行政的权利能力和行动能力，同时又能约束行政机关履行满足行政参与权的各项

---

① [英] 约翰·密尔：《代议制政府》，商务印书馆，1982 年版，第 68 页。

② 吴桂韩：《公共选择理论视角下代议制民主的完善机制》，《人大研究》，2007 年第 8 期。

义务，使其负责任地有效开展公众参与活动。

行政参与的权利化蕴涵三层含义：其一，行政参与应当成为公众的权利即行政参与权；其二，行政参与应当成为具有完整形态和丰富权能内容的行政参与权；①其三，应当明确行政参与权对应的政府（行政机关）义务。

要使行政参与完全权利化，保障公众行政参与权的实现，进而促进行政参与实效目标的达成，首先要理解与把握行政参与权利化的内涵及其重要性。

（一）行政参与之本质

行政参与，从本质上看应当是公众参与公共行政的权利，即行政参与权，是公民参政权在行政活动中的具体化。从行为视角而言，行政参与当然是公众参与公共行政的一种行为活动，但这种行为本质上是权利行为，是公众行使行政参与权的活动，是公民参政权在公共行政中的具体体现，因此，更应该从权利视角上认识行政参与。行政参与本质上是公众参与公共行政的权利，即行政参与权，是公众依法以权利主体身份，为维护和发展自身或共同利益，以法定形式进入行政立法、行政决策和行政执法等行政活动过程，并对行政活动发生直接影响的一种综合性权利。②行政参与权是公众应当享有的权利，即应有权利。它是人民政治主权在公共行政中复归于公众的部分，是行政民主的内在要求，是正当行政程序的必然体现，也是政府善治需要赋予公众的权利。行政参与权作为公众的应有权利在行政法学界已得到学者的广泛认可，学者们在对行政相对人权利谱系的列举中，③大多涵盖

---

① 权能是有效实现权利所指向的目的所必备的各种具体的手段性权利，行政参与权的权能则是指实现行政参与权之目的所必备的各种具体的手段性权利，是行政参与权的具体权利内容。参见方世荣、邓佑文、谭冰霖：《参与式行政的政府与公众关系》，北京大学出版社，2013年版，第126页。

② 参见邓佑文：《行政参与权与行政法律关系的变革》，《东岳论丛》，2012年第4期。

③ 行政相对人可以解释为参与行政活动且其利益受到行政活动影响的公众，是参与行政的公众的主要部分。

了行政参与权。①但是，一些行政官员并未将其视为公众的权利，只是将其作为获得行政合法性与正当性的手段，这种理解上的误区应当矫正。

（二）行政参与权应设定为法定和实有权利

完整的权利呈现为应有权利、法定权利和实有权利三种存在形态。②行政参与权首当其冲的是公众的应有权利，或称道德权利。行政参与权是公民参政权在行政领域中的具体化，公民参政权是人民主权基础上公民应当享有的政治权利，公众行政参与权也应是公众在公共行政中应当享有的权利。在日趋政治化的行政立法与行政决策中，公众基于利益的均衡而应当享有参与权；③在行政执法中，相对人则基于程序正义而被赋予了参与权。因此，行政参与权是公众的应有权利，具有道义上的正当性，应当存在于公众尤其是行政官员的意识中。然而，道德权利只是理念中的权利，应当存在，在理论上可以行使，但在获得法律认可之前，却仅具有道德权威，受侵害后，加害者不会受到法律惩处，即应有权利不具有法律权威，缺乏权利力量。因而，有学者认为，权利应是一种法律上有效的、正当的、可强制执行的主张。④

可见，行政参与权需要法制化，成为法定权利，获得法律保障，这样，权利主体才能获得法律赋予的行使行政参与权的主张和权能。行政参与权随着法定化而获得了法律权威，但也只是由

---

① 参见应松年主编：《行政法与行政诉讼法》，中国政法大学出版社，2011年版，第24页；姜明安主编：《行政法与行政诉讼法》，北京大学出版社、高等教育出版社，2007年版，第165页；胡建淼主编：《行政法与行政诉讼法》，中国法制出版社，2010年版，第79页；周佑勇：《行政法原论》，中国方正出版社，2005年版，第38页；王周户主编：《行政法学》，中国政法大学出版社，2011年版，第164页。

② 参见夏勇主编：《法理讲义——关于法律的道理与学问（上）》，北京大学出版社，2010年版，第336页。

③ 参见［美］理查德·B·斯图尔特：《美国行政法的重构》，沈岿译，商务印书馆，2003年版，第64页。利益代表理论给了我们一种求证行政合法性与正当性的逻辑思路，即在利益多元化时代，在已经承担利益分配职能的行政活动中，通过各种利益主体的参与，实现利益的均衡分配，从而获得行政合法性与正当性。

④ Samuel Stoljor, An Analysis of Rights, New York:St. Martin's Press, 1984,pp1-6.

在意识里的权利转化成写入法律条文中的权利。要得到最终实现，须从法律条文上的权利成为公众的实有权利。这种转化的完成，一方面需要公众自身能根据法律的赋权，积极行使权利；另一方面则需要行政机关能够在行政实践中履行尊重、保护和实现公众行政参与权的义务。

（三）行政参与权兼具实体权利与程序权利

行政参与权应是融程序性与实体性内容于一体的综合性权利。[①]有不少学者认为行政参与权是一种程序权利，这种观点揭示了行政参与权的程序性，却忽略了行政参与权的实体性内容，影响了对行政参与价值和功能的正确认知，束缚了行政参与权利化的过程。实质上，行政参与权应当是包含程序性与实体性的综合性权利。行政参与权无疑包含了公众基于正当程序要求而参与行政程序的权利，其中的行政介入权、政见表达权等具有明显的程序性，但是，行政参与权不同于一般的行政程序权利，其更蕴含了实体性内容。首先，行政参与权源于公民的参政权，是公民参政权在公共行政领域的具体化，其中蕴含了公民的政治利益，具有实体性。其次，完整的行政参与权应当包含影响行政决定的权能，这种权利可表现为公众合理行政意见和利益诉求的获采纳权，这种权能无疑具有实体性。因此，行政参与的权利化，不只是要求行政参与成为程序性权利，更重要的是要涵括实体性权利价值与内容。

（四）行政参与权蕴含的权能内容

行政参与权应当蕴含丰富的权能内容——行政介入权、政见表达权、政见获回应权、合理政见获采纳权等多项权能，在特定情形

[①] 章剑生：《论行政相对人在行政程序中的参与权》，载浙江大学公法与比较法研究所编：《公法研究》（第三辑），商务印书馆，2004年版；张晓光：《行政相对人在行政程序中的参与权》，《行政法学研究》，2000年第3期；程琥：《关于服务相对人公共服务程序参与权研究》，《行政法学研究》，2011年第1期，等等。

下，还包含参与决定权和参与实施权。[①]人们把行政参与一般理解为公众参加行政程序的行为，因此，往往把行政参与权简单狭义地解读为公众介入行政活动的权利，即只要公众介入了行政过程，实现了参加行政的资格，即意味着行政参与权得到了实现；或是把行政参与展开为公众在行政过程中表达意见的行为，从而衍生出政见表达权。但这些都未能发掘行政参与在整个行政过程中所蕴含的其他权能要素。有一些学者对行政参与权的具体内容进行了更深入地探讨与阐述。有的认为行政参与权包含参加国家行政管理、参与行政程序、了解行政信息三项内容；[②]有的认为行政参与权具体包括直接参与管理权、了解权、听证权、行政监督权、行政协助权；[③]有的认为行政参与权包含获得通知权、陈述权、抗辩权、申请权；还有学者指出，行政参与应当是同时包括知情权、管理权、表达权和监督权的复合权利[④]等等。这些学者从不同角度对行政参与权的内容进行了提炼与概括，揭示了行政参与权的丰富内涵，这对分析与把握行政参与权的权能内容具有重要的参考价值。

行政参与权的这些权能内容可以按照其性质、作用等差异划分为基本权能和加强权能两种类型。基本权能是行政参与权的基本内容，包含行政介入权、政见表达权、政见获回应权、合理政见获采纳权等，它们是行政参与最基本的权利能力和手段。行政介入权是

---

① 特定情形下的参与决定权是指行政机关须作出涉及多方公众利益的行政决策，而行政机关客观上又难以作出均衡各方利益的决定时，各利益代表应当享有参与决定权，参与决定一般通过各利益代表与行政机关协商的方式进行，若协商不成，则通过各利益代表参与表决的方式进行；特定情形下的参与实施权是指在行政机关怠于实施已吸纳公众合理诉求作出的行政决定的情况下，公众能主动提出实施与自己利益相关的行政决定的建议，并督促、配合与协助行政机关顺利实施行政决定。

② 胡建淼：《行政法学》，法律出版社，2003年版，第135页。

从广义上说，公众对行政信息的了解以及对行政活动的监督也可以认为是公众对行政活动的参入，因而行政知情权（了解权）和监督权可以称为广义的行政参与权的权能内容，但它们不是行政参与行为本身蕴含的权利，因此并非严格意义上的行政参与权的权能，行政参与行为本身蕴含的权利才是严格意义上的行政参与权，也可以称为狭义的行政参与权，本书采用狭义的行政参与权概念。

③ 周佑勇：《行政法原论》，中国方正出版社，2005年版，第38-39页。

④ 莫于川：《公众参与潮流和参与式行政法制模式——从中国行政法民主化发展趋势的视角分析》，《国家检察官学院学报》，2011年第4期。

指赋予具备一定资格条件的公众参加行政活动的机会和能力。这一权能首先决定公众是否有机会或可能介入行政活动，它包括公众主动发起行政活动的权利，即行政发起权和被行政机关吸纳加入行政活动的权利，又称行政加入权。政见表达权是指参与行政活动的公众为维护自身合法权益或者促进公共利益对行政事务表达行政意见或利益诉求的权利。政见获回应权是指参与者要求行政机关对其提出的政见予以合理回复的权利。合理政见获采纳权是指社会公众合法、合理的行政意见与利益诉求有权得到行政机关的采纳。加强权能亦可谓之特别权能。它是指为了促进与保障行政参与对行政活动的实质影响，而特别赋予具有参与资格的公众之权能，以增强参与主体的行政参与能力，包含参与决定权和参与实施权。参与决定权是公众各利益代表在行政决策影响多方公众利益而行政机关客观上又难以作出均衡各方利益的决定的情形下，参与该行政决策的决定环节的权利。但这并不要求一定采取各利益代表直接参与表决的方式，参与行政决策可以有其他方式，如由各利益代表与行政机关协商决定等。参与实施权是公众在行政机关怠于实施已吸纳自己合理诉求的行政决定的前提下，参与跟自己利益相关的行政决定实施的权利。公众享有参与实施权，则能主动提出实施与自己利益相关的行政决定的建议，督促与协助行政机关顺利实施行政决定，并最终实现行政目标和自己的利益诉求。

当然，要使行政参与完全权利化，除了充实以上公众行政参与行为本身的各项权能外，还应充实公众参与行政所必需的行政知情权和参与监督权。如前所述，这两种权利并不是严格意义上的行政参与权，但公众享有行政知情权是行政参与的前提，公众享有参与监督权则是行政参与的保障。因此，行政参与权的各项权能可作为行政参与的本体性权利，而行政知情权是行政参与的前提性权利，参与监督权则是行政参与的保障性权利。"知情权"源于英文"the right to know"，是指公众享有知悉和获取国家有关信息的权利。行政知情权则是指公众享有知悉和获得政府相关行政信息的权利。[①]
它约束行政机关必须履行行政公开的义务。"信息公开是公众有效参
与的基本条件和前提。""行政公开是参与式行政的一个必然要求和
重要环节。"[②]"实现透明行政是实现公民参与的前提。"[③]这些论者
的观点都一致表明信息公开是行政参与的先决条件。从权利维度说
明行政知情权是行政参与要求公众具备的前提性权利。因为公众只
有享有行政知情权,才能知晓行政活动的进展情况以及行政目标与
策略,才有机会进入行政过程表达意见与诉求,也才知道怎样与行
政机关进行博弈、沟通与协商,并影响行政决定的作成。参与监督
权是公众参与行政的保障性权利。它是公众对行政机关在行政活动
中履行满足公众参与义务情况进行督促、纠错和监控的权利,包含
对行政机关履行满足公众参与义务的督促权和评价权,以及在未履
行满足公众参与义务情况下的申请补救权、行政复议权、行政诉讼
权等。公众通过行使参与监督权,能更好地保障行政参与权的实现。

---

① 姜明安:《公众参与与行政法治》,《中国法学》,2004 年第 2 期。

② 莫于川:《公众参与潮流和参与式行政法制模式——从中国行政法民主化发展趋势的
视角分析》,《国家检察官学院学报》,2011 年第 4 期。

③ 刘芳:《论行政管理中公民参与的制度化建设》,《辽宁行政学院学报》,2007 年第 6
期。

第二章 行政参与权的理论分析

第一节 行政相对人法律地位的变迁

作为近代宪政时代的产物，行政法在产生之初便蕴含着宪法思想，即强调民主、法治对人权的保障，给予社会成员充分的权利以实现其自身的利益。它是伴随着早期资产阶级的民主、法治等宪政思想应运而生的。行政法作为调整行政机关与行政相对人之间关系的法律规范，既应要求行政机关依法行政、防止出现对相对人合法权益的不法侵害、排除相对人实现其权益的障碍、为相对人的生活和社会活动提供一个良好的环境与秩序，又应当"防止、控制和禁止私权利的滥用和主观随意性，以维护公共利益不受私权利的非法侵害"。①

一、行政相对人在传统行政法中的法律地位

（一）传统行政法律关系——"命令——服从"模式

行政法产生之初至 20 世纪之前，即传统行政法阶段。行政机关主要是运用了行政权中的消极的管理职能，行政权大都只表现了它的强制性，行政职能主要限于通过强制的手段维护社会秩序、保护公共利益，从而形成行政机关与相对人之间的"命令——服从"的单一行政法模式。

---

① 刘旺洪：《行政与法治——中国行政法制现代化研究》，南京师范大学出版社，1998 年版，第 3 页。

1．大陆法系国家

大陆法系国家的行政法内容在 20 世纪以前，主要侧重行政组织、行政行为以及行政机关与公民之间的权力支配关系、突出行政权优越的传统。比如法国在 19 世纪绝大部分时间里，"公共权力"被作为区分公法与私法的标准，公共权力行为适用于行政法调整，从而使"公共权力"成为法国行政法的基本观念。这种观念认为行政机关的活动可以分为两类：一类是行使公共权力的行为（又称为权力行为），它以单方命令和禁止为特征。这类行为适用于行政法，由行政法院管辖；另一类是事务管理活动，又称管理行为。在这类活动中，行政机关和当事人处于平等地位，采取合同方式行动，主要适用于私产管理行为。这类行为受私法支配，由普通法院管辖。[①]而在当时的法国，不行使权力的行为主要是财产的管理行为，"这种行为主要是内向的，且范围很小，比如对政府维持权力运行所必需的公共财产的购置、维护等"[②]。因此，当时法国行政机关的行为基本上都是公共权力行为。同时，19 世纪上半叶的法国同样沿袭着资产阶级革命所倡导的个人自由、权力至上的人权、民主思想，这使得在"国家中心主义"下的公共权力的行使范围主要局限在维护社会秩序与安全等公共利益方面。而公共权力的特点决定了它的命令性与强制性，所以行政机关与相对方形成的关系是"命令——服从"的模式。

在德国，近代行政法的产生深受封建末期"君主专制主义的影响，行政权力具有十分优越独厚的地位。18 世纪之前的德国便产生了以警察与秩序法为核心的行政法，但对于警察活动没有给予任何法律上的制约，统治者制定法律，只不过是要求将'柏拉图共和国的法律当作他的君主权的产物，也就是要求一种权限，按其意志随

---

① 参见王名扬：《法国行政法》，中国政法大学出版社，1988 年版，第 24-25 页；胡建淼：《比较行政法——20 国行政法评述》，法律出版社，1998 年版，第 197 页；姜明安：《外国行政法教程》，法律出版社，1993 年版，第 2 页。

② 季涛：《行政权的扩张与控制——行政法核心理念的新阐释》，《中国法学》，1997 年第 2 期。

心所欲地从事活动。"①因此，当时德国统治者将这类行政法作为实现专治主义的人治统治工具。"当时的警察涵盖所有的内部行政，行政的特点不仅表现为其广泛性和强度，而且表现为不受法律拘束，"②"警察国家中的法，是一个概括的名词，使得所有的管理都成为可能。"③自 19 世纪中期以来，在德意志领域内已经开始建立起法治原则基础上的宪政国家，打破了君主专制的人治制度。在这一时期，德国依法行政原则已初步确立，人民开始参与立法活动并以法律确认公民的基本权利、自由，确立了国家行政机关的行为应当置于人民控制之下的观念④。"随着宪政体制的普遍实施，对于人民权利的实施以及国家行政权力行使的依据皆需透过立法者的法律方得为之，……此时期也标志着警察国家时代的终结。"⑤但在整个 19 世纪的德意志，警察职能的实施仍是国家行政机关行政行为的重要部分，依法行使警察职能也就体现出对依法行政原则的遵守，且该职能不得任意行使，而是限定在维护法律与社会秩序的范围内。行政权的运行依旧是传统的。正如"普鲁士最高行政法院在 1882 年 6 月 14 日的'克劳茨伯格判决'中指出，警察职能应限定在维护公共安全和公共秩序上，不得扩及于公共福利方面。这一判决是依据《普鲁士普通法》第 2 章第 17 条第 10 款关于警察职权'只为防止危险，无权从事福利事业'的规定作出的"。⑥因此，总的说来，20 世纪之前的德国行政法，行政职能基本是放在维护公共秩序与安全，行政行为又可称之为权力行为，其行使过程与相对人形成的法律关系形态主要是"命令——服从"模式。

---

① 应松年、袁曙宏主编：《走向法治政府——依法行政理论研究与实证调查》，法律出版社，2000 年版，第 100 页。

② ［德］哈特穆特·毛雷尔著：《行政法学总论》，法律出版社，2001 年版，第 15 页。

③ 翁岳生：《行政法》，翰芦图书出版有限公司，1998 年版，第 58 页。

④ 这些均体现在 19 世纪中期以后一系列立法之中，如 1848 年的《基本权利宣言》、1849 年的《法兰克福宪法》、1850 年的《普鲁士宪法》、1867 年的《北德意志宪法》等。

⑤ 陈新民：《德国公法学基础理论》，山东人民出版社，2001 年版，第 118 页。

⑥ 应松年、袁曙宏主编：《走向法治政府——依法行政理论研究与实证调查》，法律出版社，2000 年版，第 101 页。

2. 英美法系国家

在传统行政法时期，英美两国始终坚持限制行政机关的权力，"行政法就是控制政府权力的法律制约。"① "英国政府从 1689 年起，不再拥有执行立法过程制定规章的普遍权力。结果，发布规定和命令的权力，根据政府的每项具体功能而分别授予……导致了司法部门的规定和命令的严格审查。"②这样，行政权仅仅局限于治安、税收、外交等有限的范围。

在美国，"开国元勋虽然小心翼翼地限制他们授予全国政府的权力，但他们聚于费城的主要原因是要建立一个更强有力的全国政府。他们懂得，管理上软弱无能的中央政府是对自由的祸害。他们想在联邦制框架内建立一个全国政府，它拥有足够的权力来满足一切时代的需要，"③ "从 1789 年建立联邦政府，到 1886 年州际商业委员会成立这最初一百年间，美国行政法的中心是由法院按照英国普通法和衡平法对行政活动进行司法审查。在这个时期，行政机关的作用在社会生活中不占重要地位。"④ "19 世纪，美国政府的工作重点几乎完全集中在那些旨在严格限制行政范围的法律约束之上。行政中的自由裁量范围也不可避免地被缩小到了一种无可奈何的地步。"⑤

由此可见，当时英美国家在控权观念的影响下，行政权的行使是非常消极的。与公民个人权益密切相关的"治安行政"或"警察行政"领域，行政权只能充分运用其强大的强制力才能发挥作用。因此，"在整个 19 世纪，无论契约和天赋权利的理论扩展到何种程度，政府仍拥有一种保留权，以保证公共利益不被完全忽略。后来，当人们开始懂得个人权利必须被限制在公共利益的范围内的时候，

---

① ［美］欧内斯特·盖尔霍恩，罗纳德·M·利文：《行政法与行政程序概要》，中国社会科学出版社，1996 年版，第 2 页。

② 李娟：《行政法控权理论研究》，北京大学出版社，2000 年版，第 48 页。

③ ［美］詹姆斯·M·伯恩斯：《民治政府》，中国社会科学出版社，1996 年版，第 51 页。

④ 王名扬：《美国行政法》，中国法制出版社，1995 年版，第 48 页。

⑤ ［美］E·博登海默：《法理学——法律哲学与法律方法》，中国政法大学出版社，1999 年版，第 368 页。

治安权就成为行使政府权力必不可少的工具了。"①所以，在当时公民虽然享有很大的自由空间，"行政官员就会在法院控制之下对其进行强制拘束，这些警察职能，是 19 世纪重要的'执行'或'行政职能'②。那么，为了维护公共利益、建立稳定的社会秩序，行政机关与相对人形成了直接的管理关系，"行政行为是行政机关作为主权对公民所作的最终命令。"③于是，形成了人们很熟悉的"行政机关权力——相对人义务"的以行政机关为主导地位的行政法律关系形式。

（二）传统法律关系中的相对人地位

如前文所述，在传统行政法时期，行政机关与相对人之间的关系主要是"命令——服从"的关系。在这种以行政机关为主导性地位的关系中，相对人处于从属、消极和被动的法律地位。

1. 行政法权利的匮乏性

公民在传统行政法时期所享有自由权的范围主要是在行政机关不干涉的领域。但是，一旦受到行政机关的干涉，也即进入行政法律关系。如此，导致公民作为相对人所享有的行政法权利是很贫乏的。相对人的选举权、请愿权等参政权都是宪法中的权利，属于公民的基本权利，是"静态性的、确认性的权利"，④而不是行政法中的权利，且"选举本身也不是行政活动，行政相对人尚未参加国家行政管理"。⑤如此，相对人直接参与行政决定的形式和渠道都相对缺乏，无法真正影响和协助行政权的运作。并且，在传统行政法时期，"当时的宪法制定者认为，政府的目的是充当警察和卫士，而不是提供衣食住行。"⑥那么，行政机关"守夜人"的角色使其仅仅维护着社会安全和秩序，相应的行政相对人也就不享有更多的受益权。而且，当时还没有现代意义上的行政程序法，相对人的程序性权利，

---

① ［美］伯纳德·施瓦茨：《美国法律史》，中国政法大学出版社，1990 年版，第 54 页。
② 沈岿：《平衡论：一种行政法认知模式》，北京大学出版社，1999 年版，第 95 页。
③ 叶必丰：《现代行政行为的理念》，《法律科学》，1999 年第 6 期。
④ 方世荣：《论行政相对人》，中国政法大学出版社，2000 年版，第 70 页。
⑤ 同上，第 84 页。
⑥ 季涛：《行政权的扩张与控制——行政法核心理念的新阐释》，《中国法学》，1997 年第 2 期。

也仅限于通过请求法院对行政行为的司法审查以使自身的权益受到保护的事后救济程序。

2. 主要以义务主体角色出现

在传统行政法时代的"命令——服从"关系中，行政相对人作为行政法律关系主体之一，其行政法权利的匮乏使其更多的不是享有权利，而是承担义务，从此种意义上说，其主体具有义务性。

3. 行为的服从性

在传统行政法时代的"命令——服从"关系中，行政机关可以发号施令，要求行政相对人服从，而且其权力的强制性可以强制行政相对人服从，使行政相对人行为具有服从性。

综上所述，行政相对人在行政法上的法律地位，必然是从属于行政机关的，其行为改变不了被动消极地履行义务、服从行政机关的从属地位。

（三）成因分析

1. 政治自由主义的影响

从资产阶级革命胜利到 20 世纪之前，资本主义社会极其强调个人自由、权力至上，尤其是在英美国家表现得更为突出。这种个人自由、权力至上主要是资本主义社会的政治自由主义和经济自由主义的表现。

资产阶级启蒙思想的核心——洛克在其《政府论》中指出：人在自由、平等和财产方面的自然权利与生俱有，神圣不可剥夺，不屈服于任何势力，但要受"自然法"的约束；基于个人同意并出让一部分权利而组成的政府主要是为调整社会冲突，避免社会动乱和纷争，政府制定和实施法律在于保护个人的人身、财产权利，政府不得侵犯作为天赋人权或基本权利的自由、平等与财产权，政府权力的行使必须受到限制且基于组成社会个人的同意。[①]洛克的这种思想启发了孟德斯鸠基于权力分立的思想而提出了三权分立理论。

在这种思想指导下，个人自由是贯穿始终的主题。国家权力的

---

① 参见［英］约翰·洛克：《政府论》（下篇），商务印书馆，1982 年版，第 85 页。

设立、法律的制定和实施是个人自由的产物和实现的保证。政府权力的界限是个人的自由，只有以实现个人自由为目的，政府的存在才具有正当性。政府的存在只是为了弥补"自然状态"的不足，所以需要限制政府权力，如果政府的存在超越了这一界限，就失去了存在的依据，合法性就会受到质疑。

2．经济自由主义的影响

经济自由主义主张安排经济活动是公民个人的自由，政府的过度管制只会构成对公民权利的威胁。传统经济自由主义的代表人物英国的亚当·斯密在其代表作《国富论》中指出："最能促进国民财富增长的制度模式是经济自由放任、自由经营、自由贸易，排斥国家对经济的干预作用，鼓励发挥个人对经济的自发调节。个人在理性的支配下，在追求自己利益最大化的时候，公共利益可以自发地得到维护和增长，二者可以自然地形成和谐、平衡状态，无须外在干涉。在'看不见的手'的指引下，个人并非出于本意而实现自己的利益目的，并不会对社会有害，反而会比出于本意的情况下更有效地促进社会利益。在这种情况下政府的干涉或监管只能导致财富的减少，政府干预是浪费的甚至是错误的，它会打破个人自由选择带来的平衡，结果可能是摧毁繁荣。所以政府的权力必须受到严格的限制，否则不但不能为人民提供收入或生计，还会引起乱政。尽管政府不能对个人经济活动享有管理权，不应对市场加以限制，破坏市场的自由竞争，但是政府不能被取消，它在其他领域的作用是不可代替的。政府主要负有三个重要且被人民所能理解的义务：保护社会不受其他独立社会的侵犯；设立司法机关，保护个人不受侵害和压迫；为公共利益而设立公共事业和公共设施。"①可以看出，斯密对政府职能的设计完全服务于经济自由发展的模式。经济要谋求国民的财富，政府的职能就必须限定在非常有限的范围内，行政法的宗旨主要是通过最大限度地限制政府权力以保护公民个人的权利与自由。

---

① 参见［英］亚当·斯密：《国民财富的性质和原因研究》（下卷），商务印书馆，1981年版，第46页。

综上所述，在自由竞争资本主义阶段，在倡导个人自由、权力至上、经济自由竞争的社会状态下，政府的职能被局限于非常有限的范围内，行政机关除了国防、治安、税收等并无更多的职能。行政法的作用领域基本上局限于维护社会秩序和税收，使得在有限的行政法律关系之中，相对人并没有更多的权利，而政府在这些有限的领域作为公共利益的代表者则有了强大的强制力。所以在公民与行政机关所形成的有限的行政法律关系之中，行政机关以其强大的行政权占据了绝对主导性的地位，与相对方形成的基本是单一的"命令——服从"关系模式，使得相对人处在一种从属、消极、被动的法律地位上。

二、在现代行政法中行政相对人的法律地位

（一）政府行政职能的转变的影响

进入到 20 世纪，资本主义创造了更丰富的物质财富。技术的进步、经济的发展使得人与人的交往日益频繁，社会关系更加复杂，社会的变化更加迅速。这时人口、就业、教育、卫生、交通、环境等都成了严重的社会问题。越来越多的公共需求产生了，而市场并不能提供有效的解决途径，"看不见的手"已不能有效地发挥作用。资本主义国家已从"警察国家"转变为"福利国家"，"秩序行政"已变为"服务行政"或"给付行政"，为公众提供各种服务、福祉已成为现代政府的主要职能。正如有学者指出："19 世纪以来的西方行政法理论特别强调为社会服务，突出表现就是推行社会福利，国家实际上由过去不负责援助居民的社会生活变为承担保障与增进社会全体成员的社会生活。"①人们愈来愈倾向于借助外部力量来满足日益增长的共同需求，解决社会问题，而这一外部力量只能是政府。政府必须积极主动地解决各种社会问题，最大限度地为公众提供社会服务，这也是公民对政府的合理期待和要求。所以消极国家正在向积极国家转化，"现代国家正在形成，纠正社会和经济弊端是政府

① 郝铁川：《中西行政法观念及制度的比较研究》，《比较法研究》，1994 年，第 2 期。

的职责，这种看法反映了人们的情感"。①这种情况下，行政权开始扩张到社会的各个领域。为保障公民日益增长的各种需要，政府要从事大量的经济社会活动使得行政机关享有了大量的立法权。此时的行政机关开始背离传统的"无法律即无行政"的法治要求，在不违背法律原则与精神的实质法治原则的要求下享有大量的自由裁量权以满足公众的需要。行政机关在自己的领域内已经拥有了相当的价值评判权。这种行政职能转变的要求，使得行政机关集行政、立法、司法职能于一身并拥有了大量的自由裁量权。

（二）公民权发生的变迁：消极——积极

1. 早期消极的公民权

在自由资本主义社会，公民在私法领域享有民权如下：契约自由、信仰自由、宗教自由、议论出版自由、自由的迁徙权、自由选择职业权，尤其是私有财产不可侵犯，个人的生命与自由不可侵犯。

但是，这些民权在本质上都是消极的，如"生命权意味着人不能遭到任意的杀戮，而非生存的途径，其对应的义务是克制杀戮的行为，而非保障个体有效地获得生存的途径；财产权指的是一种对已有财产的占有、使用、收益而非获取财产的权利，对应的义务是消极地克制义务，而非积极地提供财产利益。"这些民权都以"免于……自由"而得到消极表述。②

2. 转向积极的权利

进入 20 世纪以来，随着经济的发展，早期的自由民权已无法满足人们越来越多的权利需求。由此公民的权利体系发生了重大改变。公民在拥有自由的民权的基础上又拥有了大量的社会经济文化权利，比如工作劳动权、社会安全保障权、休息权、受教育权、达到合理生活水准的权利、参与文化生活的权利以及各种福利待遇等等。"这些权利不是保护个人以对抗政府或其他当权者的，而是提请公共权力机构注意要让诸如个人自己拥有的那种权利通过另一自由而得

---

① ［英］威廉·韦德：《行政法》，中国大百科全书出版社，1997 年版，第 3 页。
② 沈岿：《平衡论：一种行政法认知模式》，北京大学出版社，1999 年版，第 177 页。

以实现。"①公民这些权利的取得已经不再是政府的恩赐，而是公民对政府提出的一种法定要求，一种政府必须承担的义务。

社会经济文化权利是一种积极的权利，即公民主动向政府要求积极地提供各种权利需求，而不是要求政府消极地不加以侵害，同时社会经济权利大多具有接受性的特点。"权利有两类：行为权和接受权。享有行为权是有资格去做某事或用某种方式去做某事的权利，享有接受权是有资格接受某物或以某种方式受到对待的权利。"②公民在自由资本主义社会所具有的各种自由权多属行为权，而公民在现代社会具有的社会经济文化权多属接受权，政府必须承担积极提供与给付的义务。

行政职能的转变使政府由"最好的政府，最少的管理"转变为"最好的政府，最多的服务"。③公民权利的扩展使公民对政府有了更多的权利要求。行政职能的转变，使行政法律制度重新建构了行政机关与相对人之间的关系，重新关注起了相对人的权利。在现代行政法律关系中，行政机关与相对人都以积极的态度出现，行政机关成了公共利益的促进者，公共福利的提供者。在行政法中，强调了相对方的权利的个体性，强调了相对方的独立性和主体性。相对人已经成为公共利益与服务的受益人，成了积极主动地影响着公共政策与决策的参与者。

第二节 法学理论基础

一、行政参与权的权利渊源

"需要一个什么样的政府"在法理层面就是解决权力与权利之间

---

① ［美］卡乐·J·弗里希：《超验正义宪政的宗教之维》，生活·读书·新知三联书店，1997年版，第45页。

② ［英］A·J·M米尔恩：《人的权利与人的多样性——人权哲学》，中国大百科全书出版社，1995年版，第112页。

③ 郭道晖：《法治行政与行政权的发展》，《现代法学》，1999年第1期。

的关系。权利相对于权力而言具有本位的特征：

第一，权力必须以权利为基础，即公民权利是源、国家权力是流，所有的权力均派生于公民权利，所以政府的行政权力只能来源于人民的授予。

第二，权力必须以维护权利为其存在的目的，即权力存在的唯一正当性就是全力保障公民的权利，所以政府的行政权力必须也能反过来服务于人民。

第三，权力的行使必须以权利为界限，即权力的运用以不侵犯公民的权利为最低限度，所以政府的行政权力必须严格依法行使，一旦逾越既定边界侵犯公民权利就必须承担责任。

以人民主权为原则，立法、行政、司法三权分立为基础建立的传统行政法律制度，是以立法机关的事前授权为前提、以司法机关的事后合法性审查为核心架构起来的行政法律制度，其重心在于确保行政权力的合法行使，"即运用具有控制功能的规则和程序，使原本在形式上不向选民负责的行政官员对私人利益行使权力的行为得以合法化"。①但是，在立法机关的授权日益广泛、行政职权不断扩张、公民对行政权的依赖和期盼与日俱增的情况下，"为了使行政能够更好地发挥作用，各国皆呈现出逐步扩大行政的裁量范围，赋予行政以不直接基于法律的具体规定而积极能动地作出政策判断之权能的倾向"②，传统意义上的行政法对行政权力的制约功能被不断弱化。公民参与作为实现行政民主的程序性机制，在行政决策过程中被广泛采用。

并且"绝对的权力导致绝对的腐败"——权力本身扩张性的特点决定了，在"行政国家"中，限制与制约权力是每一个追求民主价值的国家都必须认真对待和解决的重大问题。实行广泛的公民参与，可以有效地降低"绝对权力导致绝对腐败"的发生概率。

---

① ［美］理查德·B.斯图尔特：《美国行政法的重构》，商务印书馆，2002年版，第3页。

② 杨建顺：《行政法上的公共利益辩析——<宪法修正案>与行政法政策学的方法论》，《修宪之后的中国行政法》，中国法学会行政法学研究会，2004年论文集，中国政法大学出版社，2005年版，第444-460页。

（一）公共权力自身的矛盾性

公共权力是为维护社会公共秩序、增进社会公共利益服务的，但同时公共权力一旦失去监督与制约，就会背离其公共性质，比如现实中权力的滥用、腐败等等都是与公共权力相伴而生的现象。

1．权力腐败

按照马克思的公共权力起源说，公共权力是一种为了缓和阶级冲突，把冲突保持在秩序的范围内，从社会上产生但又自居于社会之上，并且日益同社会脱离的力量。然而，为维护社会公共秩序服务，为增进社会公共利益服务的公共权力在实际运作过程中，如果超越了既定的法定轨迹，就会损害公共利益，即会出现公共权力运用失范的结果——腐败。另外，公共权力运作的实际效果与社会公众对其期望之间存在着很大差距，这种情况在一定程度上损害了公共利益，也是公共权力的一种变质行为。"帕金森定律"形象地描述了行政部门的无效或低效状态。

2．维护参与权

为了对公共权力进行有效的制约，以防止或减少公共权力运行对公共利益的损害，在民主政治的背景下从制度外对公共权力进行约束，实际效果会更佳。制度外最重要的群体是公民，因此，应当选择以参与权对公共权力进行制约的约束机制。

公共权力作为公民契约的产物，由公民通过选举、委托、参与、监督的形式产生或执行国家权力。一般说来，选举是主要的授权方式，但通过选举产生的权力，其功效与真实性在不同政治体系或不同的人口范围内往往是不同的，所以公民授权离不开公民监督与公民参与的补充。这也正说明了现今行政活动中需要实现行政参与权。并且，进入现代社会以后，信息化等充裕的物质条件和先进的技术水平为某些领域的直接民主提供了可能性。而且由于公民代理人的"经济人"和利益主体的多元化影响，使得现代民主得以被某些领域引入并通过扩大公民直接参与来达到控制公共权力，使其按公共的利益行使的目的。

（二）参与权与公共权力的历史渊源和现实联系

1. 两者的历史渊源

"人是生而自由的。"自然状态是一种完全自由、平等的状态。但这种自由也充满着恐惧和持续不断的危险。"人类曾达到过这样一种境地，当时自然状态中不利于人类生存的种种障碍，在阻力上已超过了每个个人在那种状态中为了自存所能运用的力量。"①启蒙思想家卢梭认为，"有这样一种结合方式，使它能以全部共同的力量来卫护和保障每个结合者的人身和财富，并且由于这一结合而使得每一个与全体相结合的个人又只不过是在服从其本人，并且仍然像以往一样地自由。这就是社会契约。"②在社会契约状态下的这个共同体中，每一个人通过契约同等地让渡出自然权利中的一部分权利，转让给共同体，这些权利的集合就变成共同体的权力，即公共权力。公共权力必须保障每一个结合者自身及他们的自由和财产。共同体接受个人让渡出来的权利是为了保证他们对自己财富的合法享有，使据有变成一种真正的权利，使享用变成所有权。

如此，公共权力是公民契约的产物，只有在代表"公意"时才具有合法性。"公意"的产生方式分为直接民主和间接民主。在古代，当任何数量的人通过契约而建立一个共同体或政府时，他们就因此立刻结合起来并组成一个国家——这就是直接民主。而近代的代议制，公民通过行使选举权选出自己心目中理想的代表，并委托他们代表自己来治理国家，这就是间接民主。代理人必须按照委托人的意志来行使公共权力以治理国家，那么公共权力是体现人民的意志，是代表"公意"的。显然，维护参与权也是体现民意的有效方式，同时也符合自然法则中人性基本权利的内在逻辑。

2. 两者的现实联系

在民主制度下，公共权力合法性只能来自于社会成员对公共事务的广泛参与，通过讨论、协商和政治选择，决定一般的公共规则

---

① 　[美]博登海默：《法理学——法哲学及其方法》，华夏出版社，1987年版，第145页。

② 　[法]卢梭：《社会契约论》，商务印书馆，1997年版，第14页。

和特殊的公共决策。哈贝马斯特别强调，这一商议民主的实质在于：反对一切形式的强制，公共意志的形成必须包容所有人的不同意见，并通过理性的论证或争论，以求得共识。哈贝马斯在谈到现代民族国家的合法性问题的时候指出：在对上帝的信仰崩溃之后，出现了多元化的世界观，从而逐渐消除了政治统治的宗教基础。这种世俗化的国家必须为自己找到新的合法化源泉。而民主国家通过把公民在政治上动员起来，确认他们的民主参与和公民资格，创造了一种新的法律团结基础，同时也为国家找到了世俗化的合法性源泉。这表明，在现代社会中，在民主制度下公共权力的合法性基础应该来自公民普遍的、广泛的政治参与，其中不乏参与权实现的确实作用。

3．参与权在中国

从经济基础角度看，我国参与权实现的经济基础是，以公有制为主体的所有制结构和社会主义市场经济。随着，我国改革开放的深入和社会主义市场经济体制的确立和不断完善，新的利益阶层、组织群体不断涌现，呈现出经济结构多元化的环境。

从民主政治基础看，人民民主专政的国家性质为公民参与奠定了政治基础。我国的经济结构性质为民主政治的发展创造了相应的物质条件，而且促进了社会主义民主政治进一步发展。各种经济实体有平等的权利和机会表达自身利益要求，通过各种合法途径参与政治。我国是人民民主专政的国家，实行人民代表大会制，维护广大人民群众的根本利益。人民作为主权的拥有者，在我国民主制度相对健全的体制中通过公民参与能够成为管理国家的间接主体，并在行政过程中行使参与权。

从政治文化基础看，公民参与是适应中国文化的民主形态。文化理念的不同，孕育了不同的民主模式。中国哲学奉行"和""中"的思维，体现在政治价值观念上是重谐和，贵合一。孔子的仁政，意味着管理者与民众和谐。中国社会"和"是最高准则，由此形成了中国的和合文化传统。中国的政治社会强调和谐，这种政治文化传统基础为参与权的实现和发展提供了良好的文化背景。

（三）参与权的效果产生机制

政府是公共权力的主要载体。以公民参与公共权力的运作作为手段而实现参与权可以促使公共权力被更好地行使。参与权的最大功能和价值在于通过影响政府的行政和决策，使公共权力体系的运作避免或减少对"公意"的可能的偏离。所谓参与权的实现效果可以理解成通过引入或扩大公民参与对整个公共权力运作过程的制约所作出的现实的和潜在的贡献。

1. 软约束机制

对公共权力的制约，监督政府是必不可少的一个环节。当公共权力行使者的行政行为都暴露在公众的压力之下，会提升政府的责任感，使公共权力的行使不至于与公民的意愿和选择发生矛盾。"只有人民监督政府，政府才会不懈怠"，这是我国政府报告中多次强调的。在现代的公共管理中，政府要达到良好的治理效果，对行政参与权的重视和实现是必要的而且是必需的。

一方面，公民可以通过公开的政府信息，针对管理过程中存在的缺陷与不足，主动提出意见和建议。在网络时代下，公民参与变得更迅速、便捷，因为政府可以通过多种方式公开政务，如城市服务多媒体平台、网上市民论坛、政府会议公开直播、电子会议等，如此，公民对政府展开的活动基本知情，有利于公民监督政府；另一方面，行政参与权可以监督行政权，防止腐败。公民通过参与管理来监督政府权力的力量在于它的公正性、广泛性，有助于把各种违法违纪和腐败行为置于阳光之下，减少公共权力的滥用。典型的例子有南京的"万人评政府"①。可见，参与权可以起到制约公共权力的功能，是民主形式与本质的统一。

2. 硬约束机制

包括公民可以人大代表的身份在人民代表大会上对政府的不合理、不科学的行政活动提出意见；公民通过人大对政府有关的行政活

————————

① 南京市政府在 2005 年政府工作报告的起草中，初步采用民众参与、专家论证、政府决策的"三合一"决策工作机制。政府不仅开展了万人民意调查，而且还辅以其他形式征集市民和社会各界的意见和建议。

动提出质疑、建议和意见等。人大往往会根据公众的反映对政府的活动进行调查并采取措施给政府施加压力，致使政府调整、改变或废除有关活动事项，从而左右政府的行政决策。人大对政府的制衡作用是维护宪政民主的基本机制之一，当然，人大的行动往往以公众的反对、抗议为先导，比如厦门PX（又称对二甲苯，化工原料）项目事件。①

3．对应约束机制

公共权力要想打破原有的权力界限和范围，必须侵犯其他公民权利以扩张自己，两者之间一定程度上是一种"此消彼长"的关系。参与权的行使可以使得普通民众充分表达自己的利益诉求和社会诉求；而公民通过自身或社会组织合法地参与公共权力的行使，使得自己的主张和利益诉求在权力的行使过程中得以体现，从而实现并保护自己合法的切身利益，也起到制约公共权力的作用。

一般而言，以上模式往往不是单独产生实现参与权的效果，而是经常并行不悖或交叉而行的。公共权力是权威性分配稀缺资源的基本工具，是维护公共利益的最有效的杠杆。然而正因为公共权力的权威性与公共性，在某种程度上使得公共权力在实际的运行中常常被滥用，这样会导致严重的后果。因此，通过引入或扩大参与权的范围使公共权力处于被"包围"的状态下，在某种程度上可以预防、减少或者制止这种情况的发生。公民在参与公共权力的运行过程中能够对违法失职等不当行为进行揭发、抵制，有助于把各种违法违纪和腐败行为置于阳光之下，从而在一定程度上达到对政府的监督、增进政府责任性的效果，进而减少公共权力运行的失范现象。同时，还有利于维护公民自身的合法权益和补充政府服务的"空白地带"。

二、行政参与权的学科基础

行政参与权这一概念的提出不是偶然的，而是有其深刻的理论

---

① 当年"两会"期间，一份由六位中科院院士和百位政协委员联署的政协一号提案；并且在厦门市著名网络社区频繁出现"保卫厦门""还我蓝天"的口号；民间创造了百万短信议政的纪录。在强大的压力面前，政府不得不向公众作出解释并调整原计划。

依据的。其依据主要表现在以下几方面。

（一）国家与社会的二元化的政治学理论基础

当代国家与社会二元化存在，国家不再只是从社会中产生并凌驾于社会之上的一种政治力量。民主化的过程，就是不断扩大人民参与的范围，直至国家消亡。[①] 政治民主化的过程，就是人民参与国家政治管理的过程，其实质也就是马克思所讲的"社会把国家政权重新收回"的过程。在这一过程中，为了防止国家及国家机关工作人员由社会公仆变为社会主人，就需要社会广泛、普遍地参与国家权力的行使活动，从而有效地制约国家，监督国家权力机构及其工作人员的一切行为。

我国改革开放以来，随着国家经济、社会的发展，政治体制改革的深入，国家逐步退出原属于社会的领域，将大多数原本可以由社会管理的事务交还给社会团体和公民自我管理。这一国家还权于社会的进程必然要求作为社会主人——公民的参与。

（二）人民主权的宪法学理论基础

现代宪法的首要原则就是人民主权的原则。社会契约论认为，社会公约赋予政治共同体及其成员以绝对的权力，但这种权力只有代表"公意"时才称为主权。主权的一切行为，必须是真正属于"公意"的行为。[②]进入现代社会以后，由于社会物质、技术条件的发展（如信息化和电子政务的发展），使得直接民主成为可能。另一方面也由于公民代理人的"自利性"而并不总能代表公民的利益和意愿，所以，现代民主通过扩大公民直接参与来达到实现参与权以控制公共权力的目的。[③]公民参与是一切社会和国家事务决策的合法性基础，这是符合自然法则中人性基本权利的内在逻辑的。在我国，宪法规定一切权力属于人民，人民是社会的主体，也是权力的主体。权利产生权力，政府是社会利益的代表，要受人民监督、对人民负责。

---

① 参见荣剑、杨逢春：《民主论》，上海人民出版社，1989年版，第49页。

② ［法］卢梭：《社会契约论》，商务印书馆，1980版，第98页。

③ 房震：《现代西方民主、法治与宪政发展及相互关系的梳理》，转引 http://www.legaltheory.com.cn/.

（三）"治理"和行政民主化的行政学理论基础

第一，传统的以威尔逊的"政治与行政两分法"和韦伯的官僚制为理论基础的政府行政，强调效率的管理模式，其带来的问题是，"行政机构过分强大使行政机构长期置于公民之上，公民对政府决策只有服从的义务，而没有参与决策的实际权利。"[①]自 20 世纪 70 年代以来，"治理"理论成为人们所关注的焦点。治理区别于统治，最大的特点在于治理的主体是公共机构和私人机构，或是二者的合作，是多元的主体。国家与社会合作，必然要求扩大公民对公共事务管理的直接参与，强调政府职能由管理向服务转变，以实现公共权力的社会化和公共利益的最大化。

第二，美国行政学家沃尔多在 20 世纪 70 年代提出的"顾客至上官僚"观点，强调建立一种民主、公正的新公共行政——行政民主化理论。公民可以通过各种渠道积极参与公共政策的制定和实施、实行一定程度的公民自治，这既为公共政策提供了民主性与合法性，又可以带来公共政策的高效率。此时行政机构的角色转变直接地体现了行政的民主化。

第三，公民与政府的关系正在发生深刻变革，公民参与的全球趋势正在打破"立法可以民主化、行政必须集权化"的传统理论观点。加强公民参与和实现行政民主化正在成为新时代全球性的公共管理改革的发展趋势。1998 年在法国巴黎召开的第 24 届国际行政科学大会也将"公民与公共行政的关系"作为大会讨论的主题。

第四，现代民主宪政的运作和发展关键在于行政参与，参与是民主法制的基石。在现代国家，民主化行政的理念不断迫使政府在公共行政中必须加强与公民的交流和沟通，通过公民行政参与这种制度架构，鼓励公民以个体或集体的形式广泛地参与公共行政，从而使公共行政更响应公众呼声和以公民为中心。

---

① 卢雷：《宪政治理与公民参与》，《江南大学学报》，2004 年第 1 期。

三、行政参与权的法理基础

（一）程序正义论

参与原则是程序正义的重要基础，相对人在参与过程中享有表达自己意志的权利。程序的实质就在于把程序参与者互相交涉的过程予以法制化。萨默斯在《对法律程序的评价与改进——关于"程序价值"的陈辩》中首次提出程序价值概念。程序价值在此专指通过程序本身而不是通过结果所体现出来的价值标准，诸如当事人对程序的参与、程序所体现出来的理性、人道、对个人尊严的尊重等。实现参与性统治、程序理性、体现对人的尊重等程序价值为程序正义，程序正义理论对行政程序的要求之一就是程序公正。可能受到某一行政决定影响的当事人，应当有权了解作出该决定的相关信息，反驳对自己不利的观点，表达自己的意见。同时扩大相对人对行政的直接参与，让相对人在行政机关作出不利决定时陈述不同意见，了解决定的内容和理由，是程序正义对行政权力公正行使的最基本的要求。英国普通法的自然公正原则之一就是"被听取意见的权利"。在美国，"正当程序"的核心是当事人在涉及他们自己利益的决定产生过程中必须享有发表自己意见、反驳对方观点的权利。

（二）民主论

参与是人民主权原则即民主原则的体现，发展民主是当前世界各国发展的主流，作为民主原则在法治领域中的体现就是"法律面前人人平等"原则的贯彻执行。"可以说，现代法律中关于公民普遍参与的规定就是宪法原则规定的具体化。美国学者萨默斯曾指出，参与意味着公民能够自主地主宰自己的命运，"[①]现代民主的发展增强了公民的自主意识，公民要求参与法律活动，要求辩护权、陈述权等权利的实现，以达到影响判决从而达成自己希望的结果。现代中国法律制度在"法律面前人人平等"原则指导下，在立法、执法、行政、司法方面都表现出了现代法治参与原则的重大意义和广泛影

---

① 陈瑞华：《通过法律实现程序正义——萨默斯"程序价值"理论评析》，《北大法律评论》，1998年第1卷第1辑，第187页。

响。"行政法，乃人格尊严的具体化。"①行政相对人积极参与行政过程本身就是一种民主行政机制。

（三）参与权的行政法基础

行政法上的权利义务关系主要有三种：一是行政权与公民权关系；二是公权与公权的关系；三是私权与私权的关系。公民权是行政权的渊源，也是行政权存在的理由。行政权是公民权的保障，但也往往是公民权受到侵犯的主要来源。协调这两种权利的关系早已成为现代行政法所公认的一个首要问题，行政法的内在精神就在于谋求行政权与公民权（相对利益）的整体平衡。②

过去公民参政的主要方式是通过选举代表组成议会（立法机关）来监督行政权力的行使，监督制衡的效力非常有限。二战以后，各国政府大多将注意力集中到政治经济上来，纷纷将公民的政治经济权利、义务写进宪法，为公民参政提供了法律保障。政府与公民的关系开始走向一体，公民也有机会直接参与到行政权的运作中来，不仅可以对行政立法参与意见，还可以对涉及自身的具体行政行为的实施提出申辩、听证、复议直至诉讼。现代行政法要求政府应适当用柔性手段达到管理的目的，充分尊重当事人意见，尽可能减少双方的纷争，并注意适当弱化行政机关行使行政权力要求相对人服从管理的程序，强化行政机关的义务和相对人的权利。

第三节　公共治理理论基础

一、当代中国公共治理模式转型及其特征

（一）国家与社会关系结构下的公共治理模式

治理理论为国家与社会结构转型以及公共治理模式转型提供了

---

① 蔡志方：《从人性尊严之具体化，论行政程序法及行政救济法之应有取向》，蔡志方著：《行政救济及行政法学》，学林文化出版社，1998年版，第413页。

② 参见罗豪才：《现代行政法的平衡理论》，北京大学出版社，1997年版，第11页。

理论基础。"全球治理委员会对治理的权威性定义是：治理是指各种公共的或私人的个人和机构管理其共同事务的诸多方式的总和，治理（governance）是相对于统治（government）而言，指在治理过程中，不仅要依靠国家的力量，还要依靠社会的力量，它强调的是政府、社会二者在对公共事务的管理中达到权力制衡、相互合作、协调互补的稳定状态"①。

在传统的中国社会"强国家——弱社会"模式中，政府、政党组织高度集权，其权力渗透到社会的各个领域，是社会各项公共事务的主要承担者。这种模式和由此决定的政府一元主体的公共治理模式由于其本身容易造成效率低下、成本过高、行政权力的寻租等种种弊端，使得在我国社会转型的背景下，逐渐被"淘汰"。因此，为适应我国经济社会的发展，小政府、大社会的结构模式逐渐凸显优势。这种模式要求转变政府职能，在维护国家权威的基础上，对国家和社会职能进行合理分工；不断深化对广大人民群众、民间组织的积极参与。

（二）当代中国公共治理模式转型

中国现阶段的国家与社会结构模式正由"强国家——弱社会"向"强国家——强社会"转变的背景②，决定了公共治理也要由"治理主体一元化"的模式向"治理主体多元化"的模式转型。这种模式的转化并非一蹴而就，而是循序渐进的。因为中国的市场基础、社会组织还不成熟，市场这只"看不见的手"和公民社会这"第三只手"都缺乏发挥完全的作用能力，在一定程度上还必须要借助政府这只"看得见的手"。我国的转型要依然坚持以经济建设为中心，这为治理模式转型提供了良好的经济基础。

1. 主体向多元化转型

随着非政府组织的不断发展壮大，在很多公共领域中，政府组织不再是公共产品和公共服务的唯一提供者。非政府组织灵活性强、

---

① 俞可平：《治理与善治》，社会科学文献出版社，2000 年版，第 1 页。
② 张静：《国家与社会》，浙江人民出版社，1998 年版，第 25 页。

运作高效等优势逐渐显露，能比政府更有效地提供公共产品和公共服务。而在对重大公共事务的决策方面，私营部门和公民社会组织也发挥着越来越重要的作用，它们通过制度化、规范化的渠道直接参与到公共决策中去，影响着公共政策的制定。同时，在新的公共治理模式下，在政府与社会、政府与市场的关系认识上，传统的观念被打破，政府与这些非政府组织之间的关系不再是支配与被支配、控制与被控制的关系，而是在公共权力运用、公共职能的发挥上各个治理主体间的相互督促和相互合作的关系。

2. 方式向民主化转型

公共治理模式转型的过程本身就是一个由集权向民主转变的过程。建立多元化的公共治理模式，强调每一个治理主体都有各自的权利并且都承担相应的责任，即社会管理不仅仅是政府，而且还是市场、社会组织、公民所共同承担的社会责任，这样有利于调动各方参与公共管理的积极性并发挥创造性①。在新的公共治理模式下，政府与社会组织、公民共同对公共事务做出决策，并且通过立法来保证政府之外的市场组织、社团组织、志愿组织、社会中介组织以及公民个人等参与公共决策、公共管理的权利。在多元主体治理社会的机制下，凡涉及公共利益的重大决策，都需要通过多种渠道和形式广泛地集中民智，通过不同社会群体之间的利益博弈，最后达成共识，从而保证决策的民主化、科学化。

3. 过程向高效化转型

公共治理模式的转型就是为了在社会管理方面实现各主体的优势组合，充分发挥不同治理主体的相对优势，更有效地生产和提供公共产品和公共服务。

新模式的公共治理，首先是政府将从繁杂的、具体的、微观层面的事务性工作中解脱出来，以更多的精力和时间去做政府职责范围内的工作和宏观调控；其次，市场化组织则利用其优胜劣汰的竞

---

① B·盖伊·彼得斯：《政府未来的治理模式》，中国人民大学出版社，2001年版，第59页。

争机制来实现对资源的高效、优化配置，从而在提供公共服务、基础设施建设、公用事业等方面发挥积极作用；再次，公民社会组织则利用其灵活性强、民间性强等优势，对政府不能直接干预而市场又不能有效发挥作用的社会公共问题做出快速反应，以较低的成本达到治理的目的。

4．目标科学化

在新的模式下，公共治理的目标定夺于不同治理主体的切磋和反思的过程中，并通过切磋和反思加以调整。这种切磋机制有助于保证目标的综合性与科学化。公共治理的基本目标是要实现社会的公平、效率、自由、民主、安全等基本价值，然而不同的治理主体对这些基本价值的侧重点各异：市场组织更强调效率、政府组织强调公平，而公民社会组织则更强调自由和民主，如果基本治理目标过分倾斜于某一特定价值而忽略其他的方面，就容易导致社会失衡。因此，公共治理基本目标的制定应该整合不同的价值观念，确保其能系统协调各种价值之间的关系。①

（三）公共治理模式的基本特征

关于公共治理模式的基本特征，很多学者将其归结为公共性、适应性、效能性、法治性、回应性、公平性六个特点。在笔者看来，相对于私域的公司治理模式和公域的公共管理模式而言，旨在实现程序正义与实体正义的统一、治理过程与治理绩效的统一、形式理性与实质理性的统一的公共治理模式，具有以下特征：

（1）在公域之治的理念上，这种模式主张确立一种体现民主参与的治理理念，强调对公共关系的规范和管理应当结合普遍的公众参与。（2）在主体行为假定上，这种模式主张对所有主体统一采用个体主义方法论，假定所有主体都只是有限理性的，在此基础上辅以集体主义方法论，形成一种互动主义方法论，并通过适当的机制设计和制度安排来促进公共机构成为公益代表。（3）在价值取向上，

---

① 参考张菊梅：《国家与社会结构转型背景下——公共治理模式的转型研究》，《电子科技大学学报》，2007 年第 3 期。

这种模式主张通过维护社会秩序来保障公民自由，并在实现社会公平的基础上追求效率的最大化，旨在实现自由与秩序、公平与效率的辩证统一。（4）在利益导向上，这种模式主张公益与私益的唇齿相依，在兼顾公益和私益的基础上实现社会整体利益的最大化。（5）在治理对象的界定上，这种模式主张将各种公共事物视作治理对象，并且非限定于公共权力的运作领域，而是囊括公共关系覆盖的整个公共领域。（6）就治理主体而言，这种模式主张所有公共关系主体都是治理主体，其不仅包括各类公共权力主体，还包括诸如私人组织以及公民个人等权利主体，各种治理主体在公域之治中各自扮演着不同角色，平等参与公共治理过程，各展所长、各得其所，形成多元治理格局。（7）在治理方式上，这种模式主张依照公域之治的实际需要，在进行综合性成本——收益分析的基础上，按照先双方协商后单方强制，先自治后他治，先市场后社会、再政府的选择标准，实现治理方式的多元化、民主化和市场化，通过博弈实现均衡，借助程序正义实现实体正义，并通过实体正义来体现程序正义。（8）这种模式主张下，在宪政框架内，所有公共治理主体都应当权责一致，确保没有权力不受监督，没有权利不受救济，所有公共治理主体都要依法承担违法责任，尤其要确保过罚相当、罚当其责。

（四）公共治理模式对公共管理模式的超越

对"公共管理"与"公共治理"关系的理解，国内公共行政学界有不同看法，[1]国外公共学者普遍认为二者之间存在着显著差异。[2]笔者认为，在贯彻公共管理理念的公共管理模式中，公共管理主体只能是享有公共权力的公共机构，而不享有公共权力的私人组织和

---

① 例如，有些学者将公共管理与公共治理等同，参见郭春艳：《公共事业由政府管理向公共治理的转变——以计划生育为例》，《湛江海洋大学学报》，2002 年第 2 期；有些学者将公共治理视作公共管理的一种概括，参见薛澜：《公共管理与中国发展——公共管理学科发展的回顾与前瞻》，《管理世界》，2002 年第 2 期，第 52 页；还有学者将公共治理视作政府管理的一种"补充"，参见任维德：《公共治理：内涵、基础、途径》，《内蒙古大学学报》，2004 年第 1 期。

② Orly Lobel, The Renew Deal: The Fall of Regulation and the Rise of Governance in Contemporary Legal Thought, Minnesota Law Review. Vol. 89(2) (2004):p405.

公民个人则只能被当作公共管理的对象；公共管理模式单纯地追求公共利益、公共秩序和公共管理效率，割裂了其与保障私人利益、增进公民自由、实现社会公平之间的内在关联性；而且其属于自上而下的强制管理，其管理过程只是半开放的——只向公共组织开放，对于私人组织和私人则通常是封闭的；再有，其片面强调绩效，割裂程序正义与和实体正义之间的内在联系；片面强调管理对象的违法责任，属于关注职权、职责、责任的对称性；对服从权力与权威的强调超过了对权力的监督与权利的救济的关注等等。与之形成鲜明对照的是，在贯彻治理理念的公共治理模式中，国家因社会化而回归社会，不再是一种凌驾于社会之上的统治机构[①]；所有权力主体与权利主体都是平等的治理主体，依法参与公共治理过程；兼顾公益与私益、自由与秩序、公平与效率；主要采用谈判协商的治理方式，只在必要时选择单方性、强制性管理方式，整个治理过程以全面开放为原则；不同治理主体之间的法律地位应当保持平等；要求各类治理主体本身权责一致，实现权力监督与权利救济的统一。由此可见，公共治理模式通过对公共管理模式的超越，实现了对国家管理模式的全面取代。我们有理由确信，这种模式有能力从根本上解决公域之治的内在张力，将会发展成为现代公域之治的基本模式，能有力地推动和谐社会的构建。[②]

二、公共治理与公民权的扩展

公域之治的模式选择与公法规则相伴而生、相辅相成，决定着一旦公域之治模式由国家管理变为公共治理，那么与国家管理模式相适应的公法就应当转变为公共治理导向的公法。概而言之，这场

---

① "将经济市民变成国家公民，均衡了他们的利益，使他们的利益获得普遍有效性，于是，国家消解为社会自我组织的媒介。"［德］哈贝马斯：《公共领域的结构转型》，学林出版社，1999年版，第11页。

② 中国共产党十六届四中全会决定第一次提出，为了构建社会主义和谐社会，要建立一种健全党委领导、政府负责、社会协同、公众参与的社会管理格局，明确了党委领导核心的地位、政府社会管理的职能、社会组织协同的功能和公民广泛参与的作用。不难看出，这种"社会管理格局"其实就是一种公共治理模式。

在公法制度基础、制度结构与机制设计三个维度同时展开的全方位公法变革，集中体现为从以国家管理为轴心而展开的传统公法，转变为与公共治理相匹配的现代公法。

治理（governance）的含义很宽泛，在本书中，"治理"是区别于管制的一种社会调整模式，即国家、非国家和超国家的行动者，各自依照分散而多元的逻辑、程序、知识或权威，共同参与秩序的生成、维持和更新。与之相对的管制模式，是指政府（大政府）依照其垄断的公权力来垂直地集中干预和控制社会和经济等的做法。如果说管制是国家公权垄断的管制的话，"治理"也可以叫作"自我管制"或"合作管制"，当然，"治理"更多是"自我管制"。这种用法也是当代西方学界的主流用法。①

（一）政府角色的变迁：从管制模式到治理模式

近代以来，政府（大政府）职能曾经经历过一次重大变迁，当代正是第二次重大变迁的关键时刻。在近代民族国家确立后，各自由国家普遍实行自由放任的经济社会政策。为鼓励自由竞争，促进资本的自由流动和积累，政府将自身定格为守夜人，其职能只限于国防、治安和税收，尽可能不干预经济生活。

随着资本发展至垄断阶段，自由放任的弊端便日益明显，经济停滞，社会问题层出不穷，矛盾日益尖锐。在新的历史背景下，人类开始认真反思，发现市场本身也有局限性，如分配不均，行动的外部消极后果未能内在化（污染问题），搭便车，信息不对称，集体行动困境，规模无效率；人类也发现，稀有资源、自然垄断行业和共有设施等并不适合市场化。一战、二战和随之而来的经济萧条和社会运动，更刺激着人类做出更深刻的反思。政府的正当性，也日益受到质疑。为回应和救治市场的弊端，政府逐渐开始转变其角色。70多年前的罗斯福新政，标志着美国乃至世界范围内的政府范式的转变：走进管制时代。有识之士意识到，在新的历史时代，社会子

---

① Colin Scott，Regulation in the Age of Governance：The Rise of the Post-Regulatory State，http：//www.anu.edu/NEC/scottl.pdf.

系统已经无法有效地自我调整，需要集中的权威的命令。政府开始插手经济社会领域，实行广泛和深入的干预，其范围涵盖了消费者保护、福利、卫生和安全、教育和反歧视的各领域。政府开始把先前分散的权力，集中于专家型管制机构之手，用官僚化的结构，依照既定的目标导向的政策，采取集中的垂直命令式的立法，实施着积极地干预，新的管制规则、机构和项目很快出现。新政的口号是3R：救济、恢复、改革，①但3R背后却是另一最根本的R，即管制（regulation）。

诚如克林顿总统所说，半个世纪以来，新政"帮助祖国恢复繁荣，界定人民和政府的关系。但今天，我们面临很不同的时代和条件"。由新政开启的管制模式，在过去的70多年里，促进了经济的稳定发展，救治了各种社会病症，重建并维持着政府的正当性。然而，世界不是静止的，人类也不能一劳永逸地享受自由；它是持续更新的，当它更新时，人类必须考虑着不断变化的困境，寻求增强或限缩它的新方法。

进入21世纪后，今天的情况又与以前大不相同。21世纪，旧的管制模式已经无法适应新的社会现实的需要。

第一，复杂、多样和变动不安的社会，在科技的纬度上，这个时代被称作信息时代；在社会的纬度上，这个时代则是复杂的、差异的时代。相对于过去，人类今天面临空前的"领域的分离""社会子系统的分殊""语言模式"和"语言单位的多样化"、对话和沟通形式的多元化。这是个复杂多样的时代，很多领域都充溢着不确定性、不可预测性和反复无常性，统一的中央权威显然无法制订涵盖一切领域、考量到一切相关因素的细致规则，控制和命令结构也不再可能、可行和有效。这个时代需要多元的权威、规范和策略，需要灵活性和适应性。

第二，信息技术和民间力量的崛起。前面说过，现时代也被称作信息时代，这意味着，信息和知识的传播、普及、共享、获取和

---

① 救济：relief；恢复：recovery；改革：reform。

交流日益便捷；互联网使大多数公民能轻易地知晓天下事，并能轻易而自由地表达意见和观点，参与政治、经济和社会的各类型的公民对话。公民、行业、社团等民间力量的参政议政、创设规则能力也随之提高，民主、自治和共和的行动和方式也日益活跃和多元。

第三，全球化的挑战。当前经济生活的重要特征之一是全球化，经济行为规则框架日益为世界贸易组织、国际货币基金组织、世界银行、经济合作与发展组织、七国首脑会议、亚太经合组织、欧盟等组织或机构所决定和影响，国家也应该减少对其制定阶段、执行、实施和追究阶段的干预。为实施广泛和深度的管制，政府就需要大量的人力和物力资源，这使得当前世界各国的政府都面临着很沉重的财政负担，使得政府无法履行很多其他重要的职能。政府必须削减开支，限制其管制范围和深度，变得更小更灵活。当前，很多政府已经开始把大量管制职能社会化和私营化。①

第四，科层官僚制本身的控制和信任危机。管制模式的主体是科层官僚系统。这个系统本身有其固有的缺陷：缺乏长远计划，僵硬划一，漠视互相冲突的社会目标，窒息竞争，保守、消极、阻挠和压制创新，态度傲慢、行动不公开、敌视行动过程的公众参与，管理混乱、笨拙和拖沓，总体无效浪费、滋生形式主义，寻租和受贿等。在决策阶段，官僚系统信息缺乏，易把复杂问题简单化；发布大量授权立法或决策的官僚系统并不以民主程序为基础，这也导致管制的民主赤字。在执行和实施阶段，利益集团的抵抗和官僚制的局限，常会挫败管制措施。在追究阶段，缺乏对其实施管制的动机、资源和能力的有效监督。若增加税收，则增加民众的负担。一方面，科层官僚制无法适应复杂变动的时代；另一方面，无视其他社会子系统的自我调适和生产能力，经常破坏子系统的内在机理，使社会过分的法制化和司法化，压制社会的多元发展趋势，导致社会创造力萎缩和停滞，带来死板和僵化；另外，管制自身容易受到

---

① Jerry L. Mashaw, Accountability and Institutional Design: Some thoughts on the Grammar of Governance, Unpublished manuscript；转引自廖义铭：《行政法基本理论之改革》，翰芦图书出版有限公司，2002 年版，第 122 页。

被它管制的子系统的殖民，旧管制模式通常是政治力量对经济生活的管制，习惯这种管制的政府无法适应解决社会问题的需要。社会问题（卫生、安全、环境质量、平等机会、生活质量）和经济问题不同，面临非常复杂的任务，需要不同类型的知识、信息和政治支持，更需要跨行业的协作和沟通。基于以上因素，管制模式和社会现实需要的差距越来越大。社会需要灵活和机动，国家却提供官僚和形式主义；社会需要自我执行的治理手段，国家却建立细致烦琐的制度；社会需要行为样态和模式的自我反思，国家却外在地借助惩罚机制来维持强制行为模式的战略。

（二）行政权与公民权的发展

1. 行政权的拓展

进入到 20 世纪，西方社会创造了更丰富的物质财富。新兴问题的出现导致人们愈来愈倾向于借助外部力量来满足日益增长的共同需求，解决社会问题，而这一外部力量只能是政府。所以政府开始由"传统型"向"现代型"转变。政府积极主动地解决各种社会问题，满足人们的需要，最大限度地为公众提供社会服务，这也是公民对政府的合理期待和要求。"现代国家正在形成，纠正社会和经济弊端是政府的职责，这种看法反映了人们的情感。"[①]于是行政权开始扩展到社会的各个领域，使得行政机关集行政、立法、司法职能于一身。

此时，资本主义国家已从"警察国家"转变为"福利国家"，"秩序行政"已变为"服务行政"或"给付行政"，为公众提供各种服务、福祉已成为现代政府的主要职能。"19 世纪以来的西方行政法理论特别强调为社会服务，突出表现就是推行社会福利，""国家实际上由过去不负责援助居民的社会生活变为承担保障与增进社会全体成员的社会生活。"[②]德国学者福斯多夫也指出："生存照顾乃现代行政之任务。"

---

① ［英］威廉·韦德著：《行政法》，中国大百科全书出版社，1997 年版，第 3 页。
② 郝铁川：《中西行政法观念及制度的比较研究》，《比较法研究》，1994 年第 2 期。

这时的行政法律关系中，行政机关权力的行使不再只表现为强制性与命令性，公民权利的变化也使以相对人身份出现的公民在行政法领域中享有了更多的行政法权利。

2. 公民权的进展

进入 20 世纪以来，随着经济的发展，不断涌现的各种社会问题使人们有了越来越多的权利需求，早期的自由民权已无法满足需要。公民的权利体系发生了重大改变。公民在拥有自由的民权的基础上又拥有了大量的社会经济文化权利：工作劳动权、社会安全保障权、休息权、受教育权、达到合理生活水准的权利、参与文化生活的权利以及各种福利待遇等。"这些权利不是保护个人以对抗政府或其他当权者的，而是提请公共权力机构，注重要让诸如个人所拥有的那种权利通过另一种自由而得以实现，"①公民这些权利的取得已经不再是政府的恩赐，而是公民对政府提出的一种法定要求，一种政府必须承担的义务。社会经济文化权利与消极的民权不同，它是一种积极的权利，即公民主动要求政府积极地提供各种权利需求，而不是要求政府消极地不加以侵害，同时社会经济权利大多具有接受性的特点。公民的接受权在现代社会中占据了越来越重要的地位。公民在自由资本主义社会所具有的各种自由权多属行为权，政府负有不得侵犯的消极义务，而公民在现代社会具有的社会经济文化权，如受教育权、休息权、享受各种福利待遇权多属接受权，政府必须承担积极提供与给付的义务。

---

① ［美］卡乐·J·弗里希著：《超验正义宪政的宗教之维》，生活·读书·新知三联书店，1997 年版，第 45 页。

第三章 行政参与权的内容、价值及实现方式

在行政法视阈之下对于行政参与权的解读,应从法律关系入手,逐层剥离参与权的内容。清晰界定了权利之后,对其实现方式的选择也即成为理论与现实结合、行政法与行政管理结合的重要连接点。

第一节 行政参与权的内容

一、行政参与权的主体分析

行政参与主体界定主要解决的是"谁参与"的问题,卡尔·科恩在《论民主》中曾提出"凡生活受到某项决策影响的人,就应该参与那项决策的制作过程",可见凡是受到某项行政权实质影响的个人或者组织均有权参与与该项行政权相关的行政活动。然而"对参与者的界定不当会带来严重的风险",因为普通公众参与行政决策有其固有缺陷,如普通公众文化水平、专业技能的参差不齐,这些难以保证行政活动的正确性,不同利益群体的价值冲突会导致行政机关在把握公共利益时可能出现偏差。因此,对行政参与主体的资格进行一定程度的限制是十分必要的。

(一)确保"利害关系人"的主体资格

"利害关系人"最初产生于私法关系中,指与已经发生的法律关系产生某种实质联系的第三人。而后随着行政法的快速发展,"利害关系人"拓展到公法领域,其性质地位均发生了相应的变化。行政

法视阈下我们认为"利害关系人"是行政行为的实施将直接对其产生重大影响的人，包括自然人、法人和其他组织。

首先，从法律关系主体的角度来看，利害关系人是受到行政主体的行政活动所产生义务的直接承受者，因此与"行政相对人"本质上具有内在同构性，均属于"参与行政法律关系、对行政主体享有权利或承担义务的公民、法人或组织"①。因此，利害关系人有权要求行政机关在开展行政决策时听取并充分考量自己的主张与意见。

其次，确保利害关系人参与行政活动的主体资格有利于实现民主行政目标。如果行政活动不能让其直接的利害相关者参加，剥夺其表达、辩解、防御的权利，那么该行政结果往往是"非民主"的。

最后，从最具典型代表意义的行政参与活动即行政听证的相关制度规范规定来看，普遍要求与听证事项有直接利害关系方的参与。这种利害关系方的代表人参加具体的行政决策活动已成为衡量其程序是否正当的必要条件之一，并已通过立法的形式确定下来。因此，利害关系人的行政参与主体资格同样具有合法性依据。

（二）适当限制"行政相关人"的参与权

行政相关人的定义与私法中的"利害关系人"相似，指"参与到业已发生的行政法律关系中、与行政行为有法律上利害关系、其正当权益在客观上受到行政行为影响的个人与组织"②。因行政相关人与行政行为之间同样存在利害关系，其合法权益客观上也将受到该行为一定程度的影响，如行政处罚虽直接针对的是被处罚人，但是与被处罚人有着法律上的利害关系的相关人同样要受到不同程度的影响，如被处罚人的债权人债权利益，被处罚人的扶养人的生活质量等均将受到不同程度的影响。因此，行政相关人参与行政活动具有正当性、必要性。英国学者 H.K.科尔巴奇在谈及政策由谁制定时提到"并不是所有与政策问题有关的人都会在谈判桌上拥有席

---

① 方世荣：《论行政相对人》，中国政法大学出版社，2000 年版，第 6 页。
② 李卫华：《行政参与主体研究》，法律出版社，2012 年版，第 121 页。

位，也不是每个位置都是一样的分量"，那么作为并非为行政活动直接影响者的行政相关人在进入行政参与领域时应当受到合理的限制。

首先，基于行政成本控制理论考虑，让所有的行政相关人参与到行政活动中显然是不现实的，行政机关不仅需要支付大量的行政成本，且整个行政决策过程会很漫长以至于影响到行政活动的及时性。其次，从效率角度考虑，行政机关难以进行有效的组织与管理，难以从纷杂的行政相关人的主张建议中甄选和提炼有用信息，甚至会受到故意误导而做出错误的决策。

因此，根据不同的行政活动特征，适当地限制行政相关人的参与权是十分有必要的，比如强调效率与利益直接冲突的听证程序应当严格限制相关人的参与，而在低成本运作的网络民意调查中可以放宽相关人的准入。

（三）特定群体的特殊限定

1. 专家、学者的适当参与

专家、学者因具有较高的知识水平、特定的专业技能，相对于一般的普通公众在某些专业性较高的领域中更具参与优势，有些专业性鉴定结论、评估报告等必须由专家、学者才能完成，因此在特定行政活动中赋予专家、学者参与权是必不可少的。如《环境影响评价法》中明确规定"建设单位报批的《环境影响报告书》应当附具对有关单位、专家和公众的意见采纳或者不采纳的说明"，各地政府的行政听证程序也不同程度地规定了有关专家、学者的参与权。因此，仅在涉及重大公共利益事项的行政决策或者需要较高的专业性价值判断的行政活动中需要专家、学者的直接参与，而那些仅关乎个人利益或者小范围的团体利益等并不涉及专业判断的行政活动应当避免专家、学者的不当干预。若无限地让专家、学者参与到与其毫无关系的行政活动中，就等于认可不相干的人可以干预他人的权利行使，不仅有悖于法治所追求的自由平等，也不利于行政参与的价值实现。

2. 党政机关人员的限定参与

虽然相关的法律法规并没有直接将党政机关工作人员排除在行

政参与的主体范围之外,而且其作为普通公民同样有权利参与行政,但是因其特殊的公职身份,应当对党政机关人员作为参加人参与行政活动进行人数、领域上的限制。

首先,按照行政法的回避原则,党政机关人员作为公民不宜参与与其职务领域直接相关的行政活动;其次,党政机关工作人员是行政权力的直接行使者,属于公权的直接利益代表者、行政活动的决策者、行政命令的执行者,而行政参与实质上是公权与私权之间的平等协商与利益博弈,因此即使在党政机关工作人员的非职务领域也会因其特定身份、利益指向不同而有着价值偏差。所以,在非职务领域内,党政机关人员作为普通公众参与行政决策,其人数也应当严格限制,避免这种价值偏差会掩盖普通公众的意愿表达,以充分保障行政参与的公正性。

（四）行政相对人

"在行政法律关系中与行政主体相对应的公民、法人和其他组织",关于行政相对人的相关内容,已在本书的前一章节中有所表述,这里仅对在行政参与权主体的认定上涉及的相关内容进行明确阐释。首先,作为一种法律关系的当事人,相对人不仅包括个人,还包括法人及其他组织;第二,这种相对人身份只是在行政管理活动中存在,属于公民、法人或其他组织的一种特定身份;第三,行政相对人包括了具体行政行为的受领者,以及其他享有行政权利和承担行政义务的公民、法人或其他组织。

二、行政参与权的内容

关于行政参与权的内容,学界主要是从广义和狭义两种角度来进行界定。从广义角度上,有学者认为,行政参与权包括:直接参与管理权、了解权、听证权、行政监督权、行政协助权。[①]从狭义角度上,有学者认为,行政参与权包括:参加国家行政管理、参与

---

① 参见应松年主编:《当代中国行政法》（上卷）,中国方正出版社,2005 年版,第 148页。

行政程序、了解行政信息。①

本书对行政参与权内容的划分是从程序和实体两个方面进行的，即指相对人在特定的行政程序中所享有的权利；以及相对人参与行政管理的权利，这是宪法上公民参政权利在行政法上的体现。

（一）行政程序参与权

行政程序参与权存在的意义，从表层次理解，即可得出体现出程序的公正与正义。同时，深层次上可以促使行政权力行使的公开和民主。如此，参与原则已经上升为行政程序法的一个基本原则。而行政相对人的行政程序参与权是由若干个具体权利构成的。

1. 获得通知权

获得通知权是指行政相对人在符合参与行政程序的法定条件下，有要求行政主体通知其何时、以何种方式参与行政程序的权利。获得通知权是行政相对人的一项程序权利，相应地，通知相关事项便是行政主体应当履行的义务。通知义务的履行，不仅关乎利害关系人获知行政行为的内容，还涉及期间计算、行政救济的申请等。因此，获得通知权是行政相对人重要的程序权利之一。

第一，获得通知的内容。这里需要解决的问题是：行政主体应当将哪些权利和义务通知给行政相对人。不得不提起注意的是，这种权利和义务包括实体权利和义务的同时，也包括了程序上的权利和义务。比如葡萄牙《行政程序法》第六十六条规定：行政机关"应将下列行政行为通知利害关系人：（1）对利害关系人提出的任何要求作出决定；（2）课予义务、拘束、处罚或造成损失；（3）创设、消灭、增加或减少权利及受法律保护的利益，或损害行使该权利或享受该利益的条件。"西班牙《公共行政机关及共同的行政程序法》第五十八条第一款规定："影响利害关系人权益的裁决及行政行为应根据下条规定通知利害关系人。"行政主体将此内容通知给行政相对人的目的是为了行政相对人及时行使复议申请权、司法救济权，这些都属于实体上的权利和义务。而行政主

---

① 参见胡建淼：《行政法学》，法律出版社，2003年版，第135页。

体将程序上的权利和义务通知给行政相对人的目的是为了行政相对人及时参与行政程序。这类权利和义务内容，可以参考澳门《行政程序法》第九十条第一款规定："当预审机关选择书面听证时，须通知利害关系人，让其表明立场，而给予之期间不少于10天。"第九十一条第一款规定："如预审机关选择口头听证，则最少须提前8日命令传召利害关系人。"我国《行政处罚法》第四十二条规定："行政机关作出责令停产停业、吊销许可证或者执照、较大数额罚款等行政处罚决定之前，应当告知当事人有要求听证的权利……"我国《行政复议法》第十七条规定："行政复议机关收到行政复议申请后，应当在五日内进行审查，对不符合本法规定的行政复议申请，决定不予受理，并书面告知申请人；对符合本法规定，但是不属于本机关受理的行政复议申请，应当告知申请人向有关行政复议机关提出。"

第二，获得通知的期限。获得通知的期限是指行政相对人有权在参与行政程序之前知晓何时获得通知。基于行政实践的复杂性，行政主体通知的时间应根据不同的情况分别作出不同的规定，以适应行政实践的需要。如澳门《行政程序法》第六十八条规定："当未有特别定出期间时，行政行为之通知应在8日期间内作出。"德国《行政程序法》第四十一条规定："（1）行政处分应通知其相对人或其关系人。知有指定代理人时，通知得对该代理人为之。（2）在本法有效区域内由邮政机关传递之书面行政处分，自交付邮政机关后第3天，视为已通知，但于第3天后始达到或未达到者，不在此限。对此，遇有争议时，应由官署证明行政处分之达到与达到之时间。（3）行政处分于法规许可时，得公告之。（4）书面行政处分之公告，应将其处分部分，依地方惯例告示之。依地方惯例之告示中应载明，得查阅行政处分或其理由之处所。行政处分依地方惯例告示之日后两周，视为已通知。但在一般处分，得指定与上述规定不同之日期，其最早日期为公示后之次日。（5）有关以送达作为行政处分通知方式之规定，不受影响。"我国《行政处罚法》第四十二条第一款第（一）项规定："行政机关应当在听证的七日内，通知当事人举行听证的时间、地点。"

第三，获得通知的方式。获得通知的方式是指行政主体借用何种形式将通知内容传达给行政相对人。关于通知的方式包括了送达形式以及送达方式两个方面。

送达的形式上，根据行政法的一般原理，通知形式除非有法律明确规定，否则应当一律采用书面形式进行通知，这样，如因通知行为发生争议，容易确定行政主体和行政相对人之间的法律责任。

关于送达的方式选择上，原则上行政主体应当采用直接送达的方式，若直接送达不能达到通知的目的，则可以采用其他通知方式。如葡萄牙《行政程序法》第七十条第一款规定："通知应按下列方式作出：（1）只要在居住或住所地存在私人邮寄服务，以邮寄方式；（2）只要该通知方式不会影响快捷或无法以邮寄方式为之，直接向本人作出；（3）只要因其急迫性而有此必要，以电报、电话、专线电报或图文传真作出；（4）在利害关系人不详或因人数不便使用其他方式时，应将通知张贴于常贴告示处，或刊登于《共和国公报》、市政公报或利害关系人居住或者住所所在地较多人阅读的两份报章。"我国《行政处罚法》对行政处罚听证程序中的通知采用何种形式没有作出特别规定，而对行政处罚决定的通知方式则规定了依照民事诉讼法的有关规定。《行政处罚法》第四十条规定："行政处罚决定书应当在宣告后当场交付当事人；当事人不在场的，行政机关应当在七日内依照民事诉讼法的有关规定，将行政处罚决定书送达当事人。"①

2. 陈述权与抗辩权

这里将陈述权与抗辩权放在一起进行分析，是因为这两个权利属于"双生"权利，在实际中总是相伴相随出现。

---

① 从行政处罚实务中反映出的情况看，法律对行政处罚听证程序中的通知没有规定具体形式，导致实践中行政主体履行通知义务的随意性，而行政处罚决定的通知方式采用民事诉讼法规定的司法文书的送达方式，又因程序过于严格而影响行政效力，因此，今后我国的行政程序法对此问题应当作出统一规定。

（1）陈述权

行政相对人就行政案件所涉及的事实向行政主体作出陈述的权利称为陈述权。行政相对人是行政案件的当事人，确认行政相对人的陈述权有利于行政主体全面了解行政案件的事实真相，正确地处理行政案件。同时，也是行政相对人为维护自身合法权益向行政主体说明行政案件事实真相的需要。行政相对人行使陈述权是行政案件证据来源的途径之一。

第一，行政相对人陈述权的表达形式：书面陈述与口头陈述。书面陈述是行政相对人以书面形式向行政主体就行政案件的事实所作的陈述。书面陈述可以是行政相对人亲自书写的书面材料，也可以是由他人记录的书面材料，但后者应当有行政相对人亲自签名或盖章。口头陈述是行政相对人自己到行政主体所在的办公地点向行政案件的经办人陈述案件事实，并由行政案件经办人记录制成笔录形式后，由行政相对人查阅无误签名或盖章。口头陈述也可以是由行政案件的经办人通知行政相对人到其办公地点听取陈述，也可以是行政案件的经办人到行政相对人工作、住处等地点听取陈述。书面陈述和口头陈述都是行政相对人行使陈述权的基本方式，行政主体不得单方面决定行政相对人必须采用何种方式行使陈述权。采用何种方式行使陈述权应当由行政相对人自行决定。

第二，行政相对人陈述权的内容：肯定性陈述与否定性陈述。肯定性陈述是行政相对人对行政案件的事实作认可陈述，承认行政案件事实的客观存在。肯定性陈述可以是对行政主体查明的行政案件事实作出肯定的意思表示，也可以是对行政主体未查明的行政案件事实作出确认的意思表示。否定性陈述是行政相对人对行政案件的事实作否认陈述，不承认行政案件事实的客观存在。否定性陈述是针对行政主体查明的、不利于行政相对人的事实。行政相对人作出否认性陈述的目的是为了不承担对其不利的法律后果。对于行政主体来说，无论是肯定性陈述还是否定性陈述都是行政相对人的合法权利，行政主体不能因行政相对人进行有利于自己的陈述而拒绝行政相对人行使陈述权。

　　第三，行政相对人行使陈述权的时限：应当限于行政程序中。在行政程序未开始或者行政程序已经结束，行政相对人就丧失了行使陈述权的机会。如果行政相对人在行政程序中因客观事由不能行使陈述权的，应当由其代理人代为行使。如果行政相对人没有代理人，且查明行政案件确实需要听取行政相对人陈述的，行政主体应当中止行政程序，待阻碍行政相对人不能行使陈述权的客观事由消失后，再恢复行政程序，听取行政相对人的陈述。

　　（2）抗辩权

　　抗辩权是行政相对人针对行政主体提出的不利指控，依据其掌握的事实和法律向行政主体提出反驳，旨在从法律上消灭或者减轻行政主体对其提出的不利指控的权利。

　　第一，符合程序正当性的要求。英国大法官丹宁勋爵说："这些在人类活动中的一个重要领域具有垄断地位并可剥夺他人生计的机构，必须遵守正义的基本原则。它们不得不经审讯，不给他人以辩护机会就惩罚他人。任何与此原则相悖的合同或做法都是无效的。"[①]当行政主体运用行政权限制、剥夺行政相对人的自由权、财产权等法律权利时，应当给予行政相对人抗辩的权利。如果没有给予抗辩的权利就限制、剥夺了行政相对人自由权、财产权等法律权利，那么，这样的行政决定肯定是无效的。同时，丹宁勋爵强调："如果被听取意见的权利要成为有价值的真正的权利，它必须包括让被控诉人了解针对他而提出的案情的权利。他必须知道提出了什么证据，有些什么损害他的说法；然后他必须得到纠正或驳斥这些说法的公平机会。"[②]由此可见，抗辩权是以获得通知权利为前提的。获得通知权利的实现可以使行政相对人了解行政主体对其作出不利决定的依据，从而使行政相对人可以找到反驳的目标。

　　第二，对行政相对人了解证据和反驳的时间要给予必要的保障。这就要求行政主体应当"公开指控的内容及理由，且必须在合理时

---

　　① ［英］威廉·韦德：《行政法》，中国大百科全书出版，1997年版，第137页。
　　② ［英］威廉·韦德：《行政法》，中国大百科全书出版，1997年版，第187页。

间完成，以便让利害关系人准备他的辩护状或评议。他必须公正地获知对他的任何指控，这通常包括在公平审讯权之内，称为'通知与受理'权。"①因此，落实获得通知权对于行政相对人有效地行使抗辩权具有重要法律意义。比如《中华人民共和国行政处罚法》第四十一条规定："行政机关及其执法人员在作出行政处罚决定之前。不依照本法第三十一条、第三十二条的规定向当事人告知给予行政处罚的事实、理由和依据，或者拒绝听取当事人的陈述、申辩，行政处罚决定不能成立；当事人放弃陈述或者申辩权利的除外。"

第三，抗辩权从本质上说是一种宪政意义上的基本权利——防卫权。它是针对防御国家行政权的侵犯，只有确认了行政相对人拥有抗辩权，行政相对人在行政程序上才具有独立的人格，才具有自主性。"只有个人在政治国家中的自主性得到承认和保障时，政治（统治）才具备正当性；反之，政治正当性是缺位的。个人在政治国家中的自主性，也即个人对于公共权力的自主性。当个人对于公共权力能居于主动的、积极的态势，能参与和影响公共权力的运行并能作为公共权力运行的价值目标时，这就是实现了个人对于公共权力的自主性。换言之，公共权力在承认并保障个体生命和自由、人格独立和尊严的前提下的运行，构成了政治正当性。"②只有获得政治正当性，国家行政权的存在才获得正当性。因此，国家行政权是否具有正当性很大程度上取决于国家是否承认行政相对人对行政权具有抗辩权。并且，这种政治正当性反过来会进一步稳固公民的防卫权。

3. 申请权及要求回避权

申请权是行政相对人请求行政主体启动行政程序的权利。申请权是一项程序权利，行政相对人行使申请权的目的是希望通过行政程序来维护其自身的合法权益，申请权是行政相对人获得行政程序主体资格的重要条件。行政程序相对人拥有了申请权，意味着可以

---

① ［英］威廉·韦德：《行政法》，中国大百科全书出版，1997 年版，第 184 页。

② 李琦：《论法律上的防卫权》，《中国社会科学》，2002 年第 1 期。

要求行政主体行使以及如何行使行政权的权利，意味着行政相对人
从行政权可任意支配的客体变为可以约束行政主体的外在力量。

（1）申请权的内容

申请权包括了听证请求权、卷宗阅览请求权、复议请求权（又
称诉愿请求权听证）。听证请求权是行政相对人通过表达自己意愿，
维护自身合法权益的权利。因此，当行政主体向其告知了将要作出
的决定所依据的事实和法律规定时，他可以决定是否要求行政主体
在听取其意见之后再作出决定。如我国行政处罚法第四十二条规定：
"行政机关作出责令停产停业、吊销许可证或者执照、较大数额罚款
等行政处罚决定之前，应当告知当事人有要求举行听证的权利；当
事人要求听证的，行政机关应当组织听证。"将听证请求权赋予行政
相对人，并由其自主决定是否行使，有利于行政相对人自愿接受不
利的行政决定。卷宗阅览请求权是行政相对人要求行政主体将卷宗
交给其查阅的权利。由于卷宗材料可以成为行政决定的依据，行政
相对人事先应当有了解、辩明的权利，从而利用卷宗材料主张权利、
抗辩不利指控。我国行政复议法第二十三条第二款规定："申请人、
第三人可以查阅被申请人提出的书面答复、作出具体行政行为的证
据、依据和其他有关材料，除涉及国家秘密、商业秘密或者个人隐
私外，行政复议机关不得拒绝。"实践中的问题是行政主体无限地扩
大解释国家秘密、商业秘密或者个人隐私的范围，从而变相地剥夺
行政相对人卷宗阅览权。相应的对策是通过进一步以法律形式明确
国家秘密、商业秘密或者个人隐私的内涵，并确立卷宗材料原则上
行政相对人都是可以查阅的，不能查阅的例外应当以法律明示。

复议请求权是行政相对人不服行政主体作出的行政行为，请求
复议机关审查的权利。复议程序是行政系统内部的一种层级监督制
度，也是行政系统自我纠错的机制。为了保证下一级行政主体行使
行政职权的主动性、积极性，复议机关不能主动介入下一级行政主
体的执法活动。因此，是否启动行政复议程序应交给行政相对人来
决定。因为，只有行政相对人才最了解自己合法权益是否被侵害，
是否需要通过复议程序来救济。

（2）要求回避权

相对人认为行政主体执行公务的人员与本案有利害关系或者有偏私可能，可以要求该公务人员回避。美国学者戴维斯认为，"程序活动中的偏私可能有三种情形：对法律和政策理解上的某种偏好、对特定情况下事实认定的偏好、对特定当事人的偏好。"①回避裁决与自己有关的争议是程序公正的基本要求。这项申请权的法律意义在于，通过行政相对人的判定将可能不公正主持程序和裁决的行政官员排除在行政程序之外，从而消除行政相对人对程序结果不公正的怀疑。如台湾《行政程序法》第三十三条规定："公务员有下列各款情形之一的，当事人得申请回避：（1）有前款所定之情形而不自行回避者；（2）有具体事实，足认其执行职务有偏颇之虞者。前项申请，应举其原因及事实，向该公务员所属机关为之，并应为适当之释明；被申请回避之公务员，对于该申请得提出意见书。"对于行政相对人的回避请求权，行政主体如果予以驳回，应当说明理由。

（二）行政管理参与权

行政管理参与权是指，相对人可以对行政管理活动提出意见，协助行政公务的开展，参与到行政主体制定规范性文件的活动和具体的行政处理中去。这种权利属于对公民参政权利在行政领域的具体落实。参与行政管理权的主要内容有：

1. 监督行政权。指监督国家机关及其工作人员的公务活动的权利，它是公民政治权利的一项必不可少的内容。依照宪法的规定，因行使方式不同，监督权包括批评权、建议权、检举权、控告权、评论权等具体权利。

2. 行政协助权。是指行政相对人有主动协助行政主体实施行政管理的权利。"它包括积极参与行政救助活动、协助维持行政管理秩序、举报和当场制止他人违反行政法的行为等。"②

3. 了解信息权。又称为知政权、知情权，是指相对人依法享有

---

① 参见王名扬：《法国行政法》，中国政法大学出版社，1988年版，第161页。

② 方世荣：《论行政相对人》，中国政法大学出版社，2000年版，第85页。

对国家行政活动有关内容、资料及其他信息的了解权。相对人只有知政、才可能议政，才能就行政管理活动提出自己的意见、建议，以真正有效地参政。

4. 参与行政立法、行政决策等加入到国家和社会公共事务的管理中。行政相对人可以采取座谈会、论证会、听证会等多种形式参与行政立法以及参与价格制定、环境及规划编制等行政决策。也可以通过结社、组织各种行业协会、社团等参与国家、社会公共事务和公益事业的管理。

（1）参与行政立法。行政立法的过程，实际上是各方利益以平等的身份参与其中并自由地表达利益要求的博弈过程。行政立法主体应当保证相对人有平等的参与机会。"立法机关对各种意见和主张应给予同等的重视和关注；在做出决定时，对各种观点均应考虑在内，而不能仅凭决策者的主观喜恶而任意取舍。"①在我国，随着《立法法》《行政法规制定程序条例》《规章制定程序条例》等法律、行政法规的出台，公民参与行政立法逐步获得制度上的保障，促成了公民的立法参与权从应然向实然的转变。相对人参与不仅促进了行政立法的民主化，也成为行政立法正当性的基础。

在行政立法过程中，首先，在立项阶段，应赋予相对人立法动议权，即相对人可以向有行政立法权的行政机关提出制定、修改或废止某项行政立法性文件的申请，该行政机关应当对公民的申请作出相应处理；其次，在起草、审查阶段，应当听取公民的意见。我国《立法法》第五十八条规定：行政法规在起草过程中，应当广泛听取有关机关、组织和公民的意见。听取意见可以采取座谈会、论证会、听证会等多种形式。《行政法规制定程序条例》和《规章制定程序条例》规定了公民在立法审查阶段的程序参与权。《行政法规制定程序条例》第二十二条规定：行政法规送审稿直接涉及公民、法人或其他组织的切身利益的，国务院法制机构可以举行听证会，听取有关机关、组织和公民的意见。《规章制定程序条例》第十五条则

---

① 苗连营：《立法程序论》，中国检察出版社，2001 年版，第 50 页。

较为详细地规定了立法听证程序。最后，对已经生效的法规、规章，相对人有请求审查、撤销的权利。根据《立法法》第九十条的规定，社会团体、企业事业组织以及公民认为行政法规同宪法或者法律相抵触的，可以向全国人大常委会书面提出进行审查的建议，由全国人大常委会工作机构进行研究，必要时，送有关的专门委员会进行审查，提出意见。根据《规章制定程序条例》第三十五条的规定，国家机关、社会团体、企业事业组织、公民认为规章同法律、行政法规相抵触的，可以向国务院书面提出审查的建议，由国务院法制机构研究处理；国家机关、社会团体、企业事业组织、公民认为较大的市的人民政府规章同法律、行政法规相抵触或者违反其他上位法规定的，也可以向本省、自治区人民政府书面提出审查的建议，由省、自治区人民政府法制机构研究处理。

（2）参与行政决策过程。在现代社会，公民的利益要求和意愿表达是制定行政决策的重要依据，政府只有广泛听取、吸收社会各阶层、各利益群体的利益要求才能对社会各类利益要求、意愿进行协调与整合，使分散的特殊利益整合为国家和广大人民的整体利益，便于达到人们相互谅解，寻求一致的意见。政府在面对复杂的利益关系进行决策时，应建立有效的公民参与机制，回应不同的利益需求，确保行政决策的民主性与正当性。公民以提供信息、表达意见、诉求利益等方式参与行政决策过程，为行政决策民主化、正当化提供了程序上的保障。目前我国有些法律法规对行政决策中相对人参与作出了规定，如 1997 年的《价格法》第二十三条规定："制定关系群众切身利益的公用事业价格、公益性服务价格、自然垄断经营的商品价格等政府指导价、政府定价，应当建立听证会制度，由政府价格主管部门主持，征求消费者、经营者和有关方面的意见，论证其必要性、可行性。"

现代行政强调行政决策的民主化、科学化，要求行政过程向社会开放，相对人有权参与到决策的全过程。在行政决策过程中，政府只有与公民之间建立起正常的沟通渠道，并通过举行听证会、专家咨询会等多种形式，广泛吸收公民参与，使政府作出的各项行政决策既能正确反映社会各种利益要求，又能使政府行政决策的过程符合其自身的客观规律，才能使行政决策的民主化和科学化得到有机的统一。从行政决策的程序来看，相对人有权参与到决策的多个环节和方面。首先，相对人享有决策建议权，针对社会中存在的问题，有权提出建议，要求行政机关作出决策加以解决；其次，在行政决策制定过程中，相对人有权发表自己的看法，表达自己的意见要求，维护自身利益和公共利益；最后，相对人有权对已公布的行政决策进行评价并针对决策实施中出现的问题提出意见与建议，从而启动新的决策过程。

三、行政参与权的类型

（一）依参与主体——个体性公民参与权和组织性公民参与权

个体性公民参与权是指个人以独立的方式参与到行政管理当中，一般适用于仅涉及个人利益的场合。组织性公民参与权是指相对人加入到某个团体或组织当中，以团体或组织的名义参与行政管理。个体性参与由于力量弱小、技能缺乏、随意性强而处于较低层次，其参与效益也比较差。与个体性公民参与相比，组织性公民参与具有组织形式多、参与渠道宽、信息获取广、参与力度大、参与层次高、制衡力量强等优势。因此，近现代社会各种行业组织、专业组织、业余组织、利益集团及政党日益增多，并且形成了一些影响较大的全国性、国际性的组织。前者如一国的执政党、利益集团，后者如联合国、国际工会、国际妇女组织等。这些组织结构庞大、组织严密、专业性强、信息广泛、参与渠道众多，一般能有效地参与政治和行政活动。

1. 个体性参与

卢梭指出："决策活动中参与的理想情形是，不存在有组织的团体而只有个人的参与，因为有组织的团体能够使他们的特殊利益占上风而损害平等。利益组织化形成派系以后，投票者的数目已经不再与人数相等，而只与集团的数目相等了。分歧在数量上是减少了，而所得的结果却更缺乏公意。通过个体的参与，可以去认知、接受这种一致性，即'公意'。个体参与决策活动的结果是，个体接受了教育而学会区分他自己的冲动和欲望，学会了如何成为一个私人，也学会了如何成为一个公民。"①个体性的公共参与，是发挥民主的教育功能的主要途径，也是培育公民法律文化的首要的、最有效的方式。

我国当代社会的政治体制改革和经济体制改革，极大地解放了人的自主性，也为"臣民""村民"转化为国家的"公民"提供了经济基础和政治环境。于是，个体对公共事务甚至对行政决策的关注和参与开始成为我国公共行政领域的新"气象"，并极大地推动着我国民主法制的发展进程。近年来，个体主动参与到公共行政生活的热情大大提升，相应行政主体的应对态度也逐渐趋向积极和理性。

2. 组织性参与

（1）利益集团的参与

利益集团与利益群体的最大不同，是其严密的组织性。社会利益群体是指"在社会利益体系中，具有相同的利益地位，有共同的利害和需求、共同的境遇和命运的社会共同体"，②是属于社会学称之为统计群体的一种，即人们可以没有组织、不相识，不在一起生活，但是由于利益地位和生活境遇相同所形成的一种"自理认同体"，彼此互认为同类或被归为同类，其存在形态只是松散群体。而利益集团则具有较强的组织性和一定的自治性，是"因兴趣和利益而联系在一起，并意识到这些共同利益的人的组合"，是为了争取或维护某种共同的利益或目标而一起行动的人，强调集团成员对共同利益的自觉性和行动性。

对"利益集团"的关注和理论研究始自二战之后，作为一个学术概念最早出现在政治学领域，后又被社会学、经济学、法学等学科广泛使用。詹姆斯·麦迪逊被公认为是研究利益集团问题的"第一个重要的美国理论家"，其在《联邦党人文集》中第一次阐述了利

---

① ［法］卢梭：《社会契约论》，商务印书馆，1980年版，第404页。

② 赵慧玲、张军贤：《社会利益群体分化对政治稳定的影响》，《中国农业大学学报》，2001年第3期。

益集团的严重危害性，它的"不安定、不稳定和带进国民会议里的混乱状态，事实上是使平民政府处处腐败的不治之症"，并指出利益集团"就是一些公民，不论是全体公民中的多数或少数，团结在一起，被某种共同情感或利益所驱使，反对其他公民的权利，或者反对社会永久的、集体的利益"。[①]他进一步论证了以共和政体即代议制政体以及联邦制国家结构形式来解决利益集团的弊端的可行性和必要性。其后，关于利益集团的理论研究成为现代西方政治学的主要内容，大致经历了多元主义集团政治理论、精英主义集团政治理论、后多元主义集团政治理论等几个研究阶段。[②]法学学者也逐渐关注到了利益集团的存在以及其对法律产生和运作过程的影响。美国联邦最高法院在努力强化法院地位的过程中，指出不能将所有的问题都留给工作熟练的行政专家的同时，法律分析也应向着动态的事前分析转化。经济学分析方法开始不断地渗透到法学研究中，法律正在考虑如何对公共选择过程出现的诸多社会问题，包括利益集团的相关问题，提供不断扩展的平台和各种解释性的"符号"。[③]独立管制机构、公益代表人制度就是最高法院这种努力的重要成果。

在中国，利益集团参与政治、参与行政过程的显性化，已经成为当代社会的重要特征。例如，在加入 WTO 问题上，汽车、电子、金融、电信等行业希望延缓步伐，而纺织、服装、轻工业等行业则希望尽快加入。为此，各行业的"精英"组成一个个利益团体，通过提交行业发展报告书、阐明国外相关行业的情况、邀请政府官员参加本行业会议等方式，陈述加入 WTO 的利弊得失，甚至直接参加加入 WTO 谈判，意图影响政府决策。在房地产改革过程中，利益集团的影响更加明显。2003 年中央银行出台《关于进一步加强房地产信贷业务管理的通知》，引起房地产界的强烈反响，由各房地产

---

① ［美］加布里埃尔·A·阿尔蒙德等：《比较政治学：体系、过程和政策》，上海译文出版社，1987 年版，第 200 页。

② ［美］汉弥尔顿、杰伊、麦迪逊：《联邦党人文集》，商务印书馆，1980 年版，第 45页。

③ 参见［美］罗宾·保罗·马洛伊：《法律和市场经济——法律经济学价值的重新诠释》，法律出版社，2006 年版，第 111 页。

商组成的利益集团迅速展开"政策游说"，最终完成了改革 20 多年来第一次通过一个利益集团的努力而改变政府一项重要政策的壮举，即《国务院关于促进房地产市场持续健康发展的通知》的出台。① 而在医疗市场规范、奶制品标准、汽车产业政策等领域中，都可以看到利益集团的身影和其行动在公共决策过程中所发挥的作用。而作为当前中国的焦点之一的三农问题改革步履维艰，与某些既得利益集团的阻碍以及农民没有形成自己的利益集团积极参与行政过程等因素有密切关系。利益集团的现实存在，其对行政过程的参与和影响，已经成为我国当代公共行政改革不得不重视的社会现实。中国改革发展研究院于《2005 年中国改革问卷调查报告》中得出明确结论：中国改革攻坚的主要制约因素是利益集团掣肘。② 而 2006 年的中国经济 50 人论坛年会上，央行副行长吴晓灵也明确提出应该承认不同利益集团，"中国的改革已进入利益格局调整的新阶段，必须承认不同的利益层次和利益集团的存在，要通过法律手段界定利益边界。"③ 而 2008 年两会上，政协委员张茵有关"减轻富人税负"提案所引起的热议，更加彰显了利益集团在中国政治生活中的显性存在。

（2）非政府组织的参与

第一，非政府组织参与的缘起。关于非政府组织的出现，首先归因于 19 世纪的"有限政府"观念的兴起。在资产阶级政权"自由""平等"的信念下确立了"管的最少的政府就是最好的政府"的观念，那时的政府以"夜警国家"的身份行使秩序行政的职能。

而进入 20 世纪之后，政府无法干预经济的自由竞争和社会的自治运转——无法治理环境保护、劳工保障、交通安全、食品安全、生产过剩、恶性竞争等社会问题。"市场的失灵"呼唤政府的介入，

---

① 参见郭道久：《利益集团显性化引发的问题及对策思考》，《学习与探索》，2006 年第 6 期。

② 中国（海南）改革发展研究院：《中国改革攻坚主要制约因素》，《市场报》，2006 年 1 月 27 日。

③ 吴晓灵等：《50 人经济论坛年会聚焦"改革新阶段"》，《新京报》，2006 年 2 月 14 日。

而其中对"全能政府""福利国家"的呼求比较强烈，政府开始高调干预经济活动和社会行为。虽然人们期待国家为社会成员提供尽可能多的福利和服务，并调节市场行为。但是，"政府失灵"替代"市场失灵"成为这个时期的症结。由于"外行领导内行"，偏离经济和社会内在规律的概率很大，国家管理的实质正当性缺乏；成本高昂，社会成员不仅应当为政府提供的福利和服务买单，还要承担日益庞杂的政府经费开支。政府中的官僚利益占用的公共资源越来越多，与其本身的层级设置和区域划分的矛盾，导致了政府不能"如愿地"处理公共事务，无法及时灵活地处理经济和社会问题。更为"糟糕"的是相应的行政权力的扩张，导致了腐败的发生。

　　经过前面两个"时代"之后，肇始于英国 1979 年撒切尔政府推行的将市场机制引入政府领域的"重塑政府"改革，使全球范围内的公共行政改革浪潮探索了一种国家和社会互动合作共同治理公共事务、共同行使公共权力的、全新的公共治理模式。此时人们开始反思国家干预的正当性，"治理"观念逐渐兴起，①非政府组织和公民参与公共管理活动，甚至分担公共权力，成为寻找国家和社会良好的互动合作关系的有效路径。对此，引用莱斯特·萨拉蒙的话："我们正置身于一场全球性的'结社革命'之中。历史将证明，这场革命对 20 世纪后期世界的重要性丝毫不亚于民族国家的兴起对于 19 世纪后期世界的重要性。其结果是，出现了一种全球性的第三部门即数量众多的自我管理的私人组织，它们不是致力于分配利润给股东或董事，而是在正式的国家机关之外追求公共目标。"②

---

　　①　"治理"的概念较早是由世界银行在 1989 年引进到政治发展研究中，并在其后得到学者和政治家的广泛关注。以克林顿、布莱克、施罗德等人为代表的"第三条道路"即明确地把"少一些统治、多一些治理"作为其施政纲领的重要内容。治理理论的主要创始人之一罗西瑙在其名著《没有政府的治理》中将治理定义为"是由共同的目标所支持的，这个目标未必出自合法的以及正式规定的职责，而且它也不一定需要依靠强制力量克服挑战而使别人服从"。明确指出治理既包括政府机制，同时也包括非政府、非正式的机制，"在某种程度上，没有政府统治的治理比起善于治理的政府更为可取"。参见［美］角姆斯·N·罗西瑙：《没有政府的治理》，江西人民出版社，2001 年版，第 4 页。

　　②　何增科：《公民社会与第三部门》，社会科学文献出版社，2000 年版，第 243 页。

　　第二，当今非政府组织的发展状况。在国际社会中，非政府组织作为全球治理机制的重要主体和新兴力量正在经历突飞猛进的增长。国际组织联盟的统计显示，截至 2004 年，国际非政府组织已达51509 个，占国际组织总数的 87.51%。①这些非政府组织日益活跃于国际社会，在教育、医疗、宗教、社会服务、文化娱乐、专业研究、环境保护、生态安全、基础设施建设、法律政策推动、国际合作、裁军与安全、人道主义援助、国际经济贸易、世界经济交往等多个领域，通过彼此协调、沟通和达成共识，通过集体行动、甚至给某些政治国家施加压力，从而在国际事务中发挥着越来越重要的作用。例如，1894 年国际红十字委员会在日内瓦会议上的积极倡导和协助，最终促使会议通过了《改善战地陆军伤病员待遇公约》。20世纪 70 年代，国际社会发起反酷刑运动，直接推动了 1984 年联合国《禁止酷刑和其他残忍、不人道或有辱人格的待遇或处罚公约》的通过等。1995 年人权事务委员会在审查美国提交的报告过程中，非政府组织就提供了关于美国政府在履行《公民权利和政治权利国际公约》义务方面存在不足的报告，从而提供了美国政府提交的报告不可能涉及的信息和资料，成为审查美国政府提交报告的重要基础。②国际非政府组织还通过跨国社会运动（Transnational Movements）影响各国和联合国公共决策的制定和实施过程，如绿色和平运动（Green Peace）、反核运动（Anti-nuclear Movement）、生态运动（Eeologinal Movement）、女权运动（Feminist Movement）等国际性非政府组织的活动对于全球治理发挥了非常重要的作用。

　　在各个民族国家，非政府组织在数量、公共事务的管理、公共产品的供给等方面也如雨后春笋般地飞速发展。据莱斯特·萨拉蒙（Lester M. Salamon）等学者 1995 年对世界上 22 个国家的统计，即使排除宗教性团体，22 国的非营利部门就已经是价值 1.1 万亿的庞大产业了，它拥有将近 1900 万名全日制领薪员工，这些国家非营利

---

　　① 参见丁宏：《全球化、全球治理与国际非政府组织》，《世界经济与政治论坛》，2006年第 6 期。

　　② 参见彭锡华：《非政府组织对国际人权的保护》，《法学》，2006 年第 6 期。

部门的支出平均达到国内生产总值的 4.6%。另据《全球公民社会年鉴 2002》统计，每百万人口中拥有非政府组织成员身份的人从 1990年的 148501 人增加到 2000 年的 255432 人，密度从 15%增加到了26%。这些非政府组织在各国的公共行政发展中日益发挥重要的作用，也日益被本国的政府所看重和依赖。世界上人口超过 340 万的123 个大国中有 25%进行过两次或多次全国性的改革运动。即使权力下放或社会化成为本国政府改革的关键部分，许多国家仍然出现了核心政府服务如市政服务的私有化或转包浪潮，[①] 有些非政府组织甚至承担了影响国家经济命脉的经济监管职能。例如英国的金融服务局（Financial Services Authority，简称 FSA）是一个独立的非政府组织，根据英国《公司法》注册为一个担保有限责任公司，其经费来源于被监管的金融机构的交费，监管范围几乎囊括了所有金融领域，包括证券业、银行业、保险业等。[②]

第三，我国非政府组织的发展过程。在我国，非政府组织参与行政过程也是根据特定的时代需求而经历着发展变化的。我国长期的历史实践是仅仅由国家和政府享有公共权力。而建国初期，虽经中国人民推翻了三座大山，但是，仍然维持着"主体一元化"的社会格局。"每一个企业、事业组织都有上级主管部门，都定行政级别，按行政组织原则进行管理并赋予所有社会组织行政职能，从而形成单位体制""所有社会成员都被纳入到社会组织之中，从而形成一个行政组织网络""在国家对社会进行直接管理的条件下，每个公民与他的基本生活场所的官方当局都具有一种关系，这种关系规定了他的合法地位并不同程度地决定了他的生活权利"。

直到当代，我国市场经济和民主法制的变革，在一定程度上开始解放人和组织的行政束缚。这种改革不能完全寄希望于国家和政府自上而下的自觉，还需借助以社会组织的发展、非政府组织参与

---

① 参见何增科：《全球公民社会引论》，《国家与市民社会》，上海人民出版社，2006 年版，第 513、517 页。

② 参见孙昌兴、温云爱：《非政府组织在英美证券监管中的作用及对我国的启示》，《江淮论坛》，2006 年第 4 期。

公共决策为重要组成部分的社会自身的自觉努力和配合。

随着市场经济的发展和政府职能的转变，非政府组织也逐渐发展并日益在公共管理中发挥重要的作用。1998年6月，民政部将"社团管理司"更名为"民间组织管理局"，表明非政府组织的发展已经使政府必须正视其存在和作用并对其加强管理，也表明"民间"组织被我国"政府"所认可。目前，在救灾、扶贫济困、帮助妇女儿童和老弱贫残等方面，诸如中华慈善总会、宋庆龄基金会、中国青少年基金会这些非政府公共组织发起或参与的"希望工程""扶贫工程"都发挥了极大的作用。除了支持、帮助政府的管理之外，非政府组织还以自身特有的人才、专业技术、社会影响力、非功利性关注社会发展的战略眼光等督促政府更好地履行公共职能。如在贡嘎山下的木格措水坝建设、与都江堰相邻的杨柳湖水库建设、怒江水坝建设、北京市动物园拆迁、河南省始祖山上修建中华始祖巨龙工程等事件中，非政府组织的参与和对政府决策施加的压力性影响，都说明了中国的非政府组织在公共决策领域作用的日益强大。

（二）依参与方式——直接性公民参与权和间接性公民参与权

在现代宪政体制格局之下，政治参与的基本方式是直接参与和间接参与，在公民参与的过程中也存在着类似的情形。直接性公民参与权是指相对人本人直接参与到行政管理中去，通过表达机制实现维权目的，并对行政权力的行使进行有效监督。直接性公民参与使相对人能知悉行政行为作出的事实、理由及依据。这是因为，一方面行政相对人参与到行政活动过程当中，可以全面洞悉行政行为的合法性和合理性的基本情况，并在心理上相应地准备了最大的承受值，对自己能承受的行政活动结果承担责任；另一方面，由于在参与过程中行政主体与行政相对人进行了一定的沟通，有可能在温和状态中达成某种默契或协议，减少抵触及其引发的事后救济。

间接性公民参与权是指行政相对人不能参加或参加后未能有效地保护自身权利时，通过代表其利益的人进行参与，以达到维护权益的目的。间接性公民参与的原因有：（1）自身不能参加。是指生理上存在缺陷、行为能力受到限制或人身自由受到限制等原因，使得行政相对人不能参与行政活动而由代表其利益的人参与。（2）不能充分实现自身利益。相对人虽然具有参与的能力，但囿于文化、法律等知识水平，未能充分地实现自身权利，由其代理人包括法律及其他领域的职业者为他提供服务，通过帮助使他获得自身利益。

公众参与不需要借助中介组织进行，构成直接参与。直接参与又包含两种情况，一是公民加入公务员队伍，直接行使行政权，从事行政管理，但这种情况从严格意义上讲已经不能看作是公众参与，因为此时其身份已经转变为公务员；二是公众所在组织接受行政授权，由无管理权变身为享有管理权限。间接参与是指公众通过某一中介实现对公共事务的管理，"公共行政是行政中的一种，包括国家行政和行使某种公共职能的社会组织（如非盈利的行业、专业协会组织）的行政"，①公民通过各种合法成立的社团组织、行业协会等形式参与社会公共事务的管理。

（三）根据必要性——必要性公民参与权和选择性公民参与权

必要性公民参与权是指行政主体行使行政权对相对人的自由、生命和财产等基本权利可能产生危害时，相对人必须积极介入行政行为过程，依法维护自身的合法权益。强调必要性参与不仅有利于个人的发展，也有利于社会的进步。毕竟"国家承认个人自由，其目的在于谋求个人知识、道德或身体上优性的发展。个人行使自由时，如果违反优性发展的目的，则应当作为滥用自由对待。"②

与必要性公民参与权相对应的是选择性公民参与权，它是指相对人对行政权的运作可能影响到其非基本权利时自行决定是否参与以及如何参与。如果相对人一方不愿提供有关资讯或拒绝参与行政过程，就有产生不利法律后果的可能。但无论如何，相对人放弃这种参与权利，不涉及他人，也就无可指责。需要指出的是，在这样的情况下，我们仍必须以法律规定为相对人留出可供选择的自由空间。行政主体要明确自己并非选择性参与的主体，所以还要依法履

---

① 杨海坤、章志远：《中国行政法基本理论问题》，北京大学出版社，2004 年版，第 5 页。

② 王世杰、钱端升：《比较宪法》，中国政法大学出版社，1997 年版，第 11 页。

行职责，秉承服务行政的宗旨，积极为相对人参与行政活动创造有利条件。

四、行政参与权所构造的参与式法律关系

（一）行政参与权对行政法律关系的突破

传统行政法律关系中，行政主体与相对人的权利义务并非平衡对等。以行政权的有效运行为核心的管理论行政法制模式，配置权利义务关系的核心是效率，其原则是权力本位。由此，行政主体享有了规范制定权、命令权、检查权、审批权、处罚权、裁决权、强制权等许多行政权力，而义务只是依法行使这些权力，管理好社会秩序和经济秩序。相对人主要服从行政主体管理的义务，几乎没有参与权的确立。这时的行政主体与行政相对人明显是一种非均衡的、对立性的、非合作关系。行政主体的权力渗透到社会各个领域，从宏观决策到微观执法，掌控着公民经济和社会生活的方方面面；而相对人权利范围小，缺乏自治和自主权，也缺乏参与行政活动的权利，更无法谈及制约行政主体或主动积极地参与行政活动。

以保护相对人自由为核心而构建的传统控权论的行政法制模式中，权利义务关系配置的核心是保障相对人权利与自由，其原则是权利本位。因此，对行政权限制多，行政权的范围与效力都有所减弱，对市场经济和社会生活领域则会放松管制。公众享有更多的权利和自由，却过分强调相对人对行政主体的制约权和监督权。双方仍然是对立性的、非均衡的结构关系。

参与式行政的兴起，要求赋予和保障行政相对人的行政参与权。行政参与权是相对人具有权力性质的权利，具有丰富的权利内涵，包括对行政活动的发起权、了解权、表达权、监督权、参与表决权、参与实施权等，这些都对相对人权利的刚性和强度起到了积极作用，并能渗透于行政权力中，对行政权力产生约束作用，进而引起行政权力结构与效力的变化，使得行政权力由刚性和强制性向双方性、协商性与合作性过渡，从而使政府与公众的权利义务关系趋于均衡态势。例如，相对人的参与决定权对应于行政主体在一定条件下合

意决定的义务，弱化了行政主体的单方决定权；相对人的监督权对应行政主体的纠错义务，弱化了行政权的公定力；而相对人的参与实施权对应行政主体的合作执行义务，弱化了行政主体的单方强制权。

（二）参与式法律关系

相对人行政参与权引起的权利结构的变化与行政权力模式的变化相互作用，促使行政主体与行政相对人关系发生变化，从而产生新的结构模式，引起行政法律关系的变革——参与式行政法律关系。因此，参与式行政法律关系是一种行政主体与相对人的制约合作关系，核心为行政参与权。参与式行政法律关系的形成、产生与实现的过程也是行政参与权的确立、行使与实现过程，行政参与权的构造与行使也使参与式行政法律关系区别于传统行政法律关系的构造、产生与实现。

1. 相对人的主体地位——行政参与权的权能

在参与式行政法律关系中，相对人是行政参与权的权利主体，政府是行政参与权的义务主体。行政参与权强化了政府放权和合作，增强了政府合作行政的责任意识。在行政主体与相对人之间形成了一种平等的参与行政关系，充分体现了行政参与权的充权作用、合作效能。

2. 权利义务构成——行政参与权的核心地位

行政参与权是参与式行政法律关系的结构中轴。参与式行政法律关系的权利义务关系中，相对人享有某行政活动的行政参与权是其履行该行政活动赋予其相应义务的前提，同时也是实现其他权利的保障。由此，行政主体要合法正当地行使在某一行政活动中的行政权力，必须先履行满足相对人行政参与权的义务。所以，这种权利义务构成表达了行政参与权的核心地位，行政参与权决定了行政主体行政权力能否合法正当行使，决定了相对人是否有义务履行相应的行政决定。

3. 参与式行政法律关系的产生——行政参与权的行使过程

法律关系的实际形成依赖于包括法律行为与事件在内的法律事

实，相对人的参与行为实际形成了参与式行政法律关系。参与是相对人意志的表达，只有相对人作出参与行政活动的真实意思表示，即行使了行政参与权，才能与行政主体形成参与式行政法律关系。由此，参与式行政法律关系的产生就是相对人行政参与权行使的过程。

4.参与式行政法律关系的实现——行政主体履行满足行政参与权义务

参与式行政法律关系的实现是相对人不但行使了行政参与权，而且行政参与权产生了效力，对行政主体的行政决定产生了实际影响，由此，政府必须履行满足行政参与权的义务。相对人提出了建议，行政主体给予回应，通过沟通，达成共识，以考虑相对人的意见为基础作出了行政决定。这样，参与式行政法律关系便得到实现。

第二节　行政参与权的价值与意义

一、行政参与权的价值

（一）合法价值

在不同的学科领域，关于合法有不同的解释。在政治哲学中，合法性是其研究的重要内容之一。合法性问题伴随着国家权力的产生而产生，并伴随着人类经济、政治和社会生活的变迁而不断更新。在政治哲学中，合法性的基本内涵是一种政治统治，可以获得社会公众的理解、认同和支持。而在法学领域，合法则意味着合法律性，无论是公民在私法领域和公法领域的所作所为以及行政机关的行政行为，都必须依法进行。

本书在此所述的合法价值，具有三重含义：其一是通过行政参与权的确认和实施，可使政府的行政行为更符合公民的意愿和要求，因而可以得到公众的理解、认同和支持，以增强政府的合法性；其二是公民在实施参与行为时，要做到依法行使参与权，合法参与，违法的参与将会对社会秩序造成严重后果；其三是通过公民参与，保证行政机关作出行政行为时，其行为的内容符合法律的规定。

1. 公民参与与政府合法性

西方的合法性理论包括了规范性合法理论、经验性合法性理论以及哈贝马斯提出的"重建性的合法性理论"。

规范性合法性理论是指"以某种永恒的正义、美德、善等终极价值作为判断政治统治是否合法的理性标准来分析政治合法性的理论"，①即政治统治是否合法与大众的忠诚和支持无关。经验性合法性理论是指"从经验事实的角度来分析政治合法性的理论。它以被统治者的相信、赞同与否作为标准来判断统治是否合法，凡是被大众所相信、赞同的，能保持大众对它的忠诚和支持的就是合法的统治"。②哈贝马斯认识到规范性合法理论与经验性合法性理论的局限性，提出了融合二者的积极意义的"重建性合法性理论"，即"合法性意味着，对于某种要求作为正确的和公正的存在物质而被认可的政治秩序来说，有着一些好的根据。一个合法的秩序应该得到承认。合法性意味着某种政治秩序被认可的价值——这个定义强调了合法性乃是某种可争论的有效性要求，统治秩序的稳定也依赖于自身在事实上被承认。"③"所强调的合法性的价值基础，并不是规范主义者所谓的超历史、超经验的永恒的价值规范，而是与一定的历史和文化相联系的社会规范。"④

在中国，合法性作为一个学术问题于 20 世纪 80 年代后期被明确提出。它是伴随着对德国学者马克斯·韦伯理论的介绍与研究而引起中国学者注意的。同时，中国学者并不局限于了解马克斯·韦伯的学术思想，而是将研究视角转向对中国政治统治合法性问题的追问。在研究过程中，中国学者主要采用了三种研究道路：一是借

---

① 王西阁：《西方合法性理论的主要流派及其渊源》，《湖北职业技术学院学报》，2006 年第 1 期。

② 同上。

③ ［德］尤尔根·哈贝马斯：《交往与社会进化》，重庆出版社 1989 年版，第 211 页。

④ 王西阁：《西方合法性理论的主要流派及其渊源》，《湖北职业技术学院学报》，2006 年第 1 期。

助"合法性"的基本内涵，梳理中国传统政治的合法性理论，以期为确立现代中国的合法性理论提供指引；①二是通过梳理 1949 年以来中国政治统治实践，分析其合法性形态，并解析这一合法性形态的困境；②三是研究马克斯·韦伯和哈贝马斯的政治合法性理论，并探究其对中国问题的解释能力。③同时，随着理论研究的深入，"合法性"理论趋于精细化。

关于公共行政的合法性，美国行政法学家理查德·斯图尔特（Richard Stewart）于 1975 年撰写《美国行政法的重构》一文，提出三种模型：一是传送带模型（transmission belt model），即来自国会的授权；二是专家模型（expertise model），藉行政机关专业上的优势以保证行政权的正当化行使；三是参与模型（participatory model），强调民众的参与。④在斯图亚特那里，这三种模型都是行政法在不同时期为回应不同的社会与政府需求而提供的行政合法化对策，而且其最终的归宿是统治的合法性必须来自"人民的同意"。⑤这样，公共行政的合法性程度就转换成民主化程度，而其思想渊源则是自由民主主义。

在中国行政法学领域，公民参与问题还没有引起广泛而充分的重视。实际上，公民参与权的行使，一方面使得公民在行政程序参与中维护自身的合法权益，因而可以化解相对人与政府机关之间的矛盾和冲突，协调官民关系；另一方面，公民通过对政府行政决策的参与，使得"深入了解民情，广泛集中民智，充分反映民意"的决策机制切实得以实现，这也有利于政府合法性的获得和巩固。

---

① 康晓光：《仁政——权威主义国家的合法性理论》，中国农村研究网，2006 年 9 月 22 日。http://www.ccrs.org.cn/article_view.asp?ID=5690.

② 王先俊：《1949-1956 年中国共产党执政的合法性基础》，《安徽师范大学学报(人文社会科学版)》，2005 年第 1 期。

③ 于延晓：《从韦伯的合法性理论看转型期中国政治合法性基础》，《湖南行政学院学报》，2006 年第 1 期。

④ 叶俊荣：《面对行政程序法——转型台湾的程序建制》，台北元照出版公司，2002 年版，第 295-412 页。

⑤ 沈岿：《复杂的行政合法化原理和技术——美国行政法的重构评介》，北京大学出版社，2006 年版，第 92 页。

2．公民合法参与行政合法化

行政参与权是行政相对人的基本权利，应当受到法律的保障。与此同时，相对人的行政参与权必须按照法律的规定来行使。首先，应当强调公民的合法参与，这是任何寻求政治秩序和社会秩序的国家都要重视的一个根本问题，否则便会动摇执政者的统治之基；其次，在制度建设上不断拓展公民参与的途径和方式，以便在现代社会公民参与高涨之时将其参与纳入法治化的轨道，从而保证公民参与的合法进行。

公民合法参与对于公共行政而言，起到了保障其合法化的作用。合法行政，是指行政机关实施行政管理，必须依照法律、法规、规章的规定进行；若没有法律、法规、规章的规定，行政机关不得损害公民、法人和其他组织合法权益，或者增加公民、法人和其他组织的义务。合法行政是行政行为依照行政合法性原则进行所应得到的结果，同时也是使行政行为满足行政合法性原则的要求。

德国行政法中合法性原则主要包含两项基本内容：一是法律至上，一切行政行为必须服从法律，否则无效。这里的"法律"既包括成文法律，也包括了不成文的法律原则。二是一切行政权的实施（即行政行为）都必须符合法律的授权，越权无效。严格遵守合法原则，必须坚持越权无效、自然公正、法律保留和正当程序。

据此，本书将合法行政的内涵概括如下：首先，行政职权的行使必须基于法律授权，无依法授权则无权力；其次，全面推行依法行政，行政行为所依据的法律包括实体法和程序法，以及基本的法律原则；最后，明确违法行政行为的无效性和法律责任。笔者认为，某一行政行为是否达到合法行政要求的主要衡量标准如下：行为符合法定程序；适用法律法规正确；主要证据确凿；不超越法定职权；不滥用权力。

行政参与权的行使有助于实现依法行政，是合法行政的制度体现。"只有当权力的行使符合法律规定的时候，才会产生良好的效果，否则必然对社会和个人产生巨大的侵害。依法行政是行政权力存在的先决条件……。"①行政参与权是对行政主体依法行政的一种重要的约束和监督手段。"根据不同的参与制度，行政相对人依照法定程序，能够直接约束行政主体必须依法行政。行政相对人进入行政活动，依照法定程序享有一系列的程序权利，这些权利形成了防范行政主体出现违法行政的制约性，"②此处的程序权利包括并主要体现为行政参与权。"既然行政相对人参与了行政过程，公民权利就可以在一定程度上介入行政权力，被公民权利充分渗透的行政权力将是使行政权力沿着法制轨道运行的内在保证。"③没有合法行政的指导，则无法实现公民的参与权，如果没有公民的参与，合法行政也只能流于形式。可见将合法行政作为参与权所追寻的价值目标，可以使两者互为表里，发挥相互的促进作用。

（二）理性价值

只有理性地参与，才能真正促进稳定发展；而非理性参与，并不利于行政管理过程的发展，甚至会破坏现有的政治秩序。

建国初期，多数中国人从心里拥护党、感谢政府，按"领导意思做""完全同意"，不提出反对意见，甚至连补充意见也没有。依靠人民群众对党和政府的忠诚，确实为我国社会主义发展奠定了坚实的基础。但是，实践证明，这种失去价值判断的"忠诚"长期下去，不仅不利于国家社会发展，而且抑制了公民的判断力，极易将公民的行政参与引向歧途。改革开放以来，我国公民的法治和民主意识的提升，带动了主体性优化，越来越多的公民通过行使表决权、参与权，参与到行政过程中。

社会阶层或者利益集团就是由利益共同趋向聚集到一起的。根据社会学规律，社会发展中的不平衡性，以及在发展中所创造财富的不同流向，形成了不同的社会阶层或利益团体。这些社会阶层或利益团体，为了各自存在的利益，必然会在公权力机关中选择一定的发声渠道，这就需要构建理性的利益表达机制。

---

① 王名扬：《美国行政法》，中国法制出版社，2005 年版，第 562 页。

② 方世荣：《论行政相对人》，中国政法大学出版社，2000 年版，第 176 页。

③ 同上，第 178 页。

我国改革开放以来，社会一大重要发展变化就是利益主体多元化。这些利益主体由于发育程度不同，造成其表达自己利益以及争取自身利益的能力存在显著差别。强势的群体形成了较为稳定的利益集团，其利益表达的能力也较强大，甚至在一些公共行政问题上也拥有了较为强大的话语权。相形之下，弱势群体表达利益的渠道多是一些过激的方式，而在国家政治架构中缺少其利益表达的渠道，过激的利益表达方式，易形成群体性事件。这种群体性事件的主体成分复杂多元，数量大，而又不同程度地涉及社会生活的各个领域和行业，更为复杂的是其行为方式趋向激励。[①]这些群体事件已成为制约我国经济社会发展的重大问题。因此，公民参与的理性价值是构建和谐社会，促进稳定的关键所在。

1. 理性需求：利益表达机制的建立

国家行政主体依法对国家和社会事务进行组织和管理的活动称为行政，其核心是行政主体的活动，也就是行政权的运行过程。对行政权进行治理是行政法治的核心所在。"行政法治的精神是在行政法领域确立法律优先与法律保留原则，力图对行政权进行严格的控制。而根据普遍被接受的契约国家思想，现代国家的权力被认为建立在同意的基础上。"[②]其表现为：人民通过选举产生权力机关，并通过平时的舆论压力和定期的改选对其形成制约，完成对人民主权的负责。只有利益表达机制完善，才可以保障公众的意志通过顺畅的渠道在行政机关的决策中得到体现。

二战以后"福利国家"兴起，日益增多的社会问题迫使国家承担更多责任，也导致了政府规模急剧膨胀。并且政府与公共部门所固有的缺陷，引发了管理中的失控、官僚主义和效率低下。"公共行政为了应对这一挑战，在世界范围内的政府运作，以及它所抽象出的行政权，开始越来越多地出现了公众参与的迹象。"[③]

2. 公众参与行政对构建理性的利益表达机制的作用

---

① 邓楚光：《完善利益表达机制促进和谐社会制度》，《民主与科学》，2007年第2期。
② 张千帆：《宪法学》，法律出版社2005年版，第377页。
③ 胡建淼：《行政法学》，复旦大学出版社2004年版，第46页。

通过西方法治国家的经验，可以得出结论：在构建利益表达机制中，公众参与行政过程发挥了重要作用——为行政行为的利害关系人提供了利益表达机制，并且为保护个体的合法权益创造了条件。

利害关系人能够直接向行政主体主张权益，并根据回应及时调整自己行为；同时，行政主体也可以获得信息，使行政行为更加公正。可见，利害关系人可以通过参与的渠道介入到行政程序中，使其意志更多地得到行政主体的尊重，利益表达得以顺利地实现。如此，把行政行为的全过程都展现在社会公众的视野之中，有利于加强对行政主体的监督，减少行政权异化的机会。从另一个层面上看，也可以增强行政行为的合法性和可接受性，提高行政效率。当行政主体和行政相对人之间通过参与的渠道进行深度沟通时，可以促进管理者与被管理者之间形成和谐态势。"公众参与有利于增强公民的主体意识，推动行政权由国家向社会回归。在社会公众与行政主体一同处理公共事务的过程中，公民的主体意识和责任意识逐渐觉醒增强。"①

因此，公众参与行政对行政权的制衡作用，使得它在解决社会矛盾、公权与私权纠纷以及公权力机关与私人之间沟通关系方面，可以发挥重大作用。可以说，公众参与行政是构建理性利益表达机制的主要途径，并对完善行政法治的理论内涵及进行相关制度建设有重大意义。

（三）和谐秩序价值

1. 公民参与的秩序价值

目前，我国正在经历社会转型，利益格局发生巨大变化，社会结构和社会阶层也在逐渐分化，由此引发社会结构、经济体制、分配方式发生深刻变化，社会各利益主体期望借助公共权力表达和实现自身利益。

政府是对社会资源和利益进行权威性分配的主体，那么公民影

---

① 姜明安：《"公众参与"的宪法和法律根据》，http://www.publiclaw.cn/article/Details.asp/NewsId=2173&Classid=-9&ClassName.

响政府及其行为的参与的实质就是参与社会资源和利益的分配。因此，公民参与的秩序价值显得尤其重要。

但是，转型时期利益多元化与社会资源优先性之间的矛盾，容易引发社会利益冲突。现实中非理性化、群体规模的，甚至是极端化、冲动的公民参与，容易造成严重的破坏结果。因此，参与的秩序价值在这里就凸显出来。

俞可平教授认为："传统的稳定是一种静态的稳定，其主要特点是把稳定理解为现状的静止不动，并通过抑制的手段维持现存的秩序。但是，在市场经济和民主政治的条件下，我们所要达到的不再是一种'传统的稳定'，而是'现代的稳定'。市场经济和民主政治所要求的现代稳定则是一种动态的稳定，其主要特点是把稳定理解为动态过程中的平衡，并通过持续不断的调整来维持新的平衡。动态稳定的实质，是根据多数公民的意愿和现实发展的需要，不断地打破现状，用新的平衡代替旧的平衡。"①根据以上的观念，本人认为在政府与公民关系上，政府可通过与公民的互动来广泛吸取民意，并使公民认可和接受政府及其政策，最终达到社会治理的目的；而要实现动态的社会稳定，就需要政府及时疏导和规范公民参与行为，并对公民参与作出积极回应。

政治学意义的秩序，是指一定生产关系所决定的人们之间的有序活动，这种有序活动存在某种程度的一致性、连续性和确定性。"把冲突保持在'秩序'的范围内的思想，不仅揭示了国家的产生，而且揭示了国家的本质和职能"。②"其一，秩序是对立统一或多样统一。就此而言，秩序是指对立面之间或多样性之间具有起码的统一性，是指事物中相互对立的两个或多个方面之间达到了基本的平衡；其二，秩序是有机统一。就此而言，秩序是指事物之间或者事物内部诸要素之间协调一致，并且达到了生命有机体的层次和水平，这是生命有机体所表现出来的有序状态；其三，'秩序'一词所指称的

---

① 俞可平：《动态稳定与和谐社会》，《中国特色社会主义研究》，2006 年第 3 期。
② 王惠岩：《当代政治学基本理论》，高等教育出版社，2001 年版，第 10 页。

最高境界是和谐。"①所谓的和谐秩序就是指一定生产关系所决定的各种社会因素之间的协调状态。这种和谐秩序的状态之下的社会各利益主体能够在有序的竞争环境中实现各自利益的均衡。

2. 秩序依赖利益的协调

在社会利益日益分化和多元化的时代，和谐秩序的实现依赖的是利益协调。

第一，要实现利益均衡。以人为本的发展应当以绝大多数社会成员的利益为基本着眼点。自改革开放特别是 20 世纪 90 年代末以来，我国在利益分配上出现了严重失衡，而这突出表现为城乡居民之间收入失衡、地区之间收入失衡、社会群体之间收入失衡等。如果放任这种"无发展的增长"，则对社会的稳定产生威胁。在新的改革阶段上，利益协调目标就是要从抽象的群众利益到最广大人民群众的根本利益，从绝对统一的利益到根本利益至上、多元利益合理追求、最终实现利益共享，迈向利益均衡。

第二，从政府统治到公共治理。关于公共治理，前文中已经做了较为系统和详细的论述，这里不再赘述。转型时期，我国利益协调也要在制度化空间内解决以增强公共政策合法性与合理性。

第三，实现多元的治理方式。当代政府与公民合作的治理模式下，实现社会稳定，必须将公民参与纳入到利益格局，以平衡社会各利益主体间的利益，达到社会稳定，构建和谐社会。通过利益协调来实现和谐秩序是公民与政府互动的过程，而公民参与是实现这种稳定的重要因素。

由上可知，政府在利益协调中必须将社会各利益主体最大限度地纳入政府决策体系之中，实现政府与社会各利益主体的合作与互动。这样，政府在利益协调的过程中才能做到效率与公平的兼顾。社会各利益主体通过参与公共政策的制定，使自己的利益诉求得到一定满足；如此，社会各利益主体才会主动认可政府及其政策。政府也因此获得最大限度的合法性，从而使社会各利益主体的博弈处

---

① 邹吉中：《自由与秩序》，北京师范大学出版社，2003 年版，第 199-200 页。

于有序状态，维持社会稳定。因此，公民参与的和谐秩序价值与现代的社会稳定观之间存在着必然的逻辑相关性。

"民主是一种社会管理体制，在该体制中社会成员大体上能直接或间接地参与或可以参与影响全体成员的决策。"[1]公共政策的价值在于对社会资源进行权威性分配，同时公共政策的公共性，决定了社会利益的分配要最大限度地兼顾社会所有成员。因此，社会各利益主体要参与到制定和执行公共政策过程中，将使得政府的权威性分配得到认可。社会各利益主体参与公共政策，体现了公共政策制定的民主化，有利于政府和社会各利益主体的沟通与合作，形成利益共识，因为公民参与"可以在国家和社会之间稳妥地矫正政府的行动与公民的意愿和选择之间的矛盾"。[2]

二、行政参与权的意义——推动公法制度重构

"自然公正原则"，即任何权力必须公正行使，对当事人不利的决定必须听取他的意见，催生了公众对行政的参与。20 世纪后期开始，公众参与广泛应用于公共行政领域。随着民主制度研究的深入，参与范围已经扩展到公共行政和社会管理的各个层面，使人们更加关注与社会公众生活紧密联系的"公共事务管理层面"上直接民主的实践。

当代世界经济一体化使得各种资源在市场规律的调配下自由流动。这种国际环境中，各国政府纷纷吸纳社会公众参与行政决策，以提高政府决策的可接受性以及国际竞争力。信息技术的迅猛发展，使社会公众能够接触到的信息源越来越具有多样性和开放性，政府信息公开不可避免。同时，政府积极拓展公众参与的途径，及时了解社会公众的想法，并作出适当引导。这样两个方向上的参与，可以有效缓解社会公众与政府之间的紧张关系。公众直接参与行政过程，成为公共行政的发展方向。

---

① ［美］科恩：《论民主》，商务印书馆，2004 年版，第 26 页。
② ［日］蒲岛郁夫：《政治参与》，经济日报出版社，1989 年版，第 5 页。

（一）公众参与挑战行政法理论和发展方向

1. 公权力的社会化——挑战行政主体理论

公众参与包括两种形态，一是在具体的行政过程中的参与，二是由社会公众组成的社会民间组织直接取代行政机关来行使具体的公共行政职能。在中国这样一个拥有漫长的"国家——社会"高度一体化历史的国家，伴随着社会主义市场经济体制的确立和行政体制改革的逐步推进，在微观经济领域和社会自治领域，政府逐渐淡出，更多地由社会民间组织开始承担相关的公共职能。目前，我国的民间组织已经形成一定规模，①承担的公共职能也越来越多。

这种民间组织成为实质上的公共服务的提供者已成趋势，传统的行政主体理论面临着挑战："法律法规授权的组织"以及事实上承担着公共职能的组织能否是行政主体。本书主张以是否享有公权力来判断一个组织是否有行政主体资格。而关于公权力的取得形式，可以是行政组织法或其他法律的授权，也可以是自治性契约的约定。

2. 行政民主化的范围扩大——挑战行政行为的概念和特征

传统的行政行为"单方意志性"特征，不断地受到现实中的公众参与的挑战。因为在公众参与情况下，行政行为的最终作出，其内容已不限于行政主体自身的意志——还包含作为参与者的公众的意志。并且根据公众参与的程度不同，公众意志与行政主体意志的权重也不同。如在人民公决中，公众的意志事实上已经取代了行政主体的意志。因此，必须区别对待不同行政行为，以正视行政过程中的民主性因素。

在这种情况下，行政法学界需要重新探讨行政行为的法律特征。为了与公共行政的发展趋势及现行法律的规定相契合，本人认为要扩大行政诉讼的受案范围和完善行政诉讼制度；拓宽行政法的规范领域和行政法学的研究领域。应把行政行为界定为行政主体为实现行政目的，或基于公共行政所实施的一切行为。而不再将"单方意

---

① 据统计，截至 2004 年底，全国共登记社会团体 15.3 万个；设有居民委员会（社区居委会）7.8 万个，村民委员会 64.4 万。

志性"作为所有行政行为的特征。

（二）参与权推动公法制度基础的重塑

公共治理的兴起深深撼动了公法制度基础，导致人们开始全面反思公共权力与公民权利的关系，重新定位公益与私益的关系。而对待公法制度的问题，可以从三个方面入手进行分析：公法关系观、价值取向以及利益导向。

1．从对抗与控制——互动与合作

从公法关系观念角度，在公共治理模式中，公共机构与公民作为治理主体可以平等参与公共事务的处理，因此公法关系的观念应转变为互动与合作。随着从国家管理模式转变为公共治理模式的形式转变，公法关系观念也由对抗控制逐步走向互动与合作。

公共治理模式下，公共权力与政府强制性之间的关系仅仅是或然性的，亦即权力未必只能由政府行使，权力运作方式未必只能是强制性的，如此公共权力行使主体实现了多元化，同时行为方式也更加多样化。从公民权利上看，不仅限于不受公共权力侵犯的消极权利，也更多地发展为积极权利，并且从范围上还要全方位拓展公民权利以便与扩张的公共权力形成对应。公共权力与公民权利的变化，导致公法需要充分彰显公域之治的"公共性"，要超越公共权力与公民权利之间表面性的冲突，辩证地对待它们之间的相辅相成特征，从而将传统公法建构的对抗与控制性关系改造为合作与互动性关系。①

2．推动公法价值取向的重构

---

① 有的学者认为，在网络状的公共治理过程中，政府与其他社会组织组成了一个动态、复杂的网络系统。在农业、工业社会等非网络状的社会中，其运转严重依赖于居于核心地位的政府的规划、指导和管制。但在网络社会中，政府只是网络线路的管理者，不再扮演社会中心的角色。政府与其他组织一起构成了相互依赖的组织网络。由于网络社会中出现的问题具有复杂性特点，使得单个政府部门解决问题的能力受到了限制，政府必须与网络中其他组织合作才可能有效地回应社会。合作是一种动态的过程，政府可以不断变更网络的线路和选择合作的伙伴。网络系统的特点是各个成员通过了解，能够在互动中创造出新的解决复杂问题的方法。参见朱德米：《网络状公共治理：合作与共治》，《华中师范大学学报》，2004 年第2 期。从网络的角度来理解政府职能的确是一个有益的视角，但要全面定位政府在公共治理结构中扮演的角色，还应当将政府置于国家与社会、政府与市场这些更广阔的视野中加以考察。

治理模式的基本立场是反映和满足公众正当的利益诉求，并以实现公民自由的最大化作为终极目标。为此，公法的价值取向要发生变化以适应这种公共治理的需求。

公法价值是公法客体对公法主体需求的一种满足，公法不仅要保障公共权力的正常运作，还要克服传统公法价值取向顾此失彼的问题，尽量全面理解公法价值内涵，做到统筹兼顾，确立自由为本、秩序为末，以公平促效率，以人为本、规则为用等公法价值取向。同时，要实现公法价值覆盖范围的最大化。例如，公法主体的平等不仅指权力主体之间的平等，还要包括权力主体与权利主体之间的关系，二者能够以平等的法律身份平等参与公共过程①；或又如，不能将发展狭隘地理解为 GDP 增长，而是指经济与社会的协调发展，最终还要通过可持续发展来实现人的全面发展等等。

3. 推动公法利益基础的重塑

公共治理是一种由寻求公共利益最大化的公共机构与旨在寻求私人利益最大化的权利主体共同实施的双方行动。适应公共治理需要的公法体系的利益基础必须由公共利益与私人利益二者整合而成，"公法的作用在于平衡公共利益与私人利益"。②

首先，要将私益纳入公法利益基础之中，兼顾公、私益并对其加以整合，确立起一种公共利益的多元化代表和多样化实现方式的多元模式，不能再狭隘地将公法与公益简单地等同起来。③这时需要全面理解公、私益之间的相互依存性，辩证地理解公益相对于私

---

① 相对于管理时代而言，在公共治理时代强调平等参与，这样更能适应信息技术的发展以及权力社会化的变化。2001 年 3 月，在意大利那不勒斯召开的第三次全球论坛以"电子政府促进民主与发展"为主题，其中达成一致的共识就是：在政府和公民之间建立一种平等关系，使公民和企业成为电子政府系统的合作决策者。

② Carol Harlow, Law and Public Administration, Convergence and Symbiosis, International Review of Administrative Sciences, Vol.71(2) p283(2005); Peter Cane, Responsibility in Law and Marality, Oxford Portland Oregon(2002), p254.

③ 哈耶克曾经对此有过尖锐的批评："那种认为唯有公法服务于公共利益、私法只保护个人私利的观点，乃是对是与非的完全颠倒，因为那种以为只有那些以刻意的方式实现共同目的的行动才能有助于公共需求的观点，实是一种错误的观点。"[英]哈耶克：《法律、立法与自由》（第一卷），中国大百科全书出版社，2000 年版，第 209 页。

益的优先性以及私益相对于公益的根本性。第二，将解决社会利益的公平分配问题作为公法利益基础重塑的重点。第三，在依法授权公共机构行使公共权力保护公共利益的同时，通过赋予权利主体相应权利以对抗来自公共机构的非法侵犯，从而达到保护私人利益的目的。比如因公用征收而得到公平补偿、因非法侵害而得到国家赔偿等。总之，重塑公法的利益基础，就是要兼顾公益与私益，通过公法提供一个全面反映双方利益诉求、实现社会整体利益最大化、能够公平分配和有效保护正当权益的制度平台。

（三）参与权促进公法制度结构的调整

参与权的实现推动了公法规范的多元化与和谐性、公法制度结构的开放性与互动化、公法制度变革路径的民主化与回应性。

1. 参与权推动公法规范体系的多元化与和谐性

公共权力运作范围决定着公共关系的范围，而公共关系范围的大小又决定着公法调整范围。参与权使社会自治组织成为越来越重要的权力主体，主体的多元化使得公共权力运作方式也出现多元化。公共权力主体的多样化和运作方式的多元化，直接推动公共关系的多元化。公法必然要因公共权力的扩张而全面扩张，以便规范公共权力、保证公民权利，理顺公共关系。因此，从管理模式进化到治理模式，公法的调整范围因公共权力的扩张而广泛覆盖着因国家强制介入社会而形成的公共关系，以及因国家的非强制性介入而形成的公共关系，还有因社会自治组织的非强制性为主、辅以强制性方式而形成的公共关系。

这种情况下的"法"，除了由国家制定或者直接认可的，也可以是社会自治组织创制的自治章程。法的本质也从反映"国家意志"扩张为"公共意志"，并且随着利益群体的多元化和社会结构的阶层化，立法逐渐成为对特定利益群体或者特定社会阶层的正当利益诉求的一种回应，原有的"阶级化"色彩逐渐淡化。同时，公共治理模式要求法的实现方式更加多样化，既要依靠国家强制力，更要诉诸社会组织自治力；既可以由强制力来保障实施，也可以通过协商、契约等非强制性方式实现。

与公共治理规范体系的多元化相适应，由各种社会自治组织行使自治立法权所形成的公法规范，在公法体系中越来越多。因此，应充分发挥自治立法的优势，授权社会自治组织在宪法与法律设定的框架下创制自治规则。并且，要逐步完善程序性规范，以致力于实现公共治理的过程正当与实体正义的统一。

2．推动公法参与权的实现迫使制度结构的开放性与互动化

"科学为之奋斗的目标就是解放社会，在人与人之间建立一种没有统治的交往关系和取得一种普遍的、没有压制的共识。"①不同于与主要依靠强权压制来维持统治秩序稳定的国家管理模式，公共治理模式是开放的、包容的和多元的，它通过开放的公共管理和广泛的公众参与，尊重主体性，为国家机关、社会自治组织、公民个人提供平台，以保障公共治理主体间的良性互动，从而促进公域之治的共识——善治目标的实现，所以，参与权的实现就推动着公法制度结构朝着均衡化的方向发展。"公法应当采取一种以个体主义方法论为主导、辅之以集体主义方法论的互动主义方法论"，②保障参与权的主体能动互动，创制一种均衡与共赢的公共治理行为模式。"公法应当坚持一种超越于行动决定论之上的'行动——结构'立场"，③决定了公共治理主体的行为选择虽然只能在既定公法框架中进行，但是可以通过法定程序推动公法制度变革，从而改变现有的制度约束。公法可以遵循法治发展规律，通过对政治、经济、文化等社会关系的规范和调整，有力地反作用于社会，从而深刻影响社会结构的变迁。

3．参与权的实现推动公法制度变革路径选择的民主化和回应性

民主"是一种政治方法，即为达到政治——立法与行政的决定

---

① ［德］哈贝马斯：《认识与兴趣》，上海学林出版社，1999 年版，第 201 页。

② ［英］马尔科姆·卢瑟福：《经济学中的制度——老制度主义和新制度主义》，中国社会科学出版社，1999 年版，第 33 页，第 44 页。

③ ［英］G.M.霍奇逊：《现代制度主义经济学宣言》，北京大学出版社，1993 年版，第 83 页；［法］皮埃尔·布雷迪：《实践与反思——反思社会学导引》，中央编译出版社，1998 年版，第 10 页；于海：《结构化的行动，行动化的结构——读吉登斯〈社会的构成：结构化理论大纲〉》，《社会》，1998 年版第 7 期。

而做出的某种形式的制度安排。"①公众能够广泛参与开放的公共管理过程，这无疑体现出公共治理具有高度的民主性。公共治理的民主性，首先体现为公众能够通过行使参与权而参与公共政策和公法规则的制定过程，这种过程的实现是一种将公共事务交由公共决策或协商决策的公法观念，是在直接民主的基础上发挥代议制民主的作用。这时实现公法制度变革主要采取一种自下而上的诱致性变迁模式，吸纳公众广泛参与，使得公法制度安排充分反映民意。

这种诱致性变迁模式强调立法过程的开放性以及公众的广泛参与性，增加制度变革的直接民主。立法机关应当及时全面地公布立法信息，以为公民参与立法提供前提条件。立法过程要采用立法听证、征求专家意见、听取公众意见等多种方式，而且这个过程要保持透明。

公法制度变革的路径选择应当具有全方位的回应性。首先，遵循需求导向的公法制度变革要以回应公共治理实践的现实需要为己任，不仅要回应公共机构维护公共秩序的需要，更要全方位回应各类群体的利益诉求；②其次，参与权的实现需要公法提供一个畅通无阻的治理通道。随着网络技术的发展，数字化社会等技术因素在公法制度当中所占的比重日益增大，公法要通过适当的制度安排实现对公共治理中的工具理性和目标理性的整合。

第三节　参与式行政引起行政行为合法性的重构

一、传统的行政行为合法性理论

行政行为的合法要件是指合法行政行为的标准模式，只有符合

---

① ［美］约瑟夫·熊彼得：《资本主义、社会主义与民主》，商务印书馆，1999 年版，第359 页。

② 在网络状治理过程中，政府的回应成为评价它的主要绩效指标，与官僚制下的回应模式不同，网络状治理过程中不仅关注到回应的时间，而且还要关注回应的对象及其追求的价值，如公平、公正、服务满意程度等。参见蔡允栋：《官僚组织回应的概念建构评析——新治理的观点》，《中国行政评论》，2001 年第 2 期。

这些模式要件的行政行为才具有合法性。目前行政行为的合法要件理论主要包括：行为主体合法，即行政行为必须由具有法定行政主体资格的组织做出；行为权限合法，即行政行为必须是行政主体在法定权限内做出的行为；行为内容合法，即行政行为具有事实根据，意思表示真实、完整和确定，适用法律正确；行为程序合法，即符合行政程序的基本原则和制度；行为形式合法，即行政行为必须具备法律所要求的形式。①但传统理论在阐述上述各个合法要件的内容时基本都只是从行政主体的角度来认识的，尚未从"参与式行政"的视角进行观察，需要加以反思和完善。

二、行政参与对行政行为合法性理论的反观

相对于传统的行政行为合法性理论，"参与式行政"要求行政行为在法定程序上必须让行政相对人参与行政过程，即必须听取和吸收行政相对人合法合理的意见。

（一）行为主体合法

传统理论认为，行为主体合法是指行为主体应当具备法定行政主体资格，对于一般的行政行为而言，具备法定资格的行政主体所做的行政行为若是合法的行政行为即是正确的。但诸如行政委托、行政合同、行政强制执行等新型"参与式行政"，实际上是行政主体行政行为和他方主体法律行为相融合的复合形式，他方主体的法律行为在这些行政行为的形成和成立中不可或缺。因此，它需由行政主体和参与主体双方来共同促成。在主体要件合法性上，不仅要求行政主体合法，也要求参与主体合法，即行政主体和参与主体都应当具备法定主体资格。缺乏其中任何一种主体的合法性，这种复合形式的行政行为都是不合法的。例如，《中华人民共和国政府采购法》（以下简称《政府采购法》）第二十二条规定："供应商参加政府采购活动应当具有独立承担民事责任的能力、具有良好的商业信誉和健全的财务会计制度、具有履行合同所必需的设备和专业技术能力、

---

① 姜明安：《行政法与行政诉讼法》，北京大学出版社，2007年版，第229-230页。

有依法缴纳税收和社会保障资金的良好记录、参加政府采购活动前三年内，在经营活动中没有重大违法记录以及法律、行政法规规定的其他条件。"若行政主体与不符合第二十二条资格条件的供应商签订行政合同，该行政合同是不合法的，对此，《政府采购法》第七十七条规定，供应商提供虚假材料谋取中标、成交的，中标、成交无效。因此，对于"参与式行政"中所产生的一些特定的行政行为形式，所谓行政行为的主体合法，既要包括行政主体合法，又要包括参与主体合法。

（二）行为内容合法

行政行为的内容合法一般是指：行政行为具有事实根据，意思表示真实、完整和确定，适用法律正确，符合立法目的等。[①]"参与式行政"对这一传统内容合法地提出了新的要求。

1. 正向肯定

如前所述，"参与式行政"强调行政管理活动要广泛吸收和听取参与主体的意见和诉求，对于行政行为而言，这既是程序合法的要求，也是内容合法的要求。由此，行政行为的内容符合传统的合法要件的基础上，还需以是否充分听取和采纳参与主体合法、合理的意见诉求为合法性标准。我国目前的行政执法行为和行政立法行为中已经对此有所体现。例如，《中华人民共和国行政处罚法》（以下简称《行政处罚法》）第三十二条规定："当事人有权进行陈述和申辩。行政机关必须充分听取当事人的意见，对当事人提出的事实、理由和证据，应当进行复核；当事人提出的事实、理由或者证据成立的，行政机关应当采纳。"这实际上要求行政处罚行为的内容必须采纳行政相对人提出的合理事实、理由和证据。此外，行政立法中充分听取和采纳广大社会公众的意见在我国已成为一项普遍遵守的良法原则。例如，2010 至 2011 年，在《城市房屋拆迁管理条例》的修订过程中，广大社会公众针对强制拆迁这一问题提出了 3950 条意见，普遍反对行政强制拆迁制度。国务院充分吸收了这些意见，

---

① 姜明安：《行政法与行政诉讼法》，北京大学出版社，2007 年版，第 229-230 页。

在修订后的《国有土地上房屋征收与补偿条例》中取消了行政强制拆迁，规定由政府申请法院强制执行。可见，行政行为内容合法的变迁，广泛吸收和听取参与主体的意见和诉求，是受时代背景变迁影响的。

第一，正当性。内容合法首先意味着其必须是正当的，传统行政下行政行为的正当性是通过"传送带理论"来论证的：民主主义要求立法必须体现人民意志，人民通过选举控制立法机关，立法机关因代表人民意志而具有正当性。行政机关经过立法机关的授权而成为民意的执行者和实施者，从而使行政因"人民意志"的传递而获得正当性①。这一理论的成立需要遵循一个前提性的原则——行政机关不得僭越立法权，即"禁止授予立法权原则"。但是，现代公共行政的发展，福利行政、风险行政等新型行政任务的出现导致行政机关日益广泛的自由裁量权和规范制定权，从而使其在规范和事实上具有了"准立法权"的性质，击败了"禁止授予立法权原则"，行政行为的正当性基础面临挑战。若补正行政行为的正当性，则需要通过"自下而上"的方式复制和再现人民意志，实现行政行为不仅要在过程上广泛参与，而且在内容结果上要体现参与主体的合理意见和诉求。

第二，科学性。科学性是指行为内容必须符合科学规律和客观实际，我国国务院在法治政府建设中曾多次强调要"推进行政决策的科学化、民主化、法治化""科学合理细化、量化行政裁量权"。20世纪中期以来，行政环境的变化最典型的表现就是复杂社会和风险社会。多样性、变化性和不确定性使得治理需要更多更广泛的知识和信息。行政主体不可能凭一己之力掌握所有的治理知识和信息，因此需要借助广大参与主体提供的各种知识和信息来做出决定。因此，在复杂社会和风险社会中，参与主体的行政参与作为行政主体据以实施"科学行政"的知识和信息保障，保障了行政行为内容的

①　杰瑞·L·马肖：《行政国的正当程序》，沈岿译，高等教育出版社，2005年版，第17-18页。

科学性。

2. 逆向否定

在"参与式行政"下，对于参与主体不合法或不合理的主张，行政主体所形成的否定性内容的行政行为，同样要求内容的合法性，即对参与主体主张的否定必须充分说明理由和根据。"参与式行政"提倡的是参与主体和行政主体平等地交流、协商，绝非传统行政中由行政主体进行简单地压制服从。因此，行政主体需要充分的理由和依据进行说服，得到参与主体的理解和认同。这种说明理由的过程也是对参与主体的主张得到了行政主体的充分尊重的一种证明。依此，否定性行政行为如未能充分说明理由和依据，即属于内容不合法的行政行为。目前，我国在行政许可和行政公开等领域对此均有明确的法律规定。例如《中华人民共和国政府信息公开条例》第二十一条第二款规定："属于不予公开范围的，应当告知申请人并说明理由"。

因此，对于"说明理由"的理解应该拆分成"说明"和"理由"两个部分，应该纳入行政行为内容合法要件，而并非仅仅行政行为的程序合法要件。行政主体说明理由的行为是过程性，属于程序合法的要求；但是理由本身（包括事实、证据、法律依据、法律适用的论证以及对当事人意见合法合理性的分析判断等）却是实体性的，属于内容合法的要求。如《行政许可法》第三十八条第二款规定："行政机关依法作出不予行政许可的书面决定的，应当说明理由，并告知申请人依法享有申请行政复议或者提起行政诉讼的权利。"在此规定中，所谓"应当说明理由"不能简单地将其视为程序要求：从行政主体必须回应当事人提出的行政许可申请来讲，它是程序性的环节；但从行政主体论证其构成不予行政许可决定的充分根据来讲，它却是实体性的内容。概言之，对于否定性行政行为中的说明理由，应当"说明"属于"程序合法要件"，而"理由"充分则应归为"内容合法要件"。

第四节　行政参与的合理范围

　　行政参与的必要性已在上文中做出了阐释，但必要并非意味着全部的行政领域都有介入的必要。过度的行政参与可能会造成不合理的、不公正的、非良性的行政结果，盲目地追求民主行政只会适得其反。行政参与被视作一种广泛到涵盖行政活动开始到结束的所有阶段、几乎包括所有的行政行为（如立法、决策、执法、听证、监督等等）的参与，仅仅是一种理论上的假设。实际上，行政参与的领域、范围并非是毫无限制的。为实现行政参与与效率最大化，必须在某些特定的行政领域设立相应的合理界限。

一、行政立法领域

　　《立法法》第五条规定"立法应当体现人民的意志，发扬社会主义民主，保障人民通过多种途径参与立法活动"，第五十八条规定"行政法规在起草过程中，应当广泛听取有关机关、组织和公民的意见。听取意见可以采取座谈会、论证会、听证会等多种形式"，上述法律规定直接肯定了公民有直接参与行政立法的权利。2001年国务院颁布《行政法规制定程序条例》及《规章制定程序条例》进一步明确公众参与行政立法的前提、途径与方式。根据上述行政法规的具体规定，在行政法规规章立项、起草、送审、公布各个阶段公众均有参与表达分歧意见的权利与可能性。"公民有时认为某项决策的预期结果是符合自己意愿的，因此，他们在不参与的情况下也会接受这项决策"。[①]显然，行政立法领域的行政参与应当具有选择性，否则将会降低行政效率，也会带来高昂的行政成本。在行政机关完全可

---

　　①［美］约翰·克莱顿·托马斯：《公共决策中的公民参与——公共管理者的新技能与新策略》，转引自刘福元，《行政参与的度量衡》，法律出版社，2012年，第75页。

以肯定"预期结果"能符合"公众意愿"时，如单纯授益性的行政立法则不需要再进行行政参与，避免出现行政浪费。

同时，由于立法活动是要求最为严格的行政行为，具有较高的专业性，行政参与不宜过于宽泛。如《行政法规制定程序条例》第二十一条明确在涉及重大、疑难问题时法制机构"应当"召开有关单位及专家参与的论证会、座谈会；第二十二条规定仅是赋予法制机构在涉及公众切身利益时有"可以"举行听证会使有关公众参与权利，而其他的立法活动行政机关有权决定是否选择公众参与。在法律规范中明确地、详细地列举具体行政立法公众参与的范围、程度，不仅有利于行政立法的专业化、科学化，也明确了行政立法中公众参与的合理界限，为现实操作提供了相应的法律依据。

二、行政管理领域

行政管理是个十分宽泛的行政概念，是行政活动中最为复杂的领域，泛指运用国家权力对一切社会事务进行管理的活动。在此，我们主要讨论涉及价格制定、环境及规范编制等重大社会利益事项行政决策以及公民通过基层自治组织或各种行业协会社团所进行的对公共事务的自行管理活动。

"原则上，公众可接受性期望越高的问题，行政参与的规模就应当越大；和公民利害关系越密切的领域，行政参与就越应通过法律规范加以确认"。[①]在诸如公用事业价格规制等涉及全体公众，且涉及切身利益密切相关的重大社会利益事项的行政决策过程中行政参与的规模应当较大，如《价格法》第二十三条规定在进行公共事业价格、公益性服务价格、自然垄断经营的商品价格定价时应当举行听证会，广泛征求直接相关者的有关意见。针对专业性程度较高的环境评估规划时，不仅要求公众与有关单位的参与，还明确了专家的行政参与权，这种参与不仅仅应当要求与该事项密切相关的群众参与，同时还要求具有一定专业知识的专家、学者参与，为该行政

---

① 刘福元：《行政参与的度量衡》，法律出版社，2012年，第78页。

提供专业建议，确保决策的科学合理。

《宪法》《城市居民委员会组织法》《村民委员会组织法》规定了公民可以通过居民委员会、村民委员会等基层群众性自治组织参与基层相关的社会公务事务的自治管理活动，以充分进行基层民主建设。

同时，《宪法》赋予公民结社权，公民同样可以通过组织、参加各种行业协会、社团参与国家社会公共事务的管理，如妇联、残联、消费者协会、律师协会等专业性较强、社会影响较深的非政府组织。无论是基层群众自治组织，还是自治度不断提高的非政府组织均是开放社会下公民进行行政参与的重要途径，两者在行政参与的深度、广度不断拓展过程中发挥着重要作用。这两种行政参与方式由相关法律规范做了明确赋予，其具体的参与范围、方式、程度也应当完全规制于法律法规的明确授权。

综上所述，行政管理领域中的公众行政参与的合理界限可以从三个方面加以确定：是否涉及公民切身利益、是否涉及重大的社会公共利益、是否有相关法律规范明确授权。

三、行政监督领域

开放社会下追求依法行政、建立法治政府要求加强对行政权力的监督。随着信息化、互动社会不断发展，行政监督的手段方式也不断呈现多样化，比如书信、走访，甚至如今通过报纸杂志、广播电视、互联网等舆论工具对行政机关提出建议、批评、控诉、检举，直接参与对行政机关及其工作人员行政行为的监督活动。实质上，公民参与进入行政监督领域是外部监督逐步内化的表现形式，而这种转化的内部监督较外部监督更为有效。《宪法》第二十七条规定："一切国家机关和国家工作人员必须依靠人民的支持，经常保持同人民的密切联系，倾听人民的意见和建议，接受人民的监督。"该规定使公民参与到行政监督领域的行政参与具有合宪性，并且成为行政监督的重要组成部分。随着开放社会的成熟，各地政府对行政监督的内在要求不断提高，公民的行政参与程度不断扩大，这是提高行政机关的行政效率、优化行政执法、促使有限政府完善的有效手段。尽管并不是所有的行政监督领域、各地政府均有详细明确的规定，但行政参与进入行政监督领域是这个时代不可扭转的发展趋势，参与的形式与程度均将达到新的高度，成为所有行政活动领域中行政参与范围最广的领域。

第四章　关于行政参与权实现及现状分析

第一节　行政参与权实现的原则和方式

一、行政参与权实现的必然性与可行性

美国著名法学家劳伦斯·M.弗里德曼提出"关于开放社会，我仅仅意指这样一个社会：在这个社会中，法律机构、组织和政府机关的构造应有利于方便它们在某种程度上暴露于公共舆论和公众压力之下；而且该社会中的此类机构在某种程度上对这些压力做出实际回应。"[①]显然，民主是开放社会的基本特征，政府行政活动需公开透明并置于公众的监督之下，而行政参与正是政府基于舆论压力"做出实际回应"的有效方式。

（一）开放社会下行政参与的必然性

开放性社会的民主是一种社会管理体制，在该体制中社会成员通过直接或者间接的方式参与到决策管理过程。行政参与的目的是在公民与政府之间建立一个良好的沟通平台，使公众意志能够完整地、快速地、有效地传达到行政决策者并且成为行政活动的依据。可见开放社会下民主法治观念深植于公民内心，公众要求能更多地参与到直接影响自身利益的行政活动中，要求平等地与政府协商的机会，以期实现公权与私权之间的利益博弈。

---

① ［美］弗里德曼：《选择的共和国——法律、权威与文化》，高鸿均等译，清华大学出版社，2005 年版，第 23 页。

"正义不仅要实现，而且要以人们看得见的方式实现"，开放社会要求政府机关无论是行政决策还是行政执法均需要存在充分的合理性与正当性，此时政府的行政活动完全置于公众舆论监督之下，而有效的政府决策应当在一定程度上吸收公众舆论并予以转化。因此，行政参与成为开放社会下政府应对公众舆论的必然选择。正当的政府决策是按照能够被公众普遍接受的一种合法的民主化的形式制定出来的，显然行政参与能够为政府活动提供程序正义基础，有利于实现有限政府的建设。

（二）开放社会下行政参与的可能性

现代社会开放程度不断提高，社会信息开放性的深度、广度都在不断提高，公民获取信息的途径增多，获取信息量也更大。这种全球化、信息化时代下，公民参与行政活动进一步发展，"一部分国家权力转移到各种非政府组织构成的公民社会直接行使"。①某种程度上来说，公民社会是行政参与不断发展的产物，是利益个体为在与公权利益博弈中获取更大的优势而自发组成的利益集团。从这个角度来说，行政参与催生国家公权力的逐渐转化，不仅能推动民主行政使民主模式进一步完善，同时也促使行政参与程度加深、公众意志对行政活动的影响力增强。

随着开放社会下民主模式的发展，互联网、移动通信设备的进一步普及，行政参与的范围不断扩大，参与程度不断加深。当今人们更多地通过网络直接向政府机关表达其意志主张，互联网成为监督行政机关行政活动的主要阵地。信息化、数字化时代不仅让政府的行政活动达到前所未有的公开化、透明化程度，让公民的行政参与途径与方式更为多样化、简易化，更使得普通公众能够参与到全国性的行政活动成为可能，如孙志刚案推动收容制度的废除就是公民以互联网为媒介直接参与行政活动的最佳证明。

---

① 姜明安：《公众参与与行政法治》，《中国法学》，2004（2），第36页。

二、实现行政参与权的原则

（一）权利保障原则

"真正的民主应当是所有公民的直接地、充分参与公共事务的决策的民主，从政策议程的设定到政策的执行，都应该有公民的参与。只有在参与的氛围中，才有可能实践民主所欲实现的基本价值如负责、妥协、个体的自由发展、人类的平等等。"①这段是卡罗尔·佩特曼，在《参与和民主理论》中的关于"参与式民主"（participatory democracy）的论述。目前，关于参与式民主的最新发展是"协商民主"（deliberative democracy），"平等、自由的公民在公共协商过程中，提出各种相关理由，说服他人，或者转换自身的偏好，在广泛考虑公共利益的基础上利用公开审议过程的理性指导协商，从而赋予立法和决策以政治合法性。"②可见，因为参与式保障了民主的形式，那么保障参与权就体现了民主的要求。

1. 人民主权的宪法原则——保障行政参与权

我国《宪法》第二条规定："中华人民共和国的一切权力属于人民。人民行使国家权力的机关是全国人民代表大会和地方各级人民代表大会。人民依照法律规定，通过各种途径和形式，管理国家事务，管理经济和文化事业，管理社会事务。"在我国，保障参与权的行使，就是坚持人民主权的宪法原则。

2. 政治文明建设的需要

我国《宪法》的第十八条修正案提出"推动物质文明、政治文明和精神文明协调发展，把我国建设成为富强、民主、文明的社会主义国家"。政治文明发展程度的重要标志是公民参与的程度。在我国，民主法治建设是政治文明的重要内容，而广泛的公民参与又是现代政治文明的重要特征，因此，参与权的实现在法治国家建设中，占有十分重要的作用。

3. 落实人权公约义务

---

① ［美］卡罗尔·佩特曼：《参与和民主理论》，上海人民出版社，2006年版，第36页。

② 陈家刚：《协商民主引论》，《马克思主义与现实》，2004年第3期。

从履行公约义务的角度来说，加强对参与权的法律保障也是必需的。联合国大会 1948 年 12 月 10 日通过的《世界人权宣言》第二十一条规定："（一）人人有直接或通过自由选择的代表参与治理本国的权利；（二）人人有平等机会参加本国公务的权利；（三）人民的意志是政府权力的基础，这一意志应以定期的和真正的选举予以表现，而选举应依据普遍和平等的投票权，并以不记名或相当的自由投票程序进行。"①

1966 年 12 月 16 日通过的《公民权利和政治权利国际公约》②第二十五条也规定每个公民应有下列权利和机会："（甲）直接或通过自由选择的代表参与公共事务；（乙）在真正的定期的选举中选举和被选举，这种选举应是普遍的和平等的并以无记名投票方式进行，以保证选举人的意志的自由表达；（丙）在一般的平等的条件下，参加本国公务。"③

4．风险社会治理的客观需要

关于"风险社会"的概念，始见于乌尔里奇·贝克《风险社会》一书。书中描述了现代社会的发展轨迹，"在后工业社会中，未知的后果是历史和社会的主宰力量，'财富——分配'社会的社会问题和冲突开始和'风险——分配'社会的相应因素结合起来，并且最终风险分配的逻辑将统治财富分配的逻辑，社会中充斥着各种以不确定性和无法计算性为特征的社会风险，如自然灾害、生产事故、公共卫生、社会安全等。"④但是，当一个社会具有"风险导向"时，势必伴随着做出有风险性决定的公众与承受风险影响的公众之间分离的现象，同时也经常发生源于对风险程度的不同评估的纠纷，例如振兴产业政策与防止公害政策之间的冲突，医患关系的紧张等。若决策过程不透明、群众参与不充分的场合，风险选择的决定者与

---

① 董云虎，刘武萍：《世界人权约法总览》，四川人民出版社，1991 年版，第 963 页。

② 中华人民共和国政府于 1998 年 10 月 5 日在联合国总部签署了该《公约》，但全国人民代表大会至今仍没有批准该公约。《国家人权行动计划（2009—2010 年）》提出，将继续进行立法和司法、行政改革，使国内法更好地与公约规定相衔接，为尽早批约创造条件。

③ 董云虎，刘武萍：《世界人权约法总览》，四川人民出版社，1991 年版，第 978 页。

④ ［德］乌尔里希·贝克：《风险社会》，译林出版社，2004 年版，第 17 页。

决定的被影响者之间很容易产生矛盾——决定者犯错而逍遥，被影响者无辜而遭殃，不公的结局势必会使被影响者对决定者抱有强烈的不安、不信以及不满。此时，抵触情绪将反过来大幅度加大决定者的风险、减少公共选择的正当性，在某些场合甚至将诱发被影响者的抵制行为乃至大规模的群体冲突，导致社会秩序的危机和政府紧急事态，助长卡尔·施密特式的决断主义倾向，同时也进一步助长对决定者的质疑或挑战。[①]

在我国，如果公共治理中公众参与的因素缺失，那么其运行效果将远远达不到预期的理想程度。比如，2008年的"孟连事件"：在云南孟连县，由于当地的表达渠道不畅通，同时缺乏有效的相关机制，使得当地的胶农无法充分参与纠纷的解决，并且地方政府的处理方法和手段不当，造成了当地群众不信任政府。这种背景之下，2008年7月发生了胶农与警察的激烈冲突，造成2名群众死亡、15名群众和40多名民警受伤的惨剧。[②]

（二）有序原则

1. 目标功能

通常，公民参与需要在适宜的社会政治秩序之中进行，但公共机构往往在公共事务中占据主导地位，因为这些公共机构掌握着决策权和决定权。假如没有公民的参与或者公民参与受到较多限制，那么，不仅制定出来的政策或决定本身可能会对不同利益群体的关注不够充分，而且可能增加实施政策和决定的总体成本。更有甚者，如果政策或决定对不同的利益权衡失当，还可能削弱公民对政府的信任度，导致政治合法性陷入危机。

公民参与同时也体现了公共事务治理理念和方式的变化。对公民参与，大多数学者的主张是提倡，他们将公民参与水平作为了民主社会的一个重要标尺，主张应该最大限度地给普通公民提供参与公共事务的途径和机会。帕特南就是这一主张的代表人物之一，他

---

① 季卫东：《风险社会的法治》，《中国法律》，2009年第1期。
② 白维军：《风险社会与公共危机视阈中的农民利益诉求机制解读——以云南省"孟连事件"为案例》，《长白学刊》，2009年第2期。

认为，公民参与有利于政策的推行，可以成为推行政策的良好的社会资本；"第三条道路"的倡导者吉登斯也赞同应当激活社会领域，拓宽公民参与公共事务的空间和渠道。主张限制公民参与的学者一般都坚持治国精英主义立场，熊彼得是这一观点的代表人物。这一派学者基于普通公民与政治家之间的分工理论，认为公民参与主要应当体现在定期的选举中选出或者罢黜政治家这些方面。这两类主张分别被不同的国家采用，从而表现出不同的治理模式。当今世界，全球化浪潮对国家治理机制带来巨大的冲击，无论是选择了倡导公民参与的策略，还是限制公民参与的策略，目标都是为了强化国家的凝聚力、支配力和认同感。例如，英国布莱尔首相上台后，主张扩大公民参与，加强政府与社会之间的合作关系，以此来优化国家分配资源的能力，降低治理风险；而另外一方面，有的国家则采用政策杠杆不鼓励公民参与，反而进一步加强政治精英的力量。这些不同的做法，公民参与状况对治理结构的影响也不尽相同，从而在根本上影响公民行使权利的行为以及公民的归属感。

公民参与与政治共同体的公共利益、公共秩序、政治制度等有着密切的联系。亨廷顿在研究发展中国家现代化过程之后得出了结论：一个政府强大与否或者稳定与否，很大程度上取决于它能否在政治制度化的完善速度与群众参与水平的扩大二者之间保持最佳平衡。[1]如果两者之间的关系处理不当，社会就可能陷入政治动乱之中。亨廷顿将这视为政治稳定的两个支柱，但他更关注的是两者之间的紧张关系，却忽视了两者间互相促进的关系，即公民参与可以促进政治制度化，同样，政治制度化过程一定需要公民的参与。[2]因此，本书在这里讨论有序参与的目标注重同时关注共同体的完善和个体的充分发展两个方面。

---

① ［美］塞缪尔·P·亨廷顿：《变化社会中的政治秩序》，生活·读书·新知三联书店，1989 年版，中译本序，第 5 页。

② 亚里士多德认为，城邦作为共同体是最高的善，人们参与到城邦的公共生活当中才能够使得生命的意义得到体现，因此，在亚里士多德看来，政治参与具有内在的价值。这种观点在当代也为很多学者所接受，例如欧菲尔德、斯金纳等人仍然认为如果不参与政治，人的存在就是不完整和发育不全的。

在我国，随着改革开放的深入，政府全能主义观念逐步弱化，国家——社会关系正在向全新的后全能主义时期过渡。[①]社会利益的日益分化，公民主体地位日益凸显，权利意识日益增强，政治公共领域和社会公共领域在逐步分开。我国政府越来越注重对公民参与的积极性进行正确引导。在依法治国方略的指导下，政府更多地提供秩序和规则，提供更多渠道促使公民参与被更好地纳入社会主义法治建设中。

2. 社会稳定

社会稳定往往与公共秩序的效率相关联。政府总是倾向于追求执政的延续性和政权的稳定性，公民更倾向于对利益的表达和追求，这些无不需要一系列的制度、组织和结构来保证，这些制度、组织结构是社会成员接受的某种共识的体现，由此产生出稳定的社会关系。密尔认为："人身和财产的安全，以及个人之间的公平审判，是社会的头等需要，也是政府的首要目的。"[②]

维护公共秩序，同样需要共同体成员的参与。公共秩序的组织、结构的基础，建立在统治精英阶层能够倾听共同体成员意见并综合衡量公共利益的基础之上。现代国家的政府，必须对公共利益负责，应当及时回应公众的要求，通过提高政府的合法性基础，达到维护公共秩序的目标，以此从根本上确保政府在分配公共资源过程中的权威地位。

当代各国维持公共秩序、实现公共治理，越来越倾向于依靠制度而不是暴力。由于共同体成员的利益需要最终会表现为各种参与行动，因此，参与就必然成为公民利益诉求和政府了解民意的结合点。这日益成为构成政府合法性的基础。政府信息公开、选举公职人员、监督的批评等机制都是公民参与的具体体现，同时也是政府行为合法性的制度保障。只有正确引导公民有序参与公共事务，才能更好地营造能够充分保护公共利益的、有效率的公共秩序。

---

① 萧功秦：《后全能十一时代的来临：世纪之交中国社会各阶层政治态势与前景展望》，《当代中国研究》，1999 年第 1 期。

② ［英］密尔：《代议制政府》，商务印书馆，1982 年版，第 300 页。

参与对公共秩序的效率也具有重要意义。公共秩序要对公共事务建立完整的应对、解决机制，并要在短时期内化解社会矛盾。我国学界在探讨效率与公平的矛盾问题时，主要关注经济发展和社会公平，其中更注重考量财富总量的增长。但是，效率和公平是不可分割的。公共秩序确保公民具有畅通的参与渠道，保证公民能够以个人或组织化的方式来有效地表达利益诉求，为此，政府制定了相应的制度规则，以平衡效率与公平的关系。因此，既不能盲目重视经济发展，也不能忽视公民的权利保障，不能因为社会分配体系的不公平而最终损害社会整体发展的效率。"金钱不能购买权利和权力，这也必须有详尽的制度和法律来保护，并对低收入的人进行补偿性援助。"①

3．促进公民个体发展

公民的充分参与不仅能够使国家或政府获得公民的稳定支持，还能够通过引导公民在参与过程中充分实现个体的全面发展。

首先，公民参与机制能够引导公民自觉维护公共利益的过程来推动公民自身利益的实现，并在同一个过程中实现公民教育的目标。民主主义理论家认为，代议制最核心的功能之一就是能够塑造有能力追求公共利益的、更明智的公民。②公民在实现个体利益之前，首先是要确定个体利益在公共利益框架内存在和实现，维护公共秩序是实现个人利益的前提。这样，就可以确保公民在追求个体利益的同时不致损害公共利益。

对于公民来讲，将实现自身利益融入维护公共利益的过程中，一方面，可以在自觉遵守公共秩序的情况下，采取适当的策略实现个人利益优化选择；另一方面，公民在不断参与公共事务的过程中，不断强化共同体及对自己身份的认同感，自觉地将公共利益内化到个人利益的追求之中。

---

① ［美］阿瑟奥肯：《平等与效率》，华夏出版社，1999年版，第116页。

② ［英］戴维·赫尔德：《民主的模式》，中央翻译出版社，1998年版，第144页。

第二，20 世纪 90 年代开始，一些发达国家开始向私人部门学习，在公共管理过程中多方面地采用市场及契约手段，这一转变被称为强调结果导向的政府再造运动。在这种大背景之下，公民积极而有序的参与，可以使公民与他人共同分享公共秩序和公共生活方式，并在这一过程实现公民的自我价值，促使公民的合理建议能够有途径进入政府议程，鼓励公民进行充分的政治表达、宣泄对某些政策的不满，使政府能够有效地协调和调节相互冲突的利益诉求，以促进社会责任意识的发育和成长。

（三）公开原则

信息是公民参与能力的基础要素之一。现代社会条件下，公民参与对开放政府有普遍要求。现代社会已经进入到一个公众参与时代，需要一个开放的政府。对政府信息公开制度表现出强烈的制度需求，而信息公开制度也是公众参与的基础性制度，是有效的公众参与和公共治理的前提。对公众的知情需求、利益认知、参与能力、学习能力都有决定性的影响。

现代社会公共治理对信息公开的需求包括：信息的公开必须深入到行政的过程中，满足公众的参与需求和监督需求；信息的输出及时、准确，与"信息输入"一同构成信息的良性循环，形成开放、透明的政府治理；网络公共空间的形成为公众参与提供了在场的平台，使得公众之间信息交流空间快捷。这些都要求政府及时输出信息，回应民众。

上述背景之下，我国在政府治理的过程中逐渐意识到了政府信息公开的必要性，并有意识地予以制度建构的回应。可以说，这是一种现实主义的考虑。之所以如此构建现实制度，是要满足社会或公民参与对政府信息公开的需求。

政府信息公开制度首先是在西方国家建立起来的，但却并不是从民主制度确立之初就一直存在。只有到了近代"行政国"时代，各国才建立起来真正意义上的政府信息公开制度。虽然 1776 年瑞典《关于著述与出版自由的 1776 年 12 月 2 日之宪法法律》中首先确立了政府文书的公开制度，①但并不是制度化的政府信息公开机制，而只是将政府信息纳入出版自由的范围。20 世纪 30 年代以后，市场的失灵引发了政府对市场和社会问题的广泛调节和管制。"福利国家"思想兴起，积极行政的时代来临，民众对政府的管制寻求更多的参与和监督，政府信息公开制度才在西方各国普遍确立起来。②以最为成熟完备和体系化程度最高的美国信息公开制度为例，其信息的全面性表现在为，以公开为原则，将不公开的事项用列举的方式加以限定：国防外交等保密文件，机构内部人员的规则和习惯，商业秘密或金融信息，机关内部或机关之间的备忘录，人事的、医疗的和其他类似档案，执行法律的记录和信息，关于金融机构信息，关于油井和地球物理信息。③从信息公开的现实需求上讲，无论在中国还是西方，需求都是一致的。不同的是，西方国家的民主结构能够形成政府信息公开的强制性力量，即：当民众在"行政国"时代意识到政府信息公开的需求时，能够通过"法律"对政府行为提出要求，而且这种要求在法治结构的保障下，能有效地促使政府遵守，形成政府信息公开的责任机制。

这种有效责任机制背后的法理是"人民主权"的建构。即国家权力最终掌握在人民手中，政府由人民选择政治精英来构成，服务于选民，提供选民满意的公共服务。政府在行使公权力过程中形成的信息在本质上都归于人民所有，只不过由于社会管理的现实需要而存留在管理者手中而已。因此，民众对政府信息有知情权。可以说，民众基于对政府信息的所有权而衍生出来的知情权——政府信息的公开原则是整个政府信息公开的法理基础。

仅仅有政府信息公开的现实合理性未必能带来真正意义上的信息公开，这种需求必须在民主的理念和政治结构基础上，才能形成具体的制度现实。由此，实质意义上的政府信息公开有两个核心层

---

① 刘莘、吕艳滨：《政府信息公开研究》，《政法论坛（中国政法大学学报）》，第 21 卷第 2 期。

② 芬兰于 1951 年，丹麦于 1970 年，挪威于 1976 年分别颁布了《信息公开法》。

③ 王名扬：《美国行政法》，中国法制出版社，2005 年版，第 968-993 页。

面构成：一是要求具有民主的国家政治基础，从而奠定政府的服务地位、信息的民有属性以及民众知情权下的政府公开责任，同时，民众也能获得法治结构下的权力保障；二是要满足现代社会治理对政府信息公开的需求，提供全面、及时、准确的"信息输出"与"信息回应"，并且要公开行政过程，形成有效的公众参与。因此，公开信息不仅要主动回应，更要有责任和压力机制；不仅涉及结果信息，更重要的在于过程信息；不仅在于静态的政府信息，更重要的在于政府动态信息。于是，实质意义上的政府信息公开应该具备公开的民主责任和压力机制，公开信息具备全面性、实质性、可得性，公开的权利义务主体具有广泛性，以及权利的保障性。

1. 民主基础上的责任政府——构成政府信息公开的动力机制

民主的动力机制是制度生成的根基，只有在民主理念之上，才能确定信息公开性原则；只有在民主的政治基础上，才能确立政府信息公开的责任机制；只有在民主理念指导下，公开的方式、程序等制度设计才能以服务民主为原则；并且，司法的地位才足以保障公民权利的真正实现。所以，这个条件虽然在制度框架之外，却对制度起着决定性的影响，往往反映在信息公开立法的"目的与意义"条款中，规定了实现国民主权和保障知情权的立法目的。比如，日本《信息公开法》第一条规定：本法的目的在于以国民主权理念为基础，通过规定请求公开行政文件的权利等事项，使行政机关拥有的信息进一步公开化。以此使政府就其从事的各种活动对国民承担说明责任，同时也有助于推进置于国民有效地理解和批评下的公正的民主行政。①

2. 公开的全面性

这涉及的问题是"哪些信息应该公开"。首先，要明确的是，以公开为原则。"信息全面性"的标准源于信息的"民有"属性，既然政府信息在所有权上属于全体国民，则理论上国民对任何政府信息均有知情权。所以，在政府信息公开中应当确立"公开原则"，即推

---

① 周汉华：《外国政府信息公开制度比较》，中国法制出版社，2003年版，第122页。

定政府信息在一般情况下都应当公开。其次，免于公开例外情况的明确性。公开为原则，并不否定信息公开的"合理性排除"。国家秘密、个人隐私或者商业秘密等信息都同样涉及重要的公共利益，如国家秘密涉及每一个国民的生命安全，对个人隐私和商业秘密的尊重也涉及每一个国民的切身利益和人格尊严。因此，政府掌握的公共信息中有一部分是在利益衡量中可以不予公开的。现在看来，如果"以公开为原则，以不公开为例外"，即如果该信息不属于例外的范围，就应该予以公开。那么实质上决定信息公开范围的是例外情况的存在范围。所以，免于公开的例外情况必须予以明确，才能有实质上的信息公开。否则，例外的模糊和笼统都会成为政府不予公开信息的"借口"。而信息公开与否的界限不明确不仅会造成公民权利的受损，更会带来现代社会治理下的公共危机。因此，信息全面性的标准包括"公开原则的确立"和"例外情况的明确性"。

前述中提到，在美国的信息公开立法中，列举了九种免于公开的条例，而每一种情况的具体界定又是通过其他法律——《咨询委员会法》《隐私权法》《阳光下的政府法》——共同协调确定下来，并在司法实践中由法院根据利益平衡或合理性的考量来具体地确定标准的。

3. 信息的实质性

这里的实质性主要是指行政过程中的信息是否做到了公开，是否满足了公众参与和监督的诉求，是否可以有效回应民众对政府信息的公开诉求。之所以要从信息全面性中单独提出来加以强调，是因为信息公开的实质性决定了政府信息公开制度能否满足现代社会的"功能需求"。信息的实质性与信息的全面性同样关系到政府信息公开的范围。只不过，实质性更加关注的是信息公开的深度和层次，是否满足了信息时代社会实现"善治"的制度要求。具体体现在行政立法或者决策过程的开放性，信息的公开性，公开信息对公众利益认知能力、参与组织能力、学习能力的影响性，以及政府最终决策和立法对公众诉求的回应性。除此以外，政府对于网络空间或者公众舆论中公众诉求的有效回应性，也决定了政府信息公开是否具有实质性。

4．公开对象的广泛性

这里的问题即"谁可获得、谁应提供"的问题。在确定"可公开的信息"的范围和内容之后，我们需关注信息的来源与覆盖面问题。政府信息既然属于全民所有，那所有的公民都有权获得可公开的信息，这一点没有问题。但除了本国公民以外，在本国从事生产和生活的外国人是否也享有获得信息的权力，世界各国和地区有三种立法例：仅认可本国人的公开权利、承认外国人享有同本国人相同的权利、认可外国人提起申请但给予限制。①美国的信息公开中"任何人"都可以申请公开，包括外国人。这一点很重要，尤其是在经济全球化的今天，很多的政府信息为跨国的企业所需，甚至对他们的经济活动有决定性的影响。如加入世贸组织的条款中对政府透明度的要求恰恰就是为外国经济实体而规定的。因此，基于国与国之间经济往来的现实，获得信息的权力主体应该包括外国人，这是一种对外的承诺所延伸出的政府义务。

首先，政府机关有义务提供信息。除此之外，各国对"依法行使行政职权或者经政府机关委托行使职权的公共组织"是否应纳入信息公开的义务主体规定不一。比如新西兰和韩国规定了信息公开的要求适用于行使公共权力或国家财政支持的其他组织，包括政府控股的企业、公立学校、国家医疗机构和国家财政支持的其他机构。南非甚至规定一般的企业或私人团体也应公开。美国虽然规定了信息自由法仅适用于行政机关，但是对行政机构的含义是这样阐述的："所界定的有关行政机关一词，应包括任何行政部门、军事部门、政府公司、政府控制公司，或其他隶属于行政部门之机构，以及独立行政之管制机构在内。"这里，本书认为公开的义务主体应该以"是否行使公共权力"为标准来衡量。因为政府信息公开的本质不是政府机关里面的信息，而是由政府机关这个"组织体"行使公共权力过程中产生的信息。所以，它的核心是"权力行使"中的信息，而

---

① 刘恒：《政府信息公开制度》，中国社会科学出版社，2004年版，第24页。

权力行使中的信息要公开的原因恰恰就在于它们是关乎公众利益的，属于公共财产。现在，当这种公共性权力为一些组织所行使时，只是"组织体"发生了转变，权力行使的实质并没有变，所以应该赋予其信息公开的义务。

5. 信息的可得性

获得信息的方式、程序等技术设计必须科学、合理、便捷。在公开方式上，通行的做法就是由"主动公开"与"依申请公开"构成。主动公开对于公民来说获取信息的成本最小，特别是在电子时代，主动公开的信息的涵盖量可以非常大，而且可以及时发布相关信息，所以能够承担信息全面、及时、准确发布的重要功能，满足公众在生产生活、参与行政立法或者行政决策、公共讨论中对信息的公共诉求。

"依申请公开"是主动公开的有效补充，特别是对于个人来讲，"依申请公开"的意义重大，可以获得不便主动公开的关于个体的信息，一般是涉及特定人关于特定方面的信息。而且在"依申请公开"中也更多地涉及与其他公共利益的利益衡量，经过政府衡量，只要不属于免于公开的范围，都应当满足公民的申请，公民对政府作出的决定不服，可以再诉诸司法审查，来最终判断该信息是否在可公开的范围内。

在公开的程序设置上，主要集中在"依申请公开"的程序设置。一般分为申请、审查、决定三个步骤，这一套程序设计已经比较成熟，程序的关键在于要以服务公民为原则，以申请人为中心来设计。体现在：第一，遇到不可抗力等特殊情况时申请公开的期限中止；第二，当申请的信息不属于受理机关掌握范围时，应当告知申请人，并且若确知该信息掌握机关的，应告知联系方式；第三，要求提供的信息含有免于公开的内容，但是能有区分处理的，政府机关应当提供可以公开的内容；第四，仅收取信息的检索、复制等成本费用，而且当申请人确实经济困难或申请人为公共利益而检索信息时，应当予以减免；第五，对于公开的与申请人有关的信息若发生错误，应当予以更正。总之，公开方式和程序的设置要以方便民众获得为原则，设计科学、合理的信息获得渠道，保障政府信息的流畅获得。

6. 权利的保障

权利的保障是关系到整个信息公开制度能否有效运转的问题。若缺乏权利的保障，政府信息公开制度也就无法"制度化"，因为它无法保证制度规范的实施。通常包括行政复议、行政诉讼和介于两者中间的准司法机构救济三种方式，由三者构成合理的信息公开制度的救济体系。

一般的制度设计中往往不缺乏行政诉讼的救济方式，但却未必起到有效地保障公民知情权的效果，所以权利的保障不是制度设计本身能够完成的，它必须在民主法治的政治结构中实现。而从各国的信息公开制度来看，除了司法审查，大多数国家还建立了介于行政和司法之间的救济方式，来作为司法审查的前置程序。

（四）诚信原则

政治法律领域中的诚信原则来源于道德，内涵极为概括和抽象，其最基本的意义指的是一种道德义务，是社会主体之间的真诚和信任关系。在论及道德与法律的差别时，一般认为道德以自律为主要特点，而法律以他律为主要特点；但这种差别是相对而言的，一般也认为法律需体现最基本的道德标准，道德同时也构成法律的合法性基础。

随着市场经济社会的建立，政府行为的合法性不仅以制度、法律作为基础，同时也不可避免地以伦理道德作为补充和指引。建立一个好的政府，不能仅仅对政府提出诚信的道德要求，还应当将政府应当实现的诚信要求予以法律化。

建构诚信政府最基本的途径，首先是要在行政法上确立诚信原则，并衍生出一系列具体的法律制度，以此约束行政主体的行为，使政府的失信行为承担相应的法律责任，增加政府的失信成本，使政府不能也不敢轻易失信，从而达到建设诚信政府的目的。

政府作出失信行为的主要原因之一，在于行政管理过程中存在着信息不对称的因素，导致社会公众对政府进行监督和约束非常困难，此外还有政府本身的利益驱动、自利倾向等因素的影响，这些因素综合起来，一个缺少监督和约束的政府天然地会具有不诚信的倾向，长此以往将会对社会造成巨大的危害。解决这一问题，我们需要建立公民参与的机制予以约束。同时，公民作为行政相对人处于弱势地位，公民若想参与到行政管理的过程并发挥积极主动的作用，必然与政府本身的天然倾向存在冲突。因此，建立有效的、强制性的公民参与机制更显得必要。这就需要将政府的行为纳入民主和法治轨道，将行政权力的权威置于法律的最高权威之下，建立一整套确实有效的监督制衡机制，将对政府的诚信要求转化成外在的、持久而完备的约束机制，逐渐使政府养成诚信的品格。只有在有效的公民参与机制的约束下，经过长期的养成，真正公正、诚信、负责任的理念才能够最终内化为政府的行为自觉。

本书认为公民参与的民主机制是建设诚信政府的基本前提。简单地说，公民参与更适合被描述为一种以和平的方式更换政府的制度安排。在法治的框架内，公民通过行使参与权对政府公职人员形成一种直接的压力，公民可以选举自己信得过的人员担任公职人员，批评甚至罢免缺乏诚信的公职人员，影响公职人员的行为方式，最终实现政府诚信。民主的定义不仅仅在于民众的参与，而是要从制度上保证民众对当权者保持一定的压力或者影响力，压力比参与更重要。[①]一旦政府失信于民时，民众有途径、有办法行使控制权，撤换这些不诚信的政府或者不诚信的官员。

为保证政府诚信，除了政治意义上的公民行使选举权、存在合法"反对"之声等之外，还需建立独立的民间舆论空间和透明的政府，同时确认责任行政的原则。

民主社会中，公民有言论、出版、新闻自由，可以创办自己的杂志报纸，拥有自己的舆论空间，且不受政府的非法迫害，这项权利往往作为一项非常重要的基本政治权利被法律所保障。从各国的

---

① 对于民主，卡尔·波普尔认为：投票只不过是表示人民可以发挥影响力罢了。参见卡尔·波普尔：《开放社会及其敌人》，中国社会科学出版社 1999 年版，第 124 页。美国的政治学者 Andrew Nathan 把中国人的民主观总结为"participation without influence" Andrew Nathan, Chinese Democracy, Unversity of California press (Berkeley), 1986, p227.

政治实践来看，舆论和新闻传媒对公共权力保持着巨大的压力。公民通过独立的舆论权对政府及官员的不诚信行为进行公开批评，从而形成强大的舆论压力，是迫使政府讲诚信的有力手段。从历史事实看，即便是史上著名的独裁者也会害怕民间舆论的力量，他们要么迫于压力有所自抑，要么费尽心机查禁新闻传媒。相反，一些开明的政治家往往对民间舆论持一种开放的态度。杰弗逊曾经说过一句话，在没有政府的社会和没有报纸的社会之间宁当选择前者。

从信息学角度来看，信息公开是人的行为受到监督的基础条件。在民主社会，社会舆论是政治信息传递的重要机制，对于促进政府诚信具有重要作用。民众对政府官员的不诚信行为进行公开议论，总会使官员们心怀忌惮，因为公开的批评会降低官员的社会评价，影响他们的声誉和前途。因而，政府官员作为公众人物对于独立的社会舆论总是有所顾忌的。

此外，政府信息的公开化有助于建立起一个诚信的政府体系。①信息经济学认为，信息不对称是人类社会普遍存在的现象。在经济领域中，非对称信息在交易中乃至人们的日常交往中普遍存在，它是产生不诚信的重要原因。所谓非对称信息，就是指一方当事人所持有而另一方不持有的或无法验证的信息或知识。由于市场交易过程中存在信息资源的不对称，信息充足一方往往可以利用自己的信息优势从信息匮乏一方身上掠夺更多的利益。

在政府与公民之间，政府拥有的信息优势是显而易见的，信息不对称的情形尤其明显。行政管理中，相对于势单力薄的、缺乏集体行动和交涉能力的公民而言，政府无疑掌握着更多的知识、技术和信息，拥有相对充裕得多的经济和社会资源。信息不对称同样是导致政府缺乏诚信的重要条件。因此，任何一个民主社会都必须强调政府信息的公开化和透明化。

责任行政原则要求政府及其工作人员对不诚信行为承担相应的责任，要求行使公共管理权力的行政主体及公务人员必须对其一切行

---

① 关于信息公开化的公开原则，见本书前述内容。

使行政权力的行为所产生的后果向受害者、人民承担责任，不论该行为是法律行为还是事实行为，是抽象行为还是具体行为，是消极的不作为还是积极的作为，是强制性行为还是非强制性行为。它通过加大政府官员不诚信行为的成本，促使政府履行诚信义务。法治社会的政府应当是责任政府，也就是说，政府在拥有权力的同时也应当承担相应的责任，权力越大责任越大。那种政府只享有权力、不承担责任的想法或做法，已经被人类历史抛弃，也必将遭到社会的普遍谴责。责任政府，既要求个人权利和公共权力之间的平衡，也要求行政行为与一定后果之间的对应，不能存在不负责任的权力。政府应当做到言必信、行必果，否则，政府应当承担"不信"或"不果"的责任。

三、行政参与权的实现形式

行政参与权如何实现，公民通过何种途径，使用哪些方式参与到政策过程中，来影响或决定政策制定和执行，这些问题，从另一个角度上看，就是公民与政府互动的制度化、合法化的方法。

前文对参与权的理论分析中已经表明，行政参与是与行政主体双向互动和博弈的过程。公民行使参与权是为了对行政过程施加影响，以维护自身的权益。那么，现实中，这种权利行使的选择，可能受到公民自身参与时间、愿望和能力的限制，客观上约束了参与权实现的规模、范围、层次、程度和频率[①]。同时，在行政法律关系中的另一方——行政机关一方，会基于其体制要求和可控能力的考虑，对公民参与形式的选择进行干预，力图将参与形式纳入其认定的要求或规范之中，使参与过程适应于政策制定的要求。因此，任何参与权实现形式的选择，公民参与的具体方法和渠道，都要经过理性考虑，以保证权利的真正实现，同时保证政府对公共事务管理的质量。

（一）分类

这种分类的目的是通过概括不同学者的观点，以期整理行政参

---

① 参见 J.C. Thomas.Public Participation in Public Decisions,New Skills and Strategies for Public Managers,San Francisco,John Wiley&Sons Inc.,1995:p105.

与的发展规律，以对各种不同形式实现方式的适用性作出界定，使其在现实中得以应用并发挥作用。

1. 阶梯理论

谢尔·奥斯汀（Sherr Arnstein）提出的"公民参与阶梯理论"：从政治体制发展状况与参与权实现形式之间关系的角度，分为三个阶段上的八种不同参与形式。①

表 3.1　公民参与阶梯理论表格

参与发展阶段	政治体制发展状况	参与形式	参与形式特征	参与程度
政府主导型参与	政治民主化水平较低，政府起绝对支配作用	政府操纵宣传教育	政府是参与的发起者，参与形式选择取决于政府，政府动员公民参与，参与过程的公民具有被动性	低度
象征型参与	政治民主化发展，公民权利和意识开始觉醒，争取广泛的参与权，公民参与能力和组织化程度逐步提升	给予信息政策咨询组织行使合作伙伴关系	政策过程的权力开始分享，公民逐渐认同自身的公民资格，公民参与逐步组织化、制度化、对政策具有一定影响力	中度
完全型参与	政府授权公民、社区自主治理，公民资格意识成熟，参与知识和能力大幅度提高	授予权力，公民自主控制	公民成为社区治理的主人，积极、能动的公民参与，政策过程的实质影响力，自主治理社区公共事务	高度

2. 孙柏瑛"选择矩阵"

孙柏瑛从公民拟参与的政策议题性质和公民参与拟达成的目标两个维度，给出了一定目标条件约束下的公民权的实现形式。②

---

① 参考 S. R.Arnstein, A Ladder of Citizen Participation, Journal of the American Institute of Planners, 1969(35):p216-224.

② 参考孙柏瑛：《公民参与形式的类型及其适用性分析》，《中国人民大学学报》，2005年第5期。

表 3.2　选择矩阵表格

政策议题的性质	公民参与拟达成的目标	公民参与的程度	公民参与的方式、途径
政策议题呈现出较高的专业化、技术化或结构化	论证政策的合法性与合理性、了解公众对政策的基本态度	政府自主决策，公民低度参与	采用小范围的专业参与方法，旨在论证政策的合法性与合理性；低度或形式上的基本态度
获取政策信息	为政府政策制定提供信息基础，而不是为授予公众实质影响力为宗旨	确保参与形式的广度和沟通的通常度	多途径
政策接受和支持为目的	促进公民对公共政策的理解和接受，从而保障政策的顺利执行	公民与政府间的深度双向互动和充分对话	公民大会、听证会、咨询委员会等
基于利益表达、伸冤、积极实现公民资格和辅助政府从事社区公共事务管理等目标	体现公民期望决定自身生活质量的意愿，表现了公民的自主管理精神，反映了公民对政府的信任与合作态度	信息反馈与沟通；对决策施加影响力；直接提供公共服务	公民发起或首创多途径参与形式

　　如果政策议题呈现出较高程度的专业化情况时，公共政策过程主要通过政府自身的管理来完成。但是，凡是以获取政策信息为目的的公民参与，要确保参与形式的广泛性和沟通的通畅性；而以政策接受和支持为目的的公民参与，应当选择有互动的、赋予公民一定实际影响力的参与形式，从而保证公民拥有发言权和影响力。另外，还存在一种由公民主动发起的参与。当然，对于形式的选择，要视不同环境、不同的公共政策议题和制定目标而进行考虑，但目

的都是保证参与过程能平衡、兼容不同的利益要求。①

3. 高斯的六维度理论

英国学者高斯则从信息开放、听证（咨询）、探索创新与共同愿景、判断和决定、授权、支持和政策制定六个维度对公民参与形式进行了归纳。②

表3.3　六维度理论表格

信息开放	听证、咨询	探索创新与共同愿景	判断和决定	授权、支持和政策制定
公告牌	调查、访谈	咨询工作室	对行动一致性民意测验	邻里委员会
活页传单或定期通讯	对焦点群体的项目追踪研究	共同愿景创建工作室	市民评审团	城镇房地产计划
政府报告	互动的社区情况简报	情景模拟的开放性公民活动	对话、磋商工作室	公共住房租户管理组织
调查与咨询的反馈结果	公众会议	发现自己真正的社区计划	社区事务管理的团体	社区发展信托公司
年度绩效报告	公民论坛系列与论坛专题	使用剧院和媒体	社区工作室	与社区签约的伙伴关系
互联网资讯与沟通	视听信箱	其他形式	达成一致与认同会议	公民投票：创建和重议

（二）行政参与权实现方式

相对人以何种方式参与行政管理活动直接影响到其在行政活动中具体作用的发挥。从当前实践来看，行政参与的实现方式主要有：

---

① 参考孙柏瑛：《公民参与形式的类型及其适用性分析》，《中国人民大学学报》，2005年第5期。

② 参考 Sue.Goss, Making Local Governance Work：Networks, Relationships and the Management of Change, New York, Palagrave,2001：p40.

1．听证

听证是参与权主要的内容，也是行政程序法的核心，是各国规定的一种最重要的参与方式。在美国的正式听证中，当事人有陈述意见和相互辩论的权利。德国《行政程序法》第二十八条规定："干涉当事人权利的行政处分作出之前，应当给予当事人对与决定有关的重要事实表示意见的机会。""采用听证会的方式听取当事人的意见，在很大程度上借鉴了审判程序中原告被告对抗、法官居中裁判的等腰三角形程序构造，其程序构造为：拟作决定人员与相对人两造对抗，听证主持人居中裁判，呈现出极强的司法色彩，可谓司法化程度最高的行政程序制度。"①听证有着发现案件事实、保障相对人平等、有效参与行政决定的功能。

2．协商

协商是指行政管理中的双方在相对平等的情况下进行的，在尊重双方的意志下达成协议，从而完成行政管理目标的方式。协商的方式有利于消除摩擦，而且更容易为行政主体与行政相对人双方接受。现代的行政合同和行政指导中经常运用这种方式，相对人可以适当的人数或组织向行政主体提出意见、建议，通过与行政主体的谈判与协商来达到表达意愿的目的。

3．表决

一般来讲，相对人对行政管理活动是没有决定权的。随着服务行政的兴起，相对人参与的一些对自身有密切关系的行政管理活动越来越多，越来越深入，有些方面政府把其行动的决定权交给相对人，相对人的投票与表决对行政主体作出一项决策有着决定性的影响。现代社会的许多问题包括环境保护、公共事务等都需要相对人通过投票与表决制度来表达意见和参与决策。通过公众投票程序，公民和大众可以越来越广泛地直陈意愿，参与政府决策的制定。

4．协助

---

① 马怀德主编：《行政程序立法研究——〈行政程序法〉草案建议稿及理由说明书》，法律出版社，2005 年版，第 271 页。

协助是行政相对人直接参与行政主体的管理活动，配合并帮助行政主体顺利完成行政管理活动的一种方式。作为与行政主体合作关系的一种方式，行政协助现实地、经常性地存在于行政活动过程中，是现代行政必不可少的重要因素。行政协助的方式多种多样，实践中常见的有："行政相对人发现违法者后，向有关行政主体报案或直接将违法者扭送交由有关行政主体处理；行政相对人积极提供线索、物质帮助或直接参与，协助完成行政执法。"①

5．监督

在我国，行政相对人对政府的决策监督已经形成了一系列制度，但是这种监督尚处于较低层次。一个重要的原因是相对人的监督权还没有得到法律和体制的有效保障。最简单的监督方式就是允许相对人以公开的形式批评政府的相关政策和决定，尤其是这些政策和决定缺乏合法性或合理性的时候，更应当允许相对人有批评、建议、检举、控告的权利。监督权包括：第一，批评、建议、评论权，即对行政机关以各种方式直接提出，或通过有关的组织、团体以及网络等媒介反映批评、意见、建议并对行政机关的行政行为作出评价的权利；第二，检举、控告权，即对行政机关及其公职人员的违法失职行为进行检举或控告的权利；第三，质询权，即相对人可以对政府的政策行为、行政决定行为等进行质询，政府部门应当给予解答。

（三）参与形式选择的标准

评价公民参与形式选择的有效性标准，包括如下几个方面：第一，公民参与是政策制定和执行不可或缺的条件，政策参与的层次与规模，是指某一参与过程涉及的公民参与深度和参与者范围；第二，参与者的易进入性，以及进入到政策过程中的参与者的代表性；第三，参与的程序性因素，包括：参与过程信息沟通的畅通性、参与过程磋商的充分性；第四，参与对政策的实质影响力，使公民的利益反映在现实的政策结果中。

---

① 参见方世荣：《论行政相对人》，中国政法大学出版社，2000 年版，第 239 页。

（四）行政主体和相对人关系的重构

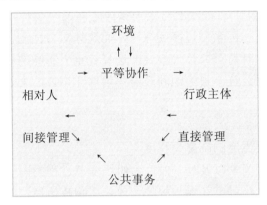

图 3.1　行政主体与相对人关系重构示意图

上图中，相对人同行政主体一起直接参与管理社会公共事务，和政府同样拥有管理权力和信息资源，共同对三角形公共事务进行管理。这样，相对人获得了等同的在公共事务中从政府处获取相关信息的机会，从而促进了信息的相互回应和交流，显现出行政主体与相对人之间在有关公共事务处理的沟通方面的互动协作。这种互动和谐的关系，可以促成政府在不断的构架优化、机制强化中演化出可持续发展态势，从而有助于政府职能得到有效发挥，成就行政管理的公正取向与效率诉求。

第二节　影响行政参与权实现的因素分析

一些学者将公民参与的影响因素归结为经济发展、社会环境、政治文化、社会流动机制、政治机制、公民个体的行为偏好等方面[1]。亨廷顿认为，政治不稳定与社会经济变革之间的确是有联系的，"动

---

[1] 王浦劬：《政治学基础》，北京大学出版社，1995 年版，第 220-225 页。

荡和衰朽的根源不是这些国家的贫困和落后，而是它们致富和发展的欲望"①。鉴于经济发展与公民参与之间的复杂性，本书在此不对经济发展这一因素做过多的探讨，而选择对公民利益表达和实现有密切联系并且对公共治理模式的选择有重大影响的政治制度化、公民价值体系、社会自组织和政府作用这几个方面来考察公民参与的影响因素。

一、公共生活的制度化程度

对于转型国家以及处于制度和组织变革过程的国家，亨廷顿认为："政治制度化程度和参与权的实现是影响政治稳定的一对有着紧张的矛盾关系的两个变量。"②他抓住了转型国家政治发展的动态内容，并从性质上为政治体系的制度化程度规定了衡量标准，即政治体系的组织和程序所具备的适应性、复杂性、自治性和内部协调性水平。可见，亨廷顿所提到的政治制度化程度，是一个融合了组织和程序、道德和结构的复杂系统，在这个意义上分析制度化程度是一个巨大的工程。高程度的制度化意味着公民参与渠道的完善和轨道的成熟，是公民参与有序进行的规则基础。③

本书更多地从实现社会稳定和公民参与对政治发展的调节角度，集中在程序和结构方面，来考察制度化程度对参与权的影响。这种政治体系的制度化程度，主要集中在制度的配套程度、程序的可操作性和利益渠道的可选择性等方面。

（一）制度的配套性

在以复杂性和多样性为公共生活特点的现代国家，任何一项公共事务的处理都会涉及不同的公共机构和不同的利益群体，往往都需要一个规则的集合作为依据。由于人的理性和能力是有限的，任

---

① ［美］亨廷顿：《变化社会中的政治秩序》，生活·读书·新知三联书店，1989 年版，第 4 页。

② ［美］亨廷顿：《变化社会中的政治秩序》，生活·读书·新知三联书店，1989 年版，第 12 页。

③ 参考褚燕松：《公民有序参与的影响因素分析》，《学习论坛》，2007 年，第 7 期。

何制度和规则都难免有缺陷，而这些都可以"通过建立一个人们相互作用的稳定的（但不一定是有效的）结构来减少不确定性"①来加以缓解。因此，可以在尽可能多地掌握信息的基础上，以降低制度本身可能造成的风险为追求，在制度的设计和创新过程中尽可能多地考虑所涉及的利益群体，使制度在涉及不同领域的管理中，做到执行中的配套完整，使制度安排具有整体性，并为进一步制度变迁提供规则基础。②

（二）规则的可操作性

规则的可操作性要求制度规范清晰，就是制度规范的内容应当在原则性规定的基础上包含具体的操作规程，并对某些行为或名词给出明确的定义。制度规范清晰实际上要求的是人们对规则的权威和内容的一致认同，并在此基础上做出合理的行为和结果预期。

制度化是从一个个具体细节的调整完善开始的。但规则的可操作性应当为制定规则的目的服务，而不能陷入细节的纠缠当中，偏离制度目标。③因此，规则的可操作性要求有制度执行的完整程序——执行环节具有合法性和连续性。

（三）利益表达和实现渠道的可选择性

转型期国家的制度化过程实际上是扩大规则覆盖范围的过程，或将规则引入社会各领域空白区域的过程。规则范围的扩大也意味着人们在不同领域利益表达和实现机制的拓展——与利益和价值多元相适应的利益表达和实现渠道增加的过程。在信息和渠道畅通的基础上使人们能够按照一定的程序行使自己的权利。

此外，还可将公共机构及其工作人员的行为置于公民监督之下，使政府加强与公民的沟通，切实向民众负责。"转型时期的制度化体现为不断将大量的信息分类管理、予以浓缩，并在时机成熟的时候将之固化为社会的普遍规则，为公民提供更多的途径和渠道选择，而这

---

① ［美］道格拉斯·诺斯：《制度：制度变迁与经济绩效》，生活·读书·新知三联书店，1994 年版，第 7 页。

② 参考褚燕松：《公民有序参与的影响因素分析》，《学习论坛》，2007 年，第 7 期。

③ 参考褚燕松：《公民有序参与的影响因素分析》，《学习论坛》，2007 年，第 7 期。

首先就要求制度，必须被特定区域的所有参与人所了解和共享"①。所以，利益表达和实现渠道的可选择性要求政府增加透明度，使公民能够方便地获得相关的制度信息。

二、权利意识

对处于转型期的国家来说，随着社会的急剧转型，公民的价值观也发生着剧烈的变化。个人在这个价值观碰撞时期一旦认识到公民身份的意义，就会积极参与公共事业的构建，并对自己的主体身份和与之紧密相连的权利意识、责任观念重新进行审视，做出与时代要求相适应的指导自身行为的各种价值之间的平衡。

（一）公民行使权利的主动性

对于现代国家而言，与公民主体地位相适应的权利意识构成了社会资本中隐含的共享知识②，而在外部的表现就是公民行使权利行为的主动性是否充分。法律体系的构建只有建立在对公民权利的尊重和保护基础上才有实现正义的可能性。公民的权利意识首先是推动政治制度化进程的原动力和构建"良好的法律"的基础，更是法律能够得到遵守的最有力的保障。我国改革开放这30多年也是公众的权利观念和主体意识增长的时期，有学者认为这个时期是从"主体的觉醒到个人的权利意识的增长"③时期。我国目前正处于发展迅速的转型期，社会价值体系因此也面临转型和重建的问题。

（二）我国公民权利意识情况

如果权利意识不能在社会价值体系中占据一定的位置，那么，人们的参与就有可能是低水平的和非制度性的。正是从个体和国家的发展双重角度看，公民的权利意识在社会价值体系中是否确立以及确立得是否牢固，对行政参与权的实现会产生重大影响。因此，较强的权利意识是实现行政参与权的心理基础。

---

① ［日］青木昌彦：《比较制度分析》，上海远东出版社，2001年版，第205页。

② ［美］约瑟夫·斯蒂格利茨：《正式和非正式的制度》，社会科学文献出版社，2004年版，第15页。

③ 赵修义：《主体觉醒和个人权利意识的增长》，《华东师范大学学报》，2003年第5期。

　　经过 30 多年的改革开放，我国公民的权利意识日益成熟，学界主张以权利本位来构建社会主义的法治框架。公民的权利意识在社会价值体系中的确立促使公民沿着有序参与的途径投身于公共事务的处理过程。反过来，人们可以更多地将权利要求转化为现实的权利，从而促进公民有序参与的扩大。

三、社会自组织程度

　　社会自组织程度与公民政治参与的程度之间并不存在直接的正相关关系，但与参与权实现的有效性有着紧密的联系。一般来说，社会自组织程度越高，行政参与权实现的有效性就越强。

　　托克维尔和帕特南的试验研究表明，公民自我组织起来不仅有利于社会的稳定，而且有利于公共政策的正确制定和顺利实施。社会自组织的直接表现就是公民自愿组织起来的兴趣团体、娱乐团体、自助团体等各种民间组织。

　　（一）社会自组织程度的影响

　　首先，社会自组织是公民行使结社自由自发结成不同社团的形式。社会自组织程度高，就说明公民拥有满足自身利益的更多选择。另外，社会自组织程度决定着公民在社会层面的参与状况——在基层治理和社会团体当中，公民自愿组成社会团体的情况以及运用社会团体满足自身利益的情况尤为明显。

　　社团是不同的人群满足或实现其利益追求的一种方式和组织化形式，借助于对公共权力和公共事务进行利益表达，最大限度地实现社团所代表的群体的利益。社会自组织程度越高，就说明公民对社会公共事务的参与越活跃，对公共权力行使的监督力度就越强。这不仅有利于公民对自我利益实现途径的熟悉，而且有利于公民通过一定范围和领域的参与达成一定程度的共识，塑造一定范围的公共精神。

　　（二）我国社会自组织程度情况

　　1978 年以来，随着全能主义国家从市场和社会领域的逐渐退出，我国社会的自组织能力得到恢复和迅速发展，社团的数量不断增加，并开始承担起疏导公民参与的功能，这说明人们的利益重组正在走向组织化，已成为政治过程中不可忽视的因素。

1978 年之后，国家开始向社会放权，真正意义上的社会自组织也就是从此时开始产生的。当然，有的也是依托原有的组织基础或体制内背景的。但整个国家的思维方式还没有得到根本性改变，而此时的政治—社会结构的全能主义特征尚未得到根本性调整。所以80 年代末 90 年代初，国家未能建立起与社会自组织之间的常规关系，而是重新加强了对它们的控制，从而使诸多社会自组织重新回到"地下"状态或"转型"为别的组织。

1992 年，改革重新启动之后，虽然在国家体制方面依然是权威主义占主导，但因为新的经济因素的蓬勃成长和社会网络的日益发展，中国社会的自组织状况得到相当的改观。

本书所论的"自组织"，主要着眼于社会的视角，也就是那些以一定社会范围内的公共事务或公共利益为目标的自组织。按照笔者的理解，当前中国社会的自组织状况，主要包括了：（1）基层社会，如城市的居委会和农村的村委会范围内的社区（community），但到目前为止还主要是国家的行政主导行为；（2）"工青妇"，目前依然是党政体系的延伸，但部分领域已经逐渐出现为争取自身合法权益而结成集体行动的情况；（3）公共事业单位，目前仍然带有计划经济色彩；（4）志愿性公益组织，比如中国青少年发展基金会下的希望工程、环保志愿者组织、红十字会等；（5）行业性团体和职业性组织；（6）一些自发组织如兴趣群体和非常规利益群体，比如，近年来随着网络的兴起，一个事实上的民间知识分子组织已具备雏形。但是，由于历史原因和制度方面的影响，我国社团的自组织程度不够高，对政府的依附性较强，其功能更多的是对政府起到一种协助的作用，主动参与的程度还不够明显。

第三节　我国关于行政参与权的法治现状

一、我国行政参与权的相关法律

（一）关于立法

2000 年起施行的《中华人民共和国立法法》第五条规定："立法应当体现人民的意志，发扬社会主义民主，保障人民通过各种途径参与立法活动。"2015 年新修订的《立法法》第五条规定：立法应当体现人民的意志，发扬社会主义民主，坚持立法公开，保障人民通过多种途径参与立法活动。其中新增"坚持立法公开"。为了保障这一原则，《立法法》第三十六条规定：列入常务委员会会议议程的法律案，法律委员会、有关的专门委员会和常务委员会工作机构应当听取各方面的意见。听取意见可以采取座谈会、论证会、听证会等多种形式。法律案有关问题专业性较强，需要进行可行性评估的，应当召开论证会，听取有关专家、部门和全国人民代表大会代表等方面的意见。论证情况应当向常务委员会报告。法律案有关问题存在重大意见分歧或者涉及利益关系重大调整需要进行听证的，应当召开听证会，听取有关基层和群体代表、部门、人民团体、专家、全国人民代表大会代表和社会有关方面的意见。听证情况应当向常务委员会报告。常务委员会工作机构应当将法律草案发送相关领域的全国人民代表大会代表、地方人民代表大会常务委员会以及有关部门、组织和专家征求意见。

同时，《立法法》第三十七条规定：列入常务委员会会议议程的法律案，应当在常务委员会会议后将法律草案及其起草、修改的说明等向社会公布，征求意见，但是经委员长会议决定不公布的除外。向社会公布征求意见的时间一般不少于 30 日。征求意见的情况应当向社会通报。并且，在第九十九条补充道：国务院、中央军事委员会、最高人民法院、最高人民检察院和各省、自治区、直辖市的人民代表大会常务委员会认为行政法规、地方性法规、自治条例和单行条例同宪法或者法律相抵触的，可以向全国人民代表大会常务委员会书面提出进行审查的要求，由常务委员会工作机构分送有关的专门委员会进行审查、提出意见。前款规定以外的其他国家机关和社会团体、企业事业组织以及公民认为行政法规、地方性法规、自治条例和单行条例同宪法或者法律相抵触的，可以向全国人民代表大会常务委员会书面提出进行审查的建议，由常务委员会工作机构进行研究，必要时，送有关的专门委员会进行审查、提出意见。有关的专门委员会和常务委员会工作机构可以对报送备案的规范性文件进行主动审查。

2001 年的《行政法规制定程序条例》中第十二条规定：起草行政法规，应当深入调查研究，总结实践经验，广泛听取有关机关、组织和公民的意见。听取意见可以采取召开座谈会、论证会、听证会等多种形式。第十九条规定：国务院法制机构应当将行政法规送审稿或者行政法规送审稿涉及的主要问题发送国务院有关部门、地方人民政府、有关组织和专家征求意见。国务院有关部门、地方人民政府反馈的书面意见，应当加盖本单位或者本单位办公厅（室）印章。第二十条规定：国务院法制机构应当就行政法规送审稿涉及的主要问题，深入基层进行实地调查研究，听取基层有关机关、组织和公民的意见。第二十一条规定：行政法规送审稿涉及重大、疑难问题的，国务院法制机构应当召开由有关单位、专家参加的座谈会、论证会，听取意见，研究论证。第二十二条规定：行政法规送审稿直接涉及公民、法人或者其他组织的切身利益的，国务院法制机构可以举行听证会，听取有关机关、组织和公民的意见。

同年 11 月颁布的《规章制定程序条例》第十四条规定：起草规章，应当深入调查研究，总结实践经验，广泛听取有关机关、组织和公民的意见。听取意见可以采取书面征求意见、座谈会、论证会、听证会等多种形式。第十五条规定：起草的规章直接涉及公民、法人或者其他组织切身利益，有关机关、组织或者公民对其有重大意见分歧的，应当向社会公布，征求社会各界的意见；起草单位也可以举行听证会。听证会依照下列程序组织：（一）听证会公开举行，起草单位应当在举行听证会的 30 日前公布听证会的时间、地点和内容;(二)参加听证会的有关机关、组织和公民对起草的规章,有权提问和发表意见;(三)听证会应当制作笔录,如实记录发言人的主要观点和理由;(四)起草单位应当认真研究听证会反映的各种意见,起草的规章在报送审查时,应当说明对听证会意见的处理情况及其理由。第二十三条规定:规章送审稿直接涉及公民、法人或者其他组织切身利益,有关机关、组织或者公民对其有重大意见分歧,起草单位在起草过程中未向社会公布,也未举行听证会的,法制机构经本部门或者本级人民政府批准,可以向社会公布,也可以举行听证会。举行听证会的,应当依照本条例第十五条规定的程序组织。

实践中,2005 年 7 月,全国人大常委会公布《中华人民共和国物权法(草案)》,面向全国征求意见,收到了 1 万多条意见。2006 年 3 月 20 日,全国人大常委会公布备受关注的《中华人民共和国劳动合同法(草案)》,面向社会广泛征求意见,在一个月的时间内,就收到近 20 万条的意见。2008 年 4 月 20 日,全国人大常委会公布《中华人民共和国食品安全法(草案)》,面向全国征求意见的通知,依据通知,各界人士可于 2009 年 5 月 4 日之前,直接登录政府网站或通过信函、电子邮件方式,就《食品安全法实施条例(草案)》提出修改意见。[①]在此前对《食品安全法(草案)》公开征求意见之后,又接着对它的实施条例再度公开征求意见,这无疑体现了国家对"食品安全"问题的高度重视和认真负责态度,同时也见证了我国立法民主进程的不断深化、细化。事实上,这些年,就立法草案公开征求意见,已经成为我们立法过程中的一种常规做法。可以说,"开门立法"的趋势越来越明显。

公民向立法机关提出审查建议的实践层出不穷。2003 年"孙志刚事件"披露后,受到社会各界的关注。5 月 14 日,俞江、腾彪、许志永三位法学博士以普通公民身份向全国人大常委会提出审查《城市流浪乞讨人员收容遣送办法》的建议。国务院总理温家宝于

---

① 《人民日报》,2008 年 4 月 24 日。

2003 年 6 月 20 日签署国务院第 381 号令，公布施行《城市生活无着的流浪乞讨人员救助管理办法》，自 2003 年 8 月 1 日起施行，同时废止 1982 年 5 月国务院发布的《城市流浪乞讨人员收容遣送办法》。如此，在收容遣送制度的迅速改革中，参与权的实现发挥了重大作用。2007 年 12 月 4 日，包括著名学者江平在内的 69 名专家学者联名向全国人大常委会和国务院提交公民建议书，要求对劳动教养制度进行违宪审查，立即废除劳动教养制度，也引起了巨大的反响。①公众更加广泛地参与立法，将发挥越来越重要的作用。

（二）关于行政

在我国，公众除了可以在行政立法领域广泛参与外，还可以参与行政机关在行政管理过程中的行政程序，维护自身的合法权益。

1996 年起施行的《中华人民共和国行政处罚法》第三十二条规定："当事人有权进行陈述和申辩。行政机关必须充分听取当事人的意见，对当事人提出的事实、理由和证据，应当进行复核；当事人提出的事实、理由或者证据成立的，行政机关应当采纳。"《行政处罚法》还首次在我国引入听证制度，为相对人参与行政程序、充分表达意见提供了制度化的平台。《行政处罚法》第四十二条规定：行政机关作出责令停产停业、吊销许可证或者执照、较大数额罚款等行政处罚决定之前，应当告知当事人有要求举行听证的权利；当事人要求听证的，行政机关应当组织听证；当事人不承担行政机关组织听证的费用。听证依照以下程序组织：（一）当事人要求听证的，应当在行政机关告知后三日内提出；（二）行政机关应当在听证的七日前，通知当事人举行听证的时间、地点；（三）除涉及国家秘密、商业秘密或者个人隐私外，听证公开举行；（四）听证由行政机关指定的非本案调查人员主持；当事人认为主持人与本案有直接利害关系的，有权申请回避；（五）当事人可以亲自参加听证，也可以委托一至二人代理；（六）举行听证时，调查人员提出当事人违法的事实、证据和行政处罚建议；当事人进行申辩和质证；（七）听证应当制作

---

① 沈亮：《法学界提请对劳教制度启动违宪审查》，《南方周末》，2007 年 12 月 06 日。

笔录；笔录应当交当事人审核无误后签字或者盖章。当事人对限制人身自由的行政处罚有异议的，依照治安管理处罚条例有关规定执行。第四十三条规定：听证结束后，行政机关依照本法第三十八条的规定，作出决定。

1998 年 5 月 1 日起施行的《中华人民共和国价格法》第二十三条规定："制定关系群众切身利益的公用事业价格、公益性服务价格、自然垄断经营的商品价格等政府指导价、政府定价，应当建立听证会制度，由政府价格主管部门主持，征求消费者、经营者和有关方面的意见，论证其必要性、可行性。"

2004 年 7 月 1 日起施行的《中华人民共和国行政许可法》第四十六条规定："法律、法规、规章规定实施行政许可应当听证的事项，或者行政机关认为需要听证的其他涉及公共利益的重大行政许可事项，行政机关应当向社会公告，并举行听证。"这一主动听证的规定为扩展听证范围、扩大公众参与开拓了更为广阔的空间。

2005 年颁布的《中华人民共和国治安管理处罚法》第九十四条规定：公安机关作出治安管理处罚决定前，应当告知违反治安管理行为人作出治安管理处罚的事实、理由及依据，并告知违反治安管理行为人依法享有的权利。违反治安管理行为人有权陈述和申辩。公安机关必须充分听取违反治安管理行为人的意见，对违反治安管理行为人提出的事实、理由和证据，应当进行复核；违反治安管理行为人提出的事实、理由或者证据成立的，公安机关应当采纳。公安机关不得因违反治安管理行为人的陈述、申辩而加重处罚。第九十八条规定：公安机关作出吊销许可证以及处二千元以上罚款的治安管理处罚决定前，应当告知违反治安管理行为人有权要求举行听证；违反治安管理行为人要求听证的，公安机关应当及时依法举行听证。

2007 年 10 月颁布的《中华人民共和国城乡规划法》第二十六条规定：城乡规划报送审批前，组织编制机关应当依法将城乡规划草案予以公告，并采取论证会、听证会或者其他方式征求专家和公众的意见。公告的时间不得少于 30 日。组织编制机关应当充分考虑专家和公众的意见，并在报送审批的材料中附具意见采纳情况及理由。第四十六条规定：省域城镇体系规划、城市总体规划、镇总体规划的组织编制机关，应当组织有关部门和专家定期对规划实施情况进行评估，并采取论证会、听证会或者其他方式征求公众意见。组织编制机关应当向本级人民代表大会常务委员会、镇人民代表大会和原审批机关提出评估报告并附具征求意见的情况。第五十条规定：经依法审定的修建性详细规划、建设工程设计方案的总平面图不得随意修改；确需修改的，城乡规划主管部门应当采取听证会等形式，听取利害关系人的意见；因修改给利害关系人合法权益造成损失的，应当依法给予补偿。

在部门立法中，保障公众参与的规定也越来越多。其中以环境法为代表，2003 年 9 月 1 日起施行的《环境影响评价法》规定了环境影响评价的公众参与权。该法第五条规定："国家鼓励有关单位、专家和公众以适当方式参与环境影响评价。"第二十一条规定："除国家规定需要保密的情形外，对环境可能造成重大影响、应当编制环境影响报告书的建设项目，建设单位应当在报批建设项目环境影响报告书前，举行论证会、听证会，或者采取其他形式，征求有关单位、专家和公众的意见。建设单位报批的环境影响报告书应当附具对有关单位、专家和公众的意见采纳或者不采纳的说明。"2006年 2 月 22 日，国家环保总局又发布了《环境影响评价公众参与暂行办法》，对涉及公众参与权的公开环境信息、征求公众意见、公众参与的组织形式等问题加以详细规定，进一步完善了我国环境决策中的公众参与制度。事实证明，在圆明园湖底铺膜事件、怒江水电开发、厦门 PX 事件[①]等重大环境问题的解决过程中，公众参与都起到了非常重要的作用。

2000 年颁布的《中华人民共和国电信条例》第二十六条规定：制定政府定价和政府指导价的电信业务资费标准，应当采取举行听

---

① 刘明：《略论行政决策中的公民参与——以厦门 PX 项目建设为例》，《四川理工学院学报》，2008 年第 4 期。

证会等形式，听取电信业务经营者、电信用户和其他有关方面的意见。电信业务经营者应当根据国务院信息产业主管部门和省、自治区、直辖市电信管理机构的要求，提供准确、完备的业务成本数据及其他有关资料。第三十九条规定：电信业务经营者应当建立健全内部服务质量管理制度，并可以制定并公布施行高于国家规定的电信服务标准的企业标准。电信业务经营者应当采取各种形式广泛听取电信用户意见，接受社会监督，不断提高电信服务质量。

2001 年颁布的《中华人民共和国国际海运条例》第四十一条规定：调查机关在作出采取禁止性、限制性措施的决定前，应当告知当事人有要求举行听证的权利；当事人要求听证的，应当举行听证。

2003 年颁布的《公共文化体育设施条例》第二十七条规定：因城乡建设确需拆除公共文化体育设施或者改变其功能、用途的，有关地方人民政府在作出决定前，应当组织专家论证，并征得上一级人民政府文化行政主管部门、体育行政主管部门同意，报上一级人民政府批准。涉及大型公共文化体育设施的，上一级人民政府在批准前，应当举行听证会，听取公众意见。

2004 年《国务院办公厅关于控制城镇房屋拆迁规模严格拆迁管理的通知》中规定：严格拆迁程序，确保拆迁公开、公正、公平。要积极推进拆迁管理规范化，所有拆迁项目都必须按照《城市房屋拆迁管理条例》（国令 305 号）和《城市房屋拆迁估价指导意见》（建住房［2003］234 号）等规定的权限和程序履行职责，严格执行申请房屋拆迁许可、公示、评估、订立协议等程序；对达不成协议的，必须按照《城市房屋拆迁行政裁决工作规程》（建住房［2003］252号）的规定严格执行听证、行政裁决、证据保全等程序。特别要执行拆迁估价结果公示制度，依照有关规定实施行政裁决听证和行政强制拆迁听证制度，确保拆迁公开、公正、公平。政府投资建设的工程也要严格按照规定的程序进行。

同年的《中华人民共和国海关行政处罚实施条例》第四十九条规定：海关作出暂停从事有关业务、暂停报关执业、撤销海关注册登记、取消报关从业资格、对公民处 1 万元以上罚款、对法人或者其他组织处 10 万元以上罚款、没收有关货物、物品、走私运输工具等行政处罚决定之前，应当告知当事人有要求举行听证的权利；当事人要求听证的，海关应当组织听证。海关行政处罚听证办法由海关总署制定。

2005 年的《中华人民共和国工业产品生产许可证管理条例》第三条规定：国家实行生产许可证制度的工业产品目录（以下简称目录）由国务院工业产品生产许可证主管部门会同国务院有关部门制定，并征求消费者协会和相关产品行业协会的意见，报国务院批准后向社会公布。第十条规定：国务院工业产品生产许可证主管部门依照本条例第九条规定的条件，根据工业产品的不同特性，制定并发布取得列入目录产品生产许可证的具体要求；需要对列入目录产品生产许可证的具体要求作特殊规定的，应当会同国务院有关部门制定并发布。制定列入目录产品生产许可证的具体要求，应当征求消费者协会和相关产品行业协会的意见。第二十七条规定：国务院工业产品生产许可证主管部门认为需要听证的涉及公共利益的重大许可事项，应当向社会公告，并举行听证。

同年，《国务院关于加强国民经济和社会发展规划编制工作的若干意见》提出：建立规划编制的社会参与和论证制度。建立健全规划编制的公众参与制度，编制规划要充分发扬民主，广泛听取意见。各级各类规划应视不同情况，征求本级人民政府有关部门和下一级人民政府以及其他有关单位、个人的意见。除涉及国家秘密的外，规划编制部门应当公布规划草案或者举行听证会，听取公众意见。

2008 年《国务院关于加强市县政府依法行政的决定》规定：推行重大行政决策听证制度。要扩大听证范围，法律、法规、规章规定应当听证以及涉及重大公共利益和群众切身利益的决策事项，都要进行听证。要规范听证程序，科学合理地遴选听证代表，确定、分配听证代表名额要充分考虑听证事项的性质、复杂程度及影响范围。听证代表确定后，应当将名单向社会公布。听证举行 10 日前，应当告知听证代表拟做出行政决策的内容、理由、依据和背景资料。除涉及国家秘密、商业秘密和个人隐私的外，听证应当公开举行，确保听证参加人对有关事实和法律问题进行平等、充分的质证和辩论。对听证中提出的合理意见和建议要吸收采纳，意见采纳情况及其理由要以书面形式告知听证代表，并以适当形式向社会公布。

在行政领域中，行政参与权的实现还体现在救济层面，比如信访制度的相关规定。2005 年国务院颁布的《信访条例》第二条规定：本条例所称信访，是指公民、法人或者其他组织采用书信、电子邮件、传真、电话、走访等形式，向各级人民政府、县级以上人民政府工作部门反映情况，提出建议、意见或者投诉请求，依法由有关行政机关处理的活动。第十三条规定：设区的市、县两级人民政府可以根据信访工作的实际需要，建立政府主导、社会参与、有利于迅速解决纠纷的工作机制。信访工作机构应当组织相关社会团体、法律援助机构、相关专业人员、社会志愿者等共同参与，运用咨询、教育、协商、调解、听证等方法，依法、及时、合理处理信访人的投诉请求。其中，第三十一条强调：对信访事项有权处理的行政机关办理信访事项，应当听取信访人陈述事实和理由；必要时可以要求信访人、有关组织和人员说明情况；需要进一步核实有关情况的，可以向其他组织和人员调查。对重大、复杂、疑难的信访事项，可以举行听证。听证应当公开举行，通过质询、辩论、评议、合议等方式，查明事实，分清责任。听证范围、主持人、参加人、程序等由省、自治区、直辖市人民政府规定。第三十五条补充：复核机关可以按照本条例第三十一条第二款的规定举行听证，经过听证的复核意见可以依法向社会公示。听证所需时间不计算在前款规定的期限内。另外，2005 年的《中华人民共和国工业产品生产许可证管理条例》第六十条规定：工业产品生产许可证主管部门及其工作人员违反本条例的规定，有下列情形之一的，由其上级行政机关或者监察机关责令改正；情节严重的，对直接负责的主管人员和其他直接责任人员依法给予行政处分：（一）对符合本条例规定的条件的申请不予受理的；（二）不在办公场所公示依法应当公示的材料的；（三）在受理、审查、决定过程中，未向申请人、利害关系人履行法定告知义务的；（四）申请人提交的申请材料不齐全、不符合法定形式，不一次告知申请人必须补正的全部内容的；（五）未依法说明不受理申请或者不予许可的理由的；（六）依照本条例和《中华人民共和国行政许可法》应当举行听证而不举行听证的。

2008 年《国务院关于加强市县政府依法行政的决定》中规定：加强行政复议和行政应诉工作。市县政府及其部门要认真贯彻执行行政复议法及其实施条例，充分发挥行政复议在行政监督、解决行政争议、化解人民内部矛盾和维护社会稳定方面的重要作用。要畅通行政复议渠道，坚持便民利民原则，依法应当受理的行政复议案件必须受理。要改进行政复议审理方式，综合运用书面审查、实地调查、听证、和解、调解等手段办案。要依法公正做出行政复议决定，对违法或者不当的行政行为，该撤销的坚决予以撤销，该变更的坚决予以变更。要按照行政复议法实施条例的规定，健全市县政府行政复议机构，充实行政复议工作人员，行政复议机构审理行政复议案件，应当由 2 名以上行政复议人员参加；推行行政复议人员资格管理制度，切实提高行政复议能力。要认真做好行政应诉工作，鼓励、倡导行政机关负责人出庭应诉。行政机关要自觉履行人民法院做出的判决和裁定。

（三）关于救济

在救济方面，公民的参与权表现形式多样，主要包括诉讼参与人的司法参与权、纠纷解决者的司法参与权、司法监督者的司法参与权。[①]

我国的诉讼法规定了当事人广泛的诉讼权利，包括起诉、应诉、提出管辖权异议、申请回避、提供证据、提起反诉、上诉、申请证据保全和财产保全、请求调解、自行和解、放弃或变更诉讼请求、申请执行等等。当事人可以通过行使诉讼权利，参与诉讼过程，对诉讼结果的产生施加影响，维护自身的合法权益。《中华人民共和国行政诉讼法》第十二条规定：人民法院受理公民、法人或者其他组

---

① 公民的司法参与权，是指公民以个体或其形成的相关组织直接地参与司法活动，从而对人民法院和人民检察院在审理案件以及检察监督等诉讼过程中的行为产生影响与制约的权利。胡弘弘，邓晓静：《公民的司法参与权研究》，《现代法学》，2007 年第 6 期。

织提起的下列诉讼：（一）对行政拘留、暂扣或者吊销许可证和执照、责令停产停业、没收违法所得、没收非法财物、罚款、警告等行政处罚不服的；（二）对限制人身自由或者对财产的查封、扣押、冻结等行政强制措施和行政强制执行不服的；（三）申请行政许可，行政机关拒绝或者在法定期限内不予答复，或者对行政机关作出的有关行政许可的其他决定不服的；（四）对行政机关作出的关于确认土地、矿藏、水流、森林、山岭、草原、荒地、滩涂、海域等自然资源的所有权或者使用权的决定不服的；（五）对征收、征用决定及其补偿决定不服的；（六）申请行政机关履行保护人身权、财产权等合法权益的法定职责，行政机关拒绝履行或者不予答复的；（七）认为行政机关侵犯其经营自主权或者农村土地承包经营权、农村土地经营权的；（八）认为行政机关滥用行政权力排除或者限制竞争的；（九）认为行政机关违法集资、摊派费用或者违法要求履行其他义务的；（十）认为行政机关没有依法支付抚恤金、最低生活保障待遇或者社会保险待遇的；（十一）认为行政机关不依法履行、未按照约定履行或者违法变更、解除政府特许经营协议、土地房屋征收补偿协议等协议的；（十二）认为行政机关侵犯其他人身权、财产权等合法权益的。第五十五条规定：当事人认为审判人员与本案有利害关系或者有其他关系可能影响公正审判，有权申请审判人员回避。审判人员认为自己与本案有利害关系或者有其他关系，应当申请回避。前两款规定，适用于书记员、翻译人员、鉴定人、勘验人。院长担任审判长时的回避，由审判委员会决定；审判人员的回避，由院长决定；其他人员的回避，由审判长决定。当事人对决定不服的，可以申请复议一次。第九十条规定：当事人对已经发生法律效力的判决、裁定，认为确有错误的，可以向上一级人民法院申请再审，但判决、裁定不停止执行。

2007年颁布的《中华人民共和国行政复议法实施条例》第四十九条规定：行政复议机关依照行政复议法第二十八条的规定责令被申请人重新作出具体行政行为的，被申请人应当在法律、法规、规章规定的期限内重新作出具体行政行为；法律、法规、规章未规定期限的，重新作出具体行政行为的期限为 60 日。公民、法人或者其他组织对被申请人重新作出的具体行政行为不服，可以依法申请行政复议或者提起行政诉讼。第三十三条规定：行政复议机构认为必要时，可以实地调查核实证据；对重大、复杂的案件，申请人提出要求或者行政复议机构认为必要时，可以采取听证的方式审理。

另一方面，2004 年 8 月 28 日第十届全国人民代表大会常务委员会第十一次会议通过《全国人民代表大会常务委员会关于完善人民陪审员制度的决定》，为保障公民依法参加审判活动，促进司法公正提供了制度支持。第一条规定：人民陪审员依照本决定产生，依法参加人民法院的审判活动，除不得担任审判长外，同法官有同等权利。 第二条规定：人民法院审判下列第一审案件，由人民陪审员和法官组成合议庭进行，适用简易程序审理的案件和法律另有规定的案件除外：（一）社会影响较大的刑事、民事、行政案件；（二）刑事案件被告人、民事案件原告或者被告、行政案件原告申请由人民陪审员参加合议庭审判的案件。第十条规定：依法参加审判活动是人民陪审员的权利和义务。人民陪审员依法参加审判活动，受法律保护。第十一条规定：人民陪审员参加合议庭审判案件，对事实认定、法律适用独立行使表决权。合议庭评议案件时，实行少数服从多数的原则。人民陪审员同合议庭其他组成人员意见分歧的，应当将其意见写入笔录，必要时，人民陪审员可以要求合议庭将案件提请院长决定是否提交审判委员会讨论决定。关于参与权实现的回避问题，第十二条规定：人民陪审员的回避，参照有关法官回避的法律规定执行。对于实现陪审员制度所涉及的费用问题，第十八条规定：人民陪审员因参加审判活动而支出的交通、就餐等费用，由人民法院给予补助。有工作单位的人民陪审员参加审判活动期间，所在单位不得克扣或者变相克扣其工资、奖金及其他福利待遇。无固定收入的人民陪审员参加审判活动期间，由人民法院参照当地职工上年度平均货币工资水平，按实际工作日给予补助。 第十九条规定：人民陪审员因参加审判活动应当享受的补助，人民法院和司法行政机关为实施陪审制度所必需的开支，列入人民法院和司法行政机关业务经费，由同级政府财政予以保障。

2006 年修订后的《中华人民共和国人民法院组织法》第九条规定：人民法院审判案件，实行合议制。人民法院审判第一审案件，由审判员组成合议庭或者由审判员和人民陪审员组成合议庭进行；简单的民事案件、轻微的刑事案件和法律另有规定的案件，可以由审判员一人独任审判。人民法院审判上诉和抗诉的案件，由审判员组成合议庭进行。合议庭由院长或者庭长指定审判员一人担任审判长。院长或者庭长参加审判案件的时候，自己担任审判长。第三十七条规定：有选举权和被选举权的年满二十三岁的公民，可以被选举为人民陪审员，但是被剥夺过政治权利的人除外。人民陪审员在人民法院执行职务期间，是他所参加的审判庭的组成人员，同审判员有同等权利。在第三十八条中规定：人民陪审员在执行职务期间，由原工作单位照付工资；没有工资收入的，由人民法院给以适当的补助。

2003 年 9 月 2 日，最高人民法院公布《关于适用〈中华人民共和国婚姻法〉若干问题的解释（二）》（征求意见稿），向社会公开征求意见。此后很多司法解释的征求意见稿先后公布，公开征求意见，使公众可以参与司法解释的制定。①

在总结经验的基础上，2007 年 3 月 23 日，最高人民法院发布《最高人民法院关于司法解释工作的规定》，其第十条明文规定"有关国家机关、社会团体或者其他组织以及公民提出制定司法解释的建议"是最高人民法院制定司法解释的立项来源。第十七条规定："起草司法解释，应当深入调查研究，认真总结审判实践经验，广泛征求意见。涉及人民群众切身利益或者重大疑难问题的司法解释，经分管院领导审批后报常务副院长或者院长决定，可以向社会公开

---

① 最近征求意见的是 2009 年 6 月 18 日公布的《最高人民法院关于审理侵犯专利权纠纷案件应用法律若干问题的解释》（征求意见稿）。另外，2007 年 7 月 10 日，为制定《最高人民法院关于适用企业破产法若干问题的规定》开始公开调研并延续至今，该司法解释的起草工作刚进入前期准备的调查研究阶段就公开征求意见，说明司法解释制定过程中的公众参与进入了一个新的阶段。

征求意见。"①

在司法监督方面，2003 年最高人民检察院颁布了《关于人民检察院直接受理侦查案件实行人民监督员制度的规定（试行）》，人民监督员制度开始在检察机关中试行。人民监督员制度，是由代表公众的人民监督员按照一定程序，对检察机关查办职务犯罪案件进行民主监督的制度。实行人民监督员制度的目的是为了强化查办职务犯罪工作的社会监督，确保职务犯罪侦查、起诉等检察权的正确行使，促进依法办案，维护司法公正。其中，第一条规定：监督主体是按规定选任的具有广泛代表性的人民监督员。人民监督员的人选由机关、团体、企事业单位和基层组织民主推荐、征得本人同意并经考察后确认。人民监督员参加案件监督，一是应当保守秘密，不得泄露评议表决情况；二是人民监督员评议案件应当客观公正，不得对其他人民监督员施加不正当影响，不得私自会见案件当事人及其委托的人；三是参加案件监督的人民监督员遇有与本案有其他关系可能影响公正履行案件监督职责的情形，应当回避。

舆论监督方面，典型的事件包括：2009 年 6 月 16 日，湖北巴东县人民法院宣判，邓玉娇故意伤害罪罪名成立②，但属于防卫过当，综合其有投案自首情节和限制刑事责任能力，对其免予刑事处罚。在邓玉娇案中，公众进行了热烈的讨论，多位律师提供了法律援助，案件的处理被认为是民意的反映。而在刘涌案、彭宇案、许霆案、杭州胡斌闹市飙车案、云南"躲猫猫"事件、周正龙假华南虎照片案、山西"黑砖窑"事件、成都孙伟铭案等在内的一系列热

---

① 对于这一举措，有学者表示了谨慎的乐观，并指出了其中潜藏的风险。沈岿：《司法解释的"民主化"和最高法院的政治功能》，《中国社会科学》，2008 年第 1 期。

② 2009 年 5 月 10 日晚，湖北省巴东县野三关镇政府 3 名工作人员在该镇雄风宾馆梦幻城消费时，与女员工邓玉娇发生争执。邓玉娇用刀将对方两人刺伤，其中一人被刺中喉部，不治身亡。经证实，死者是野三关镇政府招商协调办公室主任邓贵大。5 月 11 日，邓玉娇因涉嫌故意杀人被巴东县公安局刑事拘留。5 月 20 日，出院后，警方将未做精神鉴定的邓玉娇带回看守所。21 日，邓玉娇关键证据在警方取证前夜离奇被毁。24 日邓玉娇母亲张树梅声明与受委托律师解除委托关系，另聘新律师代理。6 月 7 日，巴东检察院以故意伤害罪起诉邓玉娇。6 月 16 日，法院宣判：邓玉娇的行为构成故意伤害罪，但属于防卫过当，且邓玉娇属于限制刑事责任能力，又有自首情节，所以对其免予处罚。

点案件中，公众都在以自己的力量推动着事件真相的调查，舆论监督对于案件的公正处理也起到了非常重要的作用。[①]

2006 年《中共中央关于构建社会主义和谐社会若干重大问题的决定》中规定：完善司法体制机制，加强社会和谐的司法保障。坚持司法为民、公正司法，推进司法体制和工作机制改革，建设公正、高效、权威的社会主义司法制度，发挥司法维护公平正义的职能作用。完善诉讼、检察监督、刑罚执行、教育矫治、司法鉴定、刑事赔偿、司法考试等制度。加强司法民主建设，健全公开审判、人民陪审员、人民监督员等制度，发挥律师、公证、和解、调解、仲裁的积极作用。加强司法救助，对贫困群众减免诉讼费。健全巡回审判，扩大简易程序适用范围，落实当事人权利义务告知制度，方便群众诉讼。规范诉讼、律师、仲裁收费。加强人权司法保护，严格依照法定原则和程序进行诉讼活动。完善执行工作机制，加强和改进执行工作。维护司法廉洁，严肃追究徇私枉法、失职渎职等行为的法律责任。

2009 年 3 月 26 日，最高人民法院公布《人民法院第三个五年改革纲要》，明确人民法院司法改革的主要任务之一就是健全司法为民工作机制，建立健全民意沟通表达机制是其中的重要内容："健全科学、畅通、有效、透明、简便的民意沟通表达长效机制，充分保障人民群众的知情权、参与权、表达权和监督权。完善人民法院与人大代表、政协委员、民主党派和无党派人士、广大人民群众、律师、专家学者等的沟通联络机制。进一步完善人民法院领导干部定期深入基层倾听民意的机制，及时了解人民群众的司法需求。研究建立人民法院网络民意表达和民意调查制度，方便广大人民群众通过网络渠道直接向人民法院提出意见或建议。建立健全案件反馈和回访制度，及时了解人民群众对审判和执行工作的意见或建议。完

---

① 民众对热点案件的广泛参与，理论界有正反两方面的观点，有人认为体现了民情民意，有人则指出了其负面影响，参见朱继萍：《人性、民情与法律的可辩驳性——法槌落定话许霆》，《法律方法（第八卷）》，山东人民出版，2009 年版，第 22 页；杜少光：《处境尴尬的法官——从许霆案说起》，《法律方法（第八卷）》，山东人民出版社，2009 年版，第 23 页。

善对人民群众意见的分析处理和反馈制度。完善社会舆情汇集工作机制，妥善解决司法工作中涉及民生的热点问题。"这为公民在司法领域行使参与权描绘了新的前景。

二、我国行政参与权实现的制度保障现状

行政参与权的实现主要有听证制度以及信息公开两大主线，另外辅以告知、说明制度等相关制度加以完善。

（一）听证制度

听证制度是参与权最主要的内容，也是行政程序法的基本制度。"采用听证会的方式听取当事人的意见，在很大程度上借鉴了审判程序中原告被告对抗、法官居中裁判的等腰三角程序构造，其程序构造为：拟作决定人员与相对人两造对抗，听证主持人居中裁判，呈现出极强的司法色彩，可谓司法化程度最高的行政程序制度。"①听证有着发现案件事实、保障相对人平等、有效参与行政决定的功能。②我国听证制度由于起步较晚，适用范围还不够广。

1. 我国《行政处罚法》第四十二条规定：行政机关作出责令停产停业、吊销许可证或者执照、较大数额罚款等行政处罚决定之前，应当告知当事人有要求举行听证的权利；当事人要求听证的，行政机关应当组织听证。当事人不承担行政机关组织听证的费用。听证依照以下程序组织：（一）当事人要求听证的，应当在行政机关告知后三日内提出；（二）行政机关应当在听证的七日前，通知当事人举行听证的时间、地点；（三）除涉及国家秘密、商业秘密或者个人隐私外，听证公开举行；（四）听证由行政机关指定的非本案调查人员主持；当事人认为主持人与本案有直接利害关系的，有权申请回避；（五）当事人可以亲自参加听证，也可以委托 1 至 2 人代理；（六）举行听证时，调查人员提出当事人违法的事实、证据和行政处罚建议；当事人进行申辩和质证；（七）听证应当制作笔录；笔录应当交

---

① 马怀德主编：《行政程序立法研究——〈行政程序法〉草案建议稿及理由说明书》，法律出版社，2005 年版，第 271 页。

② 王万华：《行政程序法研究》，中国法制出版社，2000 年版，第 119-200 页。

当事人审核无误后签字或者盖章。当事人对限制人身自由的行政处罚有异议的，依照治安管理处罚法有关规定执行。

2. 我国《立法法》、2001 年国务院颁布的《行政法规制定程序条例》和《规章制定程序条例》确立了公众参与法律和行政法规立法过程的听证程序。

《立法法》第三十六条规定：列入常务委员会会议议程的法律案，法律委员会、有关的专门委员会和常务委员会工作机构应当听取各方面的意见。听取意见可以采取座谈会、论证会、听证会等多种形式。法律案有关问题专业性较强，需要进行可行性评价的，应当召开论证会，听取有关专家、部门和全国人民代表大会代表等方面的意见。论证情况应当向常务委员会报告。法律案有关问题存在重大意见分歧或者涉及利益关系重大调整，需要进行听证的，应当召开听证会，听取有关基层和群体代表、部门、人民团体、专家、全国人民代表大会代表和社会有关方面的意见。听证情况应当向常务委员会报告。常务委员会工作机构应当将法律草案发送相关领域的全国人民代表大会代表、地方人民代表大会常务委员会以及有关部门、组织和专家征求意见。

《行政法规制定程序条例》第十二条规定：起草行政法规，应当深入调查研究，总结实践经验，广泛听取有关机关、组织和公民的意见。听取意见可以采取召开座谈会、论证会、听证会等多种形式。第二十二条规定行政法规送审稿直接涉及公民、法人或者其他组织的切身利益的，国务院法制机构可以举行听证会，听取有关机关、组织和公民的意见。这里，并没有进一步细化《立法法》关于听证的原则性规定。

《规章制定程序条例》则对规章制定过程中听证会的组织有了比较具体的规定，第十五条："起草的规章直接涉及公民、法人或者其他组织切身利益，有关机关、组织或者公民对其有重大意见分歧的，应当向社会公布，征求社会各界的意见；起草单位也可以举行听证会。听证会依照下列程序组织：（一）听证会公开举行，起草单位应当在举行听证会的 30 日前公布听证会的时间、地点和内容；（二）

参加听证会的有关机关、组织和公民对起草的规章，有权提问和发表意见；（三）听证会应当制作笔录，如实记录发言人的主要观点和理由；（四）起草单位应当认真研究听证会反映的各种意见，起草的规章在报送审查时，应当说明对听证会意见的处理情况及其理由。"

3. 1997 年全国人民代表大会常务委员会通过的《价格法》和 2002 年的《环境影响评价法》以及 2002 年国务院颁布的《政府价格决策听证办法》，对行政相对人参与价格制定、环境评估及规则编制等行政决策过程中的听证制度作出了规定。

《价格法》的第二十三条规定：制定关系群众切身利益的公用事业价格、公益性服务价格、自然垄断经营的商品价格等政府指导价、政府定价，应当建立听证会制度，由政府价格主管部门主持，征求消费者、经营者和有关方面的意见，论证其必要性、可行性。

《环境影响评价法》第十一条规定：专项规划的编制机关对可能造成不良环境影响并直接涉及公众环境权益的规划，应当在该规划草案报送审批前，举行论证会、听证会，或者采取其他形式，征求有关单位、专家和公众对环境影响报告书草案的意见。但是，国家规定需要保密的情形除外。第二十一条规定：除国家规定需要保密的情形外，对环境可能造成重大影响、应当编制环境影响报告书的建设项目，建设单位应当在报批建设项目环境影响报告书前，举行论证会、听证会，或者采取其他形式，征求有关单位、专家和公众的意见。

《政府价格决策听证办法》对听证制度的规定比较完备，表明听证制度的发展又进入了一个新的阶段，主要表现在：（1）对价格听证程序的规定更加具体和完备。区分了听证的申请、准备、举行和公布阶段，并就各个阶段进行了具体规定。在申请阶段，涉及申请人、受理申请的组织、申请事项范围、申请时应当提交的材料以及有关价格主管部门对材料的初审等内容；在准备阶段，要决定听证会代表的聘选，听证会主持人及其辅助人员等；在举行阶段，涉及听证主持人与听证代表的关系以及代表发言的顺序等内容；在公布阶段，其内容主要是公开的范围和形式等。① （2）规定了听证的简易程序。第二十七条规定：为降低行政成本，提高行政效率，在降低价格或者价格的制定对社会影响较小的情况下，听证会可采取简易程序。具体办法由省级以上政府价格主管部门另行确定。（3）规定了违法听证的法律责任。第二十八条规定：价格决策部门制定本办法第三条规定范围内价格，未举行听证会的，由同级人民政府或者上级政府价格主管部门宣布其违反定价程序，决策无效，并责令改正。第二十九条规定：政府价格主管部门和听证主持人违反规定程序、弄虚作假、徇私舞弊的，由同级人民政府或上级政府价格主管部门宣布听证无效，并建议有关机关追究其行政责任。情节严重，导致决策失误的，应当追究有关人员的法律责任。第三十条规定：评审机构出具虚假评审报告的，政府价格主管部门应当取消其指定资格，并建议有关机关追究其相应责任。

4．2004 年全国人民代表大会通过的《行政许可法》规定了行政许可领域中的听证制度。此时，对听证制度的规定趋于完备和成熟。《行政许可法》第四十八条第二款规定：行政机关应当根据听证笔录，作出行政许可决定。第七十二条规定：行政机关及其工作人员违反本法的规定，有下列情形之一的，由其上级行政机关或者监察机关责令改正；情节严重的，对直接负责的主管人员和其他直接责任人员依法给予行政处分……（六）依法应当举行听证而不举行听证的。

至此，我国对听证具体程序的规定更加细致，更具有可操作性，并且对违法听证的法律责任有了更明确的规定。

5．听证制度还适用于城市房屋拆迁行政裁决、产业损害调查、保障措施调查、反倾销与反补贴调查、医疗事故技术鉴定等领域。②

从立法情况看来，目前我国的听证制度正在日趋成熟，但同时

---

① 薛刚凌：《价格听证制度研究》，《宪政与行政法治评论》(第二卷)，中国人民法学出版社，2005 年版，第 280 页。

② 马怀德主编：《行政程序立法研究——〈行政程序法〉草案建议稿及理由说明书》，法律出版社，2005 年版，第 274 页。

也存在许多不完善的地方：

第一，听证的适用领域有限。行政参与权应适用于各种行政活动，听证是行使参与权的一种非常有力的方式，但是我国现有法律明确规定适用听证制度的行政行为仅集中在上文所列领域中，应尽快制定行政程序法以保证听证制度成为一项一般性制度应用到行政行为的方方面面，从而保证行政参与权的全面落实。

第二，在行政决策听证领域，信息不透明是一大顽疾。比如实行听证代表制，听证代表的名单往往是保密的，被代表人不知何人为其代表，无法进行沟通，代表只能徒有虚名。又如听证会所要讨论的方案在许多情况下没有事先公开，参加者无法针对讨论的内容提出自己的意见等等。

第三，听证救济机制不健全。在听证过程中，可能会就听证范围、听证过程、听证结果等问题在行政主体和相对人之间产生争议，这些争议如何解决，法律并没有明确的规定；对于听证过程中的违法行为侵害到相对人权益的情况，有的法律规定了行政主体的责任，但是没有明确责任具体如何承担，相对人有何救济途径等。

第四，缺乏有效的反馈机制。公众无法得知行政主体对听证代表人所提意见的态度和采纳与否的理由，则实际上达不到听证交流和磋商的目的。

第五，相关制度不够细化，可操作性不强等。

（二）信息公开制度

信息公开，主要是指个人或团体有权知悉并取得行政机关的档案。情报公开制度首先是一项宪法上的基本权利，它在许多国家受宪法保护，我国宪法也作出了相应规定。它是行政参与权实现的基本前提和必备制度，我国法律对这一制度的规定主要有：

1.《宪法》第二条第一款规定：中华人民共和国的一切权力属于人民。第三款规定：人民依照法律规定，通过各种途径和形式，管理国家事务，管理经济和文化事业，管理社会事务。这是相对人参与行政活动的宪法依据，参与又必须建立在知情的基础上，因而宪法这一条规定可以看作是情报公开制度的总原则。《宪法》第四十一条规定：中华人民共和国公民对于任何国家机关和国家工作人员，有提出批评和建议的权利；对于任何国家机关和国家工作人员的违法失职行为，有向国家有关机关提出申诉、控告或者检举的权利，但是不得捏造或者歪曲事实进行诬告陷害。如果情报不公开，工作不透明，那么相对人就无法对行政主体进行监督和检举。《宪法》的这两个条文可以看作是我国情报公开制度的宪法渊源。

2. 2004 年颁布的《国务院关于印发全面推进依法行政实施纲要的通知》较早地提出了信息公开的相关内容。规定：推进政府信息公开。除涉及国家秘密和依法受到保护的商业秘密、个人隐私的事项外，行政机关应当公开政府信息。对公开的政府信息，公众有权查阅。行政机关应当为公众查阅政府信息提供便利条件。

同年颁布了《国务院办公厅关于贯彻落实全面推进依法行政实施纲要的实施意见》，规定：国务院办公厅、法制办、信息办、信息产业部、财政部建立健全政府信息公开制度，方便公众对公开的政府信息的获取、查阅。

2005 年《中共中央办公厅、国务院办公厅关于进一步推行政务公开的意见》中对推行政府公开的相关工作进行了规定。当时政务公开工作与完善社会主义市场经济体制、推进社会主义民主法制建设的要求在一些方面还不能完全适应，主要表现在：有的领导干部对政务公开的重要性认识不足，推行政务公开的力度不够；一些行政机关工作人员依法行政的观念和政务公开的意识还比较淡薄，依法行政的能力和水平有待进一步提高；有的地区和部门政务公开制度不健全，程序不规范，工作不落实，甚至存在形式主义倾向。这些问题在一定程度上影响了政务公开工作的落实，妨碍了人民群众知情权、参与权和监督权的行使。社会主义民主政治的不断发展和依法行政的全面推进，对政务公开工作提出了更高的要求，各级领导干部和行政机关工作人员要切实提高对进一步推行政务公开重要意义的认识，以与时俱进、求真务实的精神，进一步把政务公开工作抓紧抓好。因此，提出"推行政务公开的工作目标，要与深化行政管理体制改革和全面推进依法行政、建设法治政府的目标和进程相一致。经过不懈努力，使政务公开成为各级政府施政的一项基本制度，政府工作透明度不断提高，政府与群众沟通的渠道更加畅通，人民群众的知情权、参与权和监督权等民主权利得到切实保障。"对政府公开的重点内容及形式作了如下规定：各地区各部门要结合实际，确定进一步推行政务公开的主要任务。乡（镇）要继续贯彻中办发［2000］25号文件精神，切实把各项要求落到实处。县（市）和市（地）级行政机关要规范和完善政务公开的内容、程序、形式和监督保障措施，全面推行政务公开；省级人民政府及其工作部门和国务院各部门要明确政务公开的内容和形式，并加强对本地区本系统政务公开工作的规划和指导。要把人民群众普遍关心、涉及人民群众切身利益的问题作为政务公开的重点内容，围绕行政主体基本情况和行政决策、执行、监督的程序、方法、结果等事项，不断拓展政务公开的内容。乡（镇）要重点公开其贯彻落实中央有关农村工作政策，以及财政、财务收支，各类专项资金、财政转移支付资金使用，筹资筹劳等情况。县（市）、市（地）要重点公开本地区城乡发展规划，财政预决算报告，重大项目审批和实施，行政许可事项办理，政府采购，征地拆迁和经营性土地使用权出让，矿产资源开发和利用，税费征收和减免政策的执行，突发公共事件的预报、发生和处置等情况。省级人民政府及其工作部门要重点公开本地区本部门经济建设和社会发展的相关政策与总体规划，财政预决算报告，行政许可事项的设定、调整、取消以及行政许可事项办理，国有企业重组改制、产权交易等情况。国务院各部门要结合实际，确定公开的重点内容。各地区各部门要编制本地区本系统政务公开内容的详细目录，分类向社会或在单位内部公开。要完善政府新闻发布制度，通过政府新闻发布会定期发布政务信息；继续通过政府公报、政务公开栏、公开办事指南和其他形式公开政务；充分利用报刊、广播、电视、网络等媒体，发挥其在政务公开中的作用；积极探索通过社会公示、听证和专家咨询、论证以及邀请人民群众旁听政府有关会议等形式，对行政决策的过程和结果予以公开；通过各类综合或专项行政服务中心，对行政许可、公共服务等事项予以公开；加强政府网站建设，推进电子政务，逐步扩大网上审批、查询、交费、办证、咨询、投诉、求助等服务项目的范围，为人民群众提供快捷、方便的服务。

2007 年颁布了《中华人民共和国政府信息公开条例》。至此，对我国政府信息公开的范围、方式、程序以及监督和保障的相关内容作出了全面规定。第九条对信息公开的范围进行了原则性规定：行政机关对符合下列基本要求之一的政府信息应当主动公开：（一）涉及公民、法人或者其他组织切身利益的；（二）需要社会公众广泛知晓或者参与的；（三）反映本行政机关机构设置、职能、办事程序等情况的；（四）其他依照法律、法规和国家有关规定应当主动公开的。对县级以上各级人民政府及其部门在各自职责范围内确定主动公开的政府信息的具体内容、设区的市级人民政府、县级人民政府及其部门重点公开的内容、乡（镇）人民政府重点公开的内容进行了规定。

从我国实际出发，总结国内部分地方政府信息公开立法的经验，从三个方面对政府信息公开的范围作了规定：首先，明确了行政机关主动公开政府信息的范围。行政机关对符合下列基本要求的政府信息应当主动公开：（一）涉及公民、法人或者其他组织切身利益的；（二）需要社会公众广泛知晓或者参与的；（三）反映本行政机关机构设置、职能、办事程序等情况的；（四）其他依照法律、法规和国家有关规定应当主动公开的。各行政机关要按照上述要求，确定主动公开政府信息的具体内容。同时，为了保证主动公开的要求能够落到实处，《条例》还根据县级以上各级政府及其部门、乡（镇）政府的工作职责，分别规定了其应当重点公开的政府信息。第二，确立了依申请公开政府信息的制度。政府信息量大面广，涉及社会生产生活各个方面。其中，有相当一部分政府信息只涉及部分人和事，对特定公民、法人或者其他组织从事生产、安排生活、开展科研等活动具有特殊的作用。为了保证公民、法人或者其他组织获取所需要的政府信息，《条例》规定：除行政机关主动公开的政府信息外，公民、法人或者其他组织还可以根据自身生产、生活、科研等特殊需要，向国务院部门、地方各级政府及县级以上地方政府部门申请获取相关政府信息。对政府信息公开申请的形式、答复方式和时限要求，《条例》也作了规定。第三，明确了不予公开的政府信息范围。这是国外政府信息公开立法普遍采取的做法。《条例》从我国实际出发，根据地方政府信息公开立法的经验，规定：行政机关公开政府信息，不得危及国家安全、公共安全、经济安全和社会稳定。行政机关不得公开涉及国家秘密、商业秘密、个人隐私的政府信息。第十五条至第二十八条对信息公开的程序以及方式作出了规定。为了保障公民、法人和其他组织及时、准确地获取政府信息，提高政府信息公开的实效性，《条例》在设定具体制度时充分考虑不同社会群体平等获取政府信息的需求，在对全国的政府信息公开工作进行统一规范、严格约束的基础上，统筹兼顾各地方、各部门政府信息公开工作的实际情况，要求行政机关根据实际，采用多种方式公开政府信息：一是行政机关应当及时、准确地公开政府信息，发现影响或可能影响社会稳定、扰乱社会管理秩序的虚假或不完整信息的，应当在其职责范围内发布准确的政府信息予以澄清；二是行政机关应当建立健全政府信息发布协调机制，发布政府信息涉及其他行政机关的，应当与有关行政机关进行沟通、确认，保证行政机关发布的政府信息准确一致；三是行政机关应当通过政府公报、政府网站、新闻发布会以及报刊、广播、电视等便于公众知晓的方式公开政府信息；四是各级政府应当在国家档案馆、公共图书馆设置政府信息查阅场所，配备相应的设施、设备，为公民、法人或其他组织查阅、获取政府信息提供方便；五是行政机关可以根据需要设立公共查阅室、资料索取点、信息公告栏、电子信息屏等场所、设施，公开政府信息；六是行政机关应当编制、公布政府信息公开目录和政府信息公开指南，并及时更新。

第二十九条至第三十五条对信息公开的监督和保障内容做了明确规定。公开政府信息是坚持和发展社会主义民主，建设社会主义民主政治的有效形式，是加强政府自身建设、建立健全惩治和预防腐败体系的重要内容，必须通过加强制度建设积极稳妥地推动政府信息公开，使政府信息公开成为政府施政的一项基本制度。为此，《条例》建立了政府信息公开工作的监督和保障制度。一是各级政府应当建立健全政府信息公开工作考核制度、社会评议制度和责任追究制度，定期对政府信息公开工作进行考核、评议；二是政府信息公开工作主管部门和监察机关负责对行政机关政府信息公开的实施情况进行监督检查；三是各级行政机关定期公布本行政机关政府信息、公开工作年度报告；四是公民、法人或其他组织认为行政机关不依法履行政府信息公开义务的，可以向上级行政机关、监察机关或政府信息公开工作主管部门举报，收到举报的机关应予调查处理；五是公民、法人或其他组织认为行政机关在政府信息公开工作中的具体行政行为侵犯其合法权益的，可以依法申请行政复议或提起行政诉讼。此外，《条例》还对违反相关规定，未建立健全政府信息发布保密审查机制、不依法履行政府信息公开义务、违反规定收取费用等行为设置了相应的法律责任。

3.《行政处罚法》和《行政许可法》中就行政执法、行政许可行为规定了相应的信息公开制度。

《行政处罚法》第四条规定："行政处罚遵循公正、公开的原则。……对违法行为给予行政处罚的规定必须公布；未经公布的，不得作为行政处罚的依据。"

《行政许可法》第五条规定：设定和实施行政许可，应当遵循公开、公平、公正的原则。有关行政许可的规定应当公布；未经公布的，不得作为实施行政许可的依据。行政许可的实施和结果，除涉及国家秘密、商业秘密或者个人隐私的外，应当公开。第四十条规定：行政机关作出的准予行政许可决定，应当予以公开，公众有权查阅。

4.《价格法》《政府价格决策听证办法》和《环境影响评价法》对行政相对人参与价格制定、环境评估及规划编制等行政决策过程中的信息公开制度做了具体规定。

《价格法》第二十三条规定：制定关系群众切身利益的公用事业价格、公益性服务价格、自然垄断经营的商品价格等政府指导价、政府定价，应当建立听证会制度，由政府价格主管部门主持，征求消费者、经营者和有关方面的意见，论证其必要性、可行性。

《环境影响评价法》第十一条规定：专项规划的编制机关对可能造成不良环境影响并直接涉及公众环境权益的规划，应当在该规划草案报送审批前，举行论证会、听证会，或者采取其他形式，征求有关单位、专家和公众对环境影响报告书草案的意见。但是，国家规定需要保密的情形除外。第二十一条规定：除国家规定需要保密的情形外，对环境可能造成重大影响、应当编制环境影响报告书的建设项目，建设单位应当在报批建设项目环境影响报告书前，举行论证会、听证会，或者采取其他形式，征求有关单位、专家和公众的意见。

《政府价格决策听证办法》规定了听证的申请、准备、举行和公布阶段，并就各个阶段进行了具体规定。在申请阶段，涉及申请人、受理申请的组织、申请事项范围、申请时应当提交的材料以及有关价格主管部门对材料的初审等内容；在准备阶段，要决定听证会代表的聘选，听证会主持人及其辅助人员等；在举行阶段，涉及听证主持人与听证代表的关系以及代表发言的顺序等内容；在公布阶段，其内容主要是公开的范围和形式等。[①]第二十七条规定：为降低行政成本，提高行政效率，在降低价格或者价格的制定对社会影响较小的情况下，听证会可采取简易程序。具体办法由省级以上政府价格主管部门另行确定。第二十八条规定：价格决策部门制定本办法第三条规定范围内价格，未举行听证会的，由同级人民政府或者上级政府价格主管部门宣布其违反定价程序，决策无效，并责令改正。第二十九条规定：政府价格主管部门和听证主持人违反规定程序、弄虚作假、徇私舞弊的，由同级人民政府或上级政府价格主管部门宣布听证无效，并建议有关机关追究其行政责任。情节严重，导致决策失误的，应当追究有关人员的法律责任。第三十条规定：评审

---

① 薛刚凌：《价格听证制度研究》，《宪政与行政法治评论》(第二卷)，中国人民法学出版社，2005年版，第280页。

机构出具虚假评审报告的,政府价格主管部门应当取消其指定资格,并建议有关机关追究其相应责任。

《环境影响评价法》第十六条规定:建设项目的环境影响评价分类管理名录,由国务院环境保护行政主管部门制定并公布。第十九条规定:国务院环境保护行政主管部门对已取得资质证书的为建设项目环境影响评价提供技术服务的机构的名单,应当予以公布。

5. 一些地方政府规章对情报公开制度的立法进行了有益的探索。如,2002 年 10 月,广州市政府颁布了《广州市政府信息公开规定》。2004 年 1 月,上海市政府颁布了《上海市政府信息公开规定》。广州和上海的情报公开规定都明确以信息公开为原则,不公开为例外,并规定公民有向政府申请获取信息的权利。2004 年 3 月,深圳市政府颁布了《深圳市政府信息网上公开办法》,规定包括重大突发事件的披露处理情况、公务员录用程序和结果、交通管制和社会治安情况等 35 类与公众密切相关的政府信息,必须及时在政府公众信息网上予以发布。①

对于信息公开制度,现行法律大多作了原则性的简单规定。但是,要将这一制度广泛运用到政府的各项行政行为中去,即可发现,我国政府信息公开的配套改革尚未到位,特别是一些相关的制度缺失,难免出现问题。主要表现为:

第一,信息公开的广度深度远未达到群众的期望和现代政府的要求。我国多数信息是掌握在政府手中,而且大多处于封闭和闲置状态。原因之一是保密范围过于宽泛,甚至滥用保密措施。很多政务信息因为"保密"的需求,成为政府部门不公开的理由,导致许多信息无法发挥其应有的价值。原因之二是信息归属认识错位。很多行政人员认为,政府信息是政府行政的结果,当然归属于政府所有,既然归政府所有,政府就有权决定信息公开的范围。原因之三是我国民众民主意识和权利意识的缺失,使得政府垄断信息的行为

---

① 马怀德主编:《行政程序立法研究——〈行政程序法〉草案建议稿及理由说明书》,法律出版社,2005 年版,第 319 页。

没有得到来自权利和民主的抵制，因为公众还较少地意识到自己才是信息的"最终所有者"，政府垄断信息和随意伸缩信息公开边界是侵犯公民知情权。

从公开的内容、时机和程度上看，因为没有统一规范，制度化水平不高。从公开的程度上看，随意性较大，想公开就公开，不想公开就不公开；从公开的内容上看，一些部门公开的内容线条过粗，甚至是内容陈旧，有的甚至从部门利益出发，避实就虚，形式主义严重；从公开的时机上看，存在着严重的时滞，一些信息公开因为丧失及时性，决策利用的价值性已经荡然无存。

第二，信息公开的渠道过窄。政府向社会公开信息有两种方式，一是政府依职责主动公开，公开的内容包括政策、法规、规则、程序等。公开的载体包括政府公报、简报、新闻等。这些载体因为范围上的严格限定，往往存在着很多"盲区"，有时并不能成为一些群体获取政府信息的方便渠道。二是依申请公开。《政府信息公开条例》第十三条赋予了公民申请公开相关信息的权利，但是在一些流程尚未理顺的前提下，因为受到严格程序、复杂流程、高昂成本等因素的制约，民众权利实现存在一定的难度。

而在我国的电子政务建设中，"重开发，轻应用；重硬件，轻软件；重管理，轻服务"的现象比较普遍。在一些政府网站上，只介绍政策法规、联络方式等静态信息，政府新闻发布占据主要地位，而表格下载、网上申请等为公众带来更多价值的在线服务寥寥无几，从而形成了"有电子无政务"的尴尬局面。此外，我国电子政务的建立和运行有着严格的条块分割界限，因为没有统一的战略规划，各部门之间相互封闭，相当一部分已建成的电子政务系统模式不统一，这些独立的、异构的、封闭的系统使得彼此之间难以实现互联互通，使得各部门之间的各种系统难以兼容，信息资源难以共享，既浪费了大量的财力和时间，又使大量的信息资源休眠不能发挥应有的效用。

第三，因为缺乏法律约束，公开信息也呈现出很多乱象。法治社会下，法律对于政府信息公开和不公开的内容、公开的程序以及违规应该承担的法律后果会作出严格规定，以保证信息公开的秩序化和规范化。在《政府信息公开条例》未颁布前，许多政府信息或被政府进行"弹性过滤"或千篇一律，无法实现其作为公共资源的消费价值。

（三）其他制度

除了听证制度以及信息公开制度以外，行政参与权的实现还辅以说明、告知制度等相关制度以减少行政行为的障碍和阻力，保证行政行为的顺利实施；同时又对听证与信息公开制度加以辅助，以推行政务公开，建立服务型政府。

说明理由制度是指"行政主体在作出对相对人合法权益产生不利影响的行政行为时，除法律有特别规定外，必须向行政相对人说明其作出该行政行为的事实因素、法律依据以及进行自由裁量时所考虑的政策和公益等因素"①。行政机关对行政行为说明理由有助于行政相对人了解行政机关的决定，从而增强对政府的信任感，同时可以让行政机关在做出决定时增强自律能力。我国的很多法律法规中都有行政机关做出行政行为应当说明理由的规定。

比如《中华人民共和国农村土地承包经营纠纷调解仲裁法》第二十三条规定：农村土地承包仲裁委员会决定受理的，应当自收到仲裁申请之日起五个工作日内，将受理通知书、仲裁规则和仲裁员名册送达申请人；决定不予受理或者终止仲裁程序的，应当自收到仲裁申请或者发现终止仲裁程序情形之日起五个工作日内书面通知申请人，并说明理由。

2009年修订的《中华人民共和国统计法》第十三条规定：统计调查项目的审批机关应当对调查项目的必要性、可行性、科学性进行审查，对符合法定条件的，作出予以批准的书面决定，并公布；对不符合法定条件的，作出不予批准的书面决定，并说明理由。

修订后的《中华人民共和国邮政法》第五十三条规定：申请快

---

① 马怀德：《行政法与行政诉讼法》，中国法制出版社，2000版，第56页。转引自郑朋树：《行政行为说明理由制度几个问题的思考》，《内蒙古电大学刊》，2005年第4期。

递业务经营许可，在省、自治区、直辖市范围内经营的，应当向所在地的省、自治区、直辖市邮政管理机构提出申请，跨省、自治区、直辖市经营或者经营国际快递业务的，应当向国务院邮政管理部门提出申请；申请时应当提交申请书和有关申请材料。受理申请的邮政管理部门应当自受理申请之日起四十五日内进行审查，作出批准或者不予批准的决定。予以批准的，颁发快递业务经营许可证；不予批准的，书面通知申请人并说明理由。

《中华人民共和国保险法》第七十一条规定：国务院保险监督管理机构应当对设立保险公司的申请进行审查，自受理之日起六个月内作出批准或者不批准筹建的决定，并书面通知申请人。决定不批准的，应当书面说明理由。

《中华人民共和国食品安全法》第三十一条规定：县级以上质量监督、工商行政管理、食品药品监督管理部门应当依照《中华人民共和国行政许可法》的规定，审核申请人提交的本法第二十七条第一项至第四项规定要求的相关资料，必要时对申请人的生产经营场所进行现场核查；对符合规定条件的，决定准予许可；对不符合规定条件的，决定不予许可并书面说明理由。

《中华人民共和国动物防疫法》第二十条规定：兴办动物饲养场（养殖小区）和隔离场所，动物屠宰加工场所，以及动物和动物产品无害化处理场所，应当向县级以上地方人民政府兽医主管部门提出申请，并附具相关材料。受理申请的兽医主管部门应当依照本法和《中华人民共和国行政许可法》的规定进行审查。经审查合格的，发给动物防疫条件合格证；不合格的，应当通知申请人并说明理由。

《中华人民共和国护照法》第六条规定：公安机关出入境管理机构应当自收到申请材料之日起十五日内签发普通护照；对不符合规定不予签发的，应当书面说明理由，并告知申请人享有依法申请行政复议或者提起行政诉讼的权利。

《中华人民共和国治安管理处罚法》第七十八条规定：公安机关受理报案、控告、举报、投案后，认为属于违反治安管理行为的，应当立即进行调查；认为不属于违反治安管理行为的，应当告知报案人、控告人、举报人、投案人，并说明理由。

《行政许可法》第三十八条规定：申请人的申请符合法定条件、标准的，行政机关应当依法作出准予行政许可的书面决定。行政机关依法作出不予行政许可的书面决定的，应当说明理由，并告知申请人享有依法申请行政复议或者提起行政诉讼的权利。进一步规定了许可申请人有主动要求行政机关说明理由的权利。

《中华人民共和国澳门特别行政区基本法》第五十二条规定：行政长官在解散立法会前，须征询行政会的意见，解散时应向公众说明理由。《中华人民共和国集会游行示威法》第九条规定：主管机关接到集会、游行、示威申请书后，应当在申请举行日期的二日前，将许可或者不许可的决定书面通知其负责人。不许可的，应当说明理由。

《执业医师法》第十五条规定：受理申请的卫生行政部门对不符合条件不予注册的，应当自收到申请之日起三十日内书面通知申请人，并说明理由。

《集会游行示威法》第九条规定：主管机关接到集会、游行示威申请书后，应当在申请举行日期的二日前，将许可或者不许可的决定书面通知其负责人。不许可的，应当说明理由。

《行政处罚法》规定了行政处罚作出前应当说明处罚依据，并规定了没有说明理由的处罚决定不成立。

告知制度，是指行政机关在进行行政活动的过程中，将有关情况告诉相对方当事人的制度。①告知制度可以单独适用，也可和其他制度结合起来使用。

对于告知制度，相关的法律规定主要有：《行政处罚法》第三十一条规定：行政机关在作出行政处罚决定之前，应当告知当事人作出行政处罚决定的事实、理由及依据，并告知当事人依法享有的权利。第四十一条规定：行政机关及其执法人员在作出行政处罚决定之前，不依照本法第三十一条、第三十二条的规定向当事人告知给

---

① 罗豪才主编：《行政法学》，中国政法大学出版社，1999 版，第 27 页。

予行政处罚的事实、理由和依据，或者拒绝听取当事人的陈述、申辩，行政处罚决定不能成立；当事人放弃陈述或者申辩权利的除外。

《中华人民共和国农村土地承包经营纠纷调解仲裁法》第四十五条规定：裁决书应当写明仲裁请求、争议事实、裁决理由、裁决结果、裁决日期以及当事人不服仲裁裁决的起诉权利、期限，由仲裁员签名，加盖农村土地承包仲裁委员会印章。农村土地承包仲裁委员会应当在裁决作出之日起三个工作日内将裁决书送达当事人，并告知当事人不服仲裁裁决的起诉权利、期限。

修订后的《中华人民共和国邮政法》第四十九条规定：用户交寄给据邮件后，对国内邮件可以自交寄之日起一年内持收据向邮政企业查询，对国际邮件可以自交寄之日起一百八十日内持收据向邮政企业查询。查询国际邮件或者查询国务院邮政管理部门规定的边远地区的邮件的，邮政企业应当自用户查询之日起六十日内将查询结果告知用户；查询其他邮件的，邮政企业应当自用户查询之日起三十日内将查询结果告知用户。查复期满未查到邮件的，邮政企业应当依照本法第四十七条的规定予以赔偿。

《中华人民共和国护照法》第六条规定：公安机关出入境管理机构应当自收到申请材料之日起十五日内签发普通护照；对不符合规定不予签发的，应当书面说明理由，并告知申请人享有依法申请行政复议或者提起行政诉讼的权利。

《中华人民共和国治安管理处罚法》第九条规定：经调解未达成协议或者达成协议后不履行的，公安机关应当依照本法的规定对违反治安管理行为人给予处罚，并告知当事人可以就民事争议依法向人民法院提起民事诉讼。第七十八条规定：公安机关受理报案、控告、举报、投案后，认为属于违反治安管理行为的，应当立即进行调查；认为不属于违反治安管理行为的，应当告知报案人、控告人、举报人、投案人，并说明理由。第八十二条规定：公安机关应当将传唤的原因和依据告知被传唤人。对无正当理由不接受传唤或者逃避传唤的人，可以强制传唤。第九十四条规定：公安机关作出治安管理处罚决定前，应当告知违反治安管理行为人作出治安管理处罚的事实、理由及依据，并告知违反治安管理行为人依法享有的权利。

新修订的《中华人民共和国传染病防治法》第三十四条规定：县级以上地方人民政府卫生行政部门应当及时向本行政区域内的疾病预防控制机构和医疗机构通报传染病疫情以及监测、预警的相关信息。接到通报的疾病预防控制机构和医疗机构应当及时告知本单位的有关人员。

《行政许可法》对告知的对象、事项、方式和责任有了更为具体的规定。第三十二条规定：行政机关对申请人提出的行政许可申请，应当根据下列情况分别作出处理：（一）申请事项依法不需要取得行政许可的，应当即时告知申请人不受理；（二）申请事项依法不属于本行政机关职权范围的，应当即时作出不予受理的决定，并告知申请人向有关行政机关申请；（三）申请材料存在可以当场更正的错误的，应当允许申请人当场更正；（四）申请材料不齐全或者不符合法定形式的，应当当场或者在五日内一次告知申请人需要补正的全部内容，逾期不告知的，自收到申请材料之日起即为受理。第三十六条规定：行政机关对行政许可申请进行审查时，发现行政许可事项直接关系他人重大利益的，应当告知该利害关系人。第三十八条规定：申请人的申请符合法定条件、标准的，行政机关应当依法作出准予行政许可的书面决定。行政机关依法作出不予行政许可的书面决定的，应当说明理由，并告知申请人享有依法申请行政复议或者提起行政诉讼的权利。第四十二条规定：除可以当场作出行政许可决定的外，行政机关应当自受理行政许可申请之日起二十日内作出行政许可决定。二十日内不能作出决定的，经本行政机关负责人批准，可以延长十日，并应当将延长期限的理由告知申请人。但是，法律、法规另有规定的，依照其规定。依照本法第二十六条的规定，行政许可采取统一办理或者联合办理、集中办理的，办理的时间不得超过四十五日；四十五日内不能办结的，经本级人民政府负责人批准，可以延长十五日，并应当将延长期限的理由告知申请人。第四十七条规定：行政许可直接涉及申请人与他人之间重大利益关系的，行政机关在作出行政许可决定前，应当告知申请人、利害关系人享有要求听证的权利；申请人、利害关系人在被告知听证权利之日起五日内提出听证申请的，行政机关应当在二十日内组织听证。第七十二条第三款规定：行政机关及其工作人员违反本法的规定，有下列情形之一的，由其上级行政机关或者监察机关责令改正；情节严重的，对直接负责的主管人员和其他直接责任人员依法给予行政处分：在受理、审查、决定行政许可过程中，未向申请人、利害关系人履行法定告知义务的。

《中华人民共和国行政复议法》第十七条规定：行政复议机关收到行政复议申请后，应当在五日内进行审查，对不符合本法规定的行政复议申请，决定不予受理，并书面告知申请人；对符合本法规定，但是不属于本机关受理的行政复议申请，应当告知申请人向有关行政复议机关提出。第十八条规定：依照本法第十五条第二款的规定接受行政复议申请的县级地方人民政府，对依照本法第十五条第一款的规定属于其他行政复议机关受理的行政复议申请，应当自接到该行政复议申请之日起七日内，转送有关行政复议机关，并告知申请人。

《行政处罚法》第三十一条规定：行政机关在作出行政处罚决定之前，应当告知当事人作出行政处罚决定的事实、理由及依据，并告知当事人依法享有的权利。第四十二条第一款中规定：行政机关作出责令停产停业、吊销许可证或者执照、较大数额罚款等行政处罚决定之前，应当告知当事人有要求举行听证的权利；当事人要求听证的，行政机关应当组织听证。当事人不承担行政机关组织听证的费用。听证依照以下程序组织：当事人要求听证的，应当在行政机关告知后三日内提出。第四十八条规定：行政机关应当于举行听证的七日前将举行听证的时间、地点通知申请人、利害关系人，必要时予以公告。

《中华人民共和国人民警察法》第四十六条：公民或者组织对人民警察的违法、违纪行为，有权向人民警察机关或者人民检察院、行政监察机关检举、控告。受理检举、控告的机关应当及时查处，并将查处结果告知检举人、控告人。

从上面所列条文可以看出，我国说明理由以及告知制度已具有一个初步的框架，对适用的情形、内容和方式都有了相应规定，也涉及未尽相关义务所应承担的法律责任。但是相关制度的设计仍然不完善，主要存在以下问题：

首先，范围不广，一般仅在《行政处罚法》和《行政许可法》中有比较详细的规定，而其他单行法中的相关规定非常少。其中，对授益行政行为是否应纳入行政行为说明理由的范畴没有规定。授益行政行为是指行政主体为行政相对人设定权益或免除其义务的行为。与其他许多国家一样，我国法律一般将授益行政行为排斥在说明理由范围之外。但授益行政行为有时在为相对人设定权益的同时也剥夺了利害关系人的相关利益，行政机关授益行为的理由就成为利害关系人丧失权利的原因，也是其寻求法律救济的重要依据。所以，行政机关在必要时也应对授益行政行为说明理由。

其次，内容不够明确和完善，包括具体的对象、事项、方式等，大部分没有明确的规定，不能满足实践需要。

第三，对如何承担法律责任没有进一步的明确规定，或对具体承担的法律后果的内容没有详细的规定。比如《行政处罚法》第四十一条规定不说明理由行政行为就不能成立，这与行政法学关于行政行为成立要件的理论明显冲突。[①]

三、行政参与权法律保障不足

现行行政法制度确立了相对人权利保障原则，但是权利保障的主要内容是相对人的本体性权利，而对行政参与权的保障但却存在明显的不足。

---

① 尽管在行政法学中对行政行为的成立要件有各种不同的论点，但都没有将说明理由之类的程序要求列为行政行为的程序要件，而一般是把行为程序合法作为行政行为的生效要件或合法要件。倘若不说明理由的行政处罚行为就不能成立的话，那么这样的行为就不是行政行为，被处罚人也就不能对此提起行政复议或诉讼，无法获得救济。杨晓、赖力静：《行政程序说明理由制度刍议》，《成都行政学院学报》，2005 年第 1 期。

（一）行政参与权的效力不明确

行政参与权是具有权力性质的权利，因此，行政参与权对于行政主体具有强制约束力，也即公众参与对行政活动必须产生实质性影响，影响行政决定的作出和实施。比如，公众提供有效的行政信息，行政主体应当采用；公众表达的正当利益诉求，行政主体应当满足；公众提出的合理意见和建议，行政主体应当采纳。法律必须将公众参与对行政主体的这些约束力作明确规定。而现行法律制度中，除了行政许可中的听证等极少的公众参与形式作出了对行政决定的明确约束力外，很少明确规定公众参与对行政主体的约束力。亦即，一般情况下，无论是行政立法中的公众意见，还是行政决策的公众建议以及行政执法中当事人的诉求对行政主体并没有明确的约束力。

（二）责任制度匮乏

行政参与要成为真正的权利，必然要对应行政主体履行满足行政参与权的义务，而义务的履行是以责任为保障的，亦即政府机关不履行满足公众参与权的义务，必须要承当相应的法律责任，否则义务也就形同虚设，权利也就成了"符号"。综观我国现行行政法制度，难以寻觅到"政府机关不履行满足公众参与权义务的法律责任"的条款，亦即这种责任制度的匮乏。

（三）相关配套制度不完善

首先，行政公开制度方面，由于我国已有的《政府信息公开条例》还属于行政法规，还不是法律，并且存在与《中华人民共和国保守国家保密法》的衔接问题，这也导致政府信息公开实践在信息公开范围、程序以及监督等方面存在不少问题。其次，利益组织化制度方面，我国现实中的公众参与往往是分散的个体的参与。因此，这种参与的博弈力量和沟通能力是有限的。其主要原因就是在我国社会组织不够发达和健全。"我国的民间组织的设立采取的是双重许可制，即首先需要取得业务主管单位的审查同意，然后再去民政部门办理社会团体登记，正是由于我国现有民间组织设立体制的缺陷，导致多数民间组织处于'非法'状态，或者以工商注册的形式获得合法性证明（代价是不能够享受非营利组织的免税待遇），而极少数取得合法身份的民间组织也面临各种困难。"①再次，利益表达机制方面也存在利益表达形式不丰富、渠道不畅通等问题，尤其是大部分农民限于现代通信条件很难表达自己的利益的诉求。另外，信息与意见的处理和反馈机制也有待改进或重构。

（四）救济制度缺失

权利既对应义务主体的责任，更依仗于对权利侵害后的救济。因此，行政参与权需要建立相应的救济制度。然而，由于学界历来把行政参与权视为程序性权利，而在我国现有的行政救济制度框架中，对相对人的合法权益的保护范围一般只限于人身权和财产权等实体性权利，据此，行政参与权不属于行政救济的权利范围，亦即相对人不能以行政参与权受到侵犯为由提起行政复议或行政诉讼。另一方面，从行政行为的角度分析，行政救济，尤其是行政复议和行政诉讼的受案范围都设定为"具体行政行为"，而行政立法和绝大多数行政决策（即行政主体制定其他行政规范性文件的行为）等抽象行政行为不属于行政复议和行政诉讼受案范围。因此，即使相对人能以程序违法为由对行政主体不履行满足行政参与权的行政行为提起救济，也无法对行政立法和行政决策直接提起行政复议或行政诉讼。而行政立法和行政决策中的公众参与是参与式行政的主要部分，这无疑说明行政参与权基本失去了救济制度的保障。另外，囿于"行政权之不可自由处分"理论，现有的行政调解制度只适用于对民事争议和特定的行政赔偿争议的解决。由于政府不履行满足公众行政参与权义务或者故意侵害行政参与权无疑属于行政争议，而且一般也不会涉及行政赔偿问题，因此，行政参与权受到侵害，也无法通过行政调解加以解决。

---

① 王锡锌：《利益组织化、公众参与和个体权利保障》，《东方法学》，2008（4）。

第四节 影响我国行政参与权实现的原因分析

一、法律保障方面的问题

从上一章中梳理的当代我国保障行政参与权实现的法律制度上看，我国公民行政参与权越来越受到国家和社会的重视，在制度建设方面也取得了明显成效，但仍存在不足。

（一）宪法规定尚不明确

如前文所述，在我国《宪法》第二条、二十七条、四十一条等条文中可以推出行政参与权的内容。《宪法》第二条虽然规定人民依照法律规定，通过各种途径和形式，管理国家事务，管理经济和文化事业，管理社会事务。但是这里的"管理"一词无法包含当前提出建议、参加听证、参与民意调查等形式多样的参与形式。另外，《宪法》第四十一条规定中华人民共和国公民对于任何国家机关和国家工作人员，有提出批评和建议的权利。但是对批评和建议的提出时间以及方式和途径都没有明确，如此，这种批评、建议的明确性，《宪法》的规定尚显不足。

（二）现存相关法律缺乏刚性约束机制

当前有很多法律法规规定了公民参与的各种形式，但是其规定普遍缺乏刚性，因此难以形成制度化。

比如，《立法法》《行政法规制定程序条例》《规章制定程序条例》等仅仅规定听取意见"可以"采取座谈会、论证会、听证会等形式。"可以"的法律效力远不及"应该"的刚性，因此没有硬性要求，没有规定听证会代表如何遴选、听证意见如何处理等操作规程，同时也缺乏违反规定的法律后果的内容，就会造成听证等仅仅流于形式。

2005 年 9 月 27 日，全国人大法律委员会、全国人大财政经济委员会和全国人大常委会法制工作委员会在北京举行个人所得税工薪所得减除费用标准立法听证会。最终，法律草案原本拟定的 1500 元减除费用标准进一步调高至 1600 元。这是全国人大历史上第一次立法听证会，成为立法民主化的标志性事件。但是，随后在 2007年 6月 29 日和 2007 年 12 月 29 日（原有的 1600 元减除费用标准被提高至 2000 元）两次修改《个人所得税法》的过程中，都没有再进行立法听证。[①]

另外，2002 年 1 月 12 日，部分旅客列车票价实行政府指导价方案听证会在北京举行，调价方案获原则性通过。这是我国铁路客运定价史上的第一次听证会，也是自《政府价格决策听证暂行办法》实施以来，国家发改委主持召开的第一个全国性公开听证会。但是，2003 年，铁道部宣布该年度春运涨价沿用 2002 年听证结论，原因是"召开一次听证会所得出的结论可以在同类状况下适用较长时间"。2005 年，铁道部相关负责人表示，自 2002 年铁路票价听证会之后，2003 年、2004 年的票价上浮均沿用了 2002 年的听证结果。2002 年由国家发改委举行的那次听证会不仅仅是针对某一年的春运来进行听证，而是对包括春运、暑运以及五一、十一节假日期间建立一种票价浮动机制，不能表示每年春运都要专门进行价格听证会。2009 年 3 月 23 日，北京律师董正伟向铁道部发函申请铁道部公开动车组火车票的定价程序、科学依据以及听证计划安排。铁道部答复，动车组列车属于高等级软座快速列车，按照 2001 年《国家计委关于公布价格听证目录的通知》规定的价格听证目录，有关铁路旅客票价的内容为"铁路旅客运输基准票价率"。根据此通知，动车组列车车票定价不在听证范围内。[②]

由此，目前我国听证的现实状况表明作为公众参与重要形式的听证制度，缺乏硬性的程序规定和法律责任，其实际意义远远不及理论上的预期。

（三）法律救济渠道不畅

众所周知，"无救济即无权利"这一法学界的经典命题，其关键词在于"救济"，强调的是如果没有对权利的救济，那么关于权利的

[①] 王建，黄学贤：《试论行政参与权的法律保障》，《甘肃行政学院学报》，2009 年第 5 期。

[②] 左林：《铁道部：动车组票价不属于价格听证范围》，《新京报》，2009·04·29。

宣告就是没有意义的。因此，权利救济问题是权利研究领域中非常重要的组成部分。当前阻碍行政参与权实现的一个重要原因就是缺少畅通的救济渠道以保证权利的实现。

行政参与权作为一项基本权利，除在宪法上作出规定以外，也在行政法、诉讼法等部门法上进一步具体化。对于行政参与权的法律救济也就包括以宪法救济、行政救济为主的途径。

当前我国，一方面，从行政法的意义上来看，虽然《行政诉讼法》已颁行多年，《政府信息公开条例》等也规定了行政诉讼的救济渠道，但目前抽象行政行为仍没有纳入行政诉讼的受案范围，现行行政诉讼制度中所规定的审查范围有限，造成现实中的参与权的维护困难。另一方面，我国尚未建立真正意义上的宪法诉讼制度，[①]作为公民基本权利的参与权不能通过宪法诉讼的方式加以救济，也影响了行政参与权的有效行使。[②]

二、我国参与权制度不完善的成因

诚如前述，我国参与权的各项制度建设由于起步晚，至今尚不成熟，各项具体的制度中都存在着一些亟待完善的地方，阻碍行政参与权实现。

（一）相对人处于客体地位的行政权力运行模式

我国长久以来以行政主体为中心，行政相对人实际上处于客体地位，在这种行政权力运行模式的影响下，制度设计向行政主体倾斜，没有将行政相对人置于行政法律关系中的主体地位，因而也就没有预留给相对人充分的参与权。往往在制度设计之初，行政机关是"总指挥"，而相对人仅仅是去配合，而无法积极、主动地以主体身份参与到相关制度的实施中。

---

① 宪法诉讼是指宪法审判机关适用司法或准司法程序解决宪事纠纷，制裁违宪行为，维护宪法秩序，保障公民基本权利的一整套程序与制度。参见胡肖华：《宪法诉讼原论》，法律出版社，2002年版，第39页。

② 关于宪法诉讼的相关问题，也一直是我国宪法学界的热点问题。但鉴于本书的研究方向为行政管理与行政法学问题，故对宪法诉讼的讨论仅限于提出问题的阶段。

1. 行政人员决策中心地位的自我强化

"虽然许多行政人员赞同与公民建立紧密关系是必要和不可或缺的，但他们几乎不去积极倡导公众参与。即使他们这样做了，行政决策也不会直接受到民意的控制……他们认为大规模的公民参与会降低行政效率……造成拖延和繁文缛节的负面效果。"①政府往往基于各种理由拒绝接受公民参与，如"上次我们这样试的时候并不起作用""我们没时间——我们的计划和预算太紧了""没人在意这个""我们不能干他们想干的任何事情""他们人太多，很难组织""公众不能理解为什么这个计划是必需的""这些事项技术性很强公众不会理解""我们是专家，我们的方式就是正确的方式"等等②。在现代公共事务的管理过程中，行政人员往往凭借自身专业知识、政策信息的优势，过分强化自己公共决策核心的角色，不相信民众的智慧，使得行政参与流于形式。

2. 公民意识的缺乏

公民意识是公民对自己在公共领域中的定位思考，是建立在民主法治、自由宪政基础上的一种社会观念。在消极意义上，公民意识是指对政府权力运作过程的监督欲望；在积极意义上，公民意识是对公共利益的热心关注和对公共政策制定积极参与的意识和行动。公民意识既包括权利意识，一种为权利而奋斗的精神，更包含责任意识，意味着对他者、对大众的责任，一种"天下为公"的忘我情怀。近年，随着我国社会主义民主政治的发展，公民意识已有稳步提高，但总体上我国公民意识仍然是极度缺乏的，尤其是在与自身利益无关的情境下。学者们将社会成员划分为"积极分子""搭便车者""看门人"三种类型。"积极分子"是社会的中坚力量，他们热心公共生活并积极参与到有关公共利益的活动中；"搭便车者"无心公益事业，免费享受公共物品而让其他人履行公民职责；"看门

---

① 王巍：《西方公共行政中的公民参与：经验审思与理论进展》，《公共行政评论》，2010年第2期

② ［美］戴维.H.罗森布鲁姆、罗伯特.S.克拉夫丘克：《公共行政学：管理、政治和法律的途径》（第五版），张成福等译，中国人民大学出版社，2002年版，第482—485、507页。

人"属于介于以上两者之间的群体，各人自扫门前雪，不管他人瓦上霜，他们只参加与自身利益相关的主要社会事务，而对自己以外的利益毫不关心①。在这三种类型的公民中，"搭便车者"和"看门人"占据了绝大多数，这部分人对公共事务漠不关心，基于不同理由拒绝参与，这必然直接影响到参与的广度和质量。

（二）力量对比的不均衡，信息不对称

参与权制度涉及行政机关及行政相对人之间的利益冲突，因而两者间的力量对比结果就决定了制度向哪一方倾斜。就行政机关而言，参与权制度主要是用以规制行政权力行使的；而对相对人来说，参与权的目的在于保护其相关权利。因而，参与权制度的建立与发展的动力往往来自于行政相对人一方，而阻力和障碍则来自于行政主体。在实际操作中，相对人没有牢固的利益组织和代表，很难形成强大的力量与政府就权利问题抗衡和磋商；而行政主体本身又具有管理权限和政策上的优势，每一个具体的参与权制度的确立实际上都由行政权力掌控。这种力量对比的不均衡正是参与权制度建立和发展过程中的一大障碍。

公民参与的前提是对信息的了解和掌握，无论在政府组织的听证会、座谈会上，还是在大众传媒、自媒体（如微博）等公共论坛上，公民的判断和建议都必须有足够的信息内容来支撑。掌握充分信息，这是公民有效参与行政管理的前提。我国于 2007 年通过了《政府信息公开条例》，正式确立了信息公开制度，但在实践中"公开、透明"意识远没有深入人心，许多关键的信息被人为控制，信息披露也无法满足民众的需要，导致参与者获取信息不充分。如此，缺乏讨论基础，使参与者无法提出建设性的批评和建议，行政参与也就流于形式。

（三）我国人权保障体系的不完善

上文中揭示参与权是人权保护的重要内容，而我国的人权事业

---

① 王巍：《西方公共行政中的公民参与：经验审思与理论进展》，《公共行政评论》，2010年第 2 期

发展缓慢。自党的十五大报告首次提出"尊重和保障人权"以来，我国人权事业获得了较大的进步。1997 年 10 月 27 日和 1998 年 10 月 5 日，我国签署了《经济、社会和文化权利国际公约》和《公民权利和政治权利国际公约》，并于 2004 年在宪法修正案中明确规定"国家尊重和保障人权"。人权的实现与完善需要配套法律制度建设的跟进，而我国人权中的参与权并没有完善的配套的法律制度予以保护，相关制度也很不健全。

（四）行政程序法不成熟

行政程序立法在我国起步较晚，相关的理论研究仍不成熟。比如《宪法》中没有规定正当程序理念来指引行政程序法的发展，学界对行政程序法的很多具体问题甚至一些基本概念还未达成共识。没有理论的指导，行政程序法的具体制度的制定和推行就欠缺重要的理论基础，参与权制度也正面临这样一个问题。我国仍未出台统一的行政程序法典，对参与权及其各项制度的规定散见于各种单行法律法规当中。这种单行立法模式带有片面性和缺陷性——容易出现立法空白或重复立法的情况，甚至可能出现同一制度在不同立法中的规则不一，在法律适用上可能造成混乱，不利于行政参与权的实现。

（五）公共领域的缺失

公共领域是一个开放的、形成意见的舞台，是公民行政参与的重要途径。公民的表达权既是公民参与的必要途径也是其重要内容。我国《宪法》虽然明确规定了表达自由的内容，如第三十五条的各项政治自由，第四十条的通信自由，第四十一条对国家机关及其人员的批评建议、控告检举的权利，第四十七条科学研究、文艺创作和其他文化活动的自由等，但由于我国社会主义民主法治建设尚在进行中，民主参与理想中的公共领域尚未成型，尚无法实现全面的参与。

第五章 完善我国行政参与权制度的对策分析

前文中对行政参与权本身的相关理论进行分析，对我国行政参与权的法治现状进行梳理，提出了存在的问题及原因分析。本章主要从主体、司法救济以及制度保障方面对完善我国行政参与权制度提出对策分析。

第一节 发展行政参与权主体

一、社会自治组织

西方国家的实践证明，公民通过自己的利益集团在行政立法和重大决策中以提案、建议、听证、咨询、协商等方式来参与公共决策的形式往往是有效的。因此，亨廷顿指出，行政参与的扩大就是全社会各种社会团体更多地参与行政，它既可能表现为政府对人民控制的加强，也可能体现出人民对政府的控制的加强。①

（一）社会自治组织成因

社会自治组织，是一个国家和一个成熟社会政治架构中的重要的组成部分。社会自治组织兴起有着深厚的理论背景及基础，它在促进社会稳定与和谐中发挥着重要的功能。政府应通过转变政府职能，引导和支持其积极参与公共事务管理、有计划地建立配套机构，加大对自治组织的培育及支持，使其更好地为经济发展和社会稳定服务。

---

① 转引自方世荣：《论行政相对人》，中国政法大学出版社，2000 年版，第 264 页。

1．与新公共行政管理思想和治理理论相适应

传统观念认为，对社会进行行政管理的权力仅属于国家所有，即"公共行政"局限于"国家行政"。但随着 20 世纪 70 年代西方公共部门管理的危机引发的普遍的行政改革浪潮和与之相应的"治理"理论的兴起，打破了公共部门与私人部门在管理理念上的截然分界，公共事务不再仅是政府独占的范畴，包括社会自治组织在内的一系列公共行为主体必须以多元的模式承担起对其共同事务管理的责任。

治理的核心含义是政府的职能应该从"划船"向"掌舵"转变。换言之，有更多的对公共事务管理的职能将从政府转移到其他社会公共部门甚至私营部门，不同部门的权力相互依赖，彼此形成"伙伴关系"，在一种持续的、互动的过程中达成公共秩序，增进公共利益。

2．符合国家和社会、政府与市场关系的新理论

现代关于国家和社会的一个新理论就是在国家与社会之间的关系上，开始由"二分法"向"三分法"转变，即主张国家与社会之间存在一个公私混合领域的中介层面。如在"市民社会"这一定义上的分歧就反映了从国家与社会的"两分法"到"三分法"的变迁。关于国家与社会三分法的理论已经突破了传统的"国家至上"或"社会至上"的视野，而提出调整国家与社会关系的第三种模式：通过两者之间的良性互动而达到"强国家——强社会"的目的，本质上这是国家与社会之间一种特殊的协调机制。在这种模式中，为了实现国家与社会的良性互动，社会团体及各种利益组织必须发挥重要作用。通过这些中介性组织，国家对社会的管理与控制得以顺利实施，而社会则通过团体有效地参与国家管理并监督制约国家机构的活动。它以一种特殊的方式把国家与社会紧密联系起来，使它们相互协作，相互监督，以达到互惠的目的。因此，三分法的目的是建立一种新型的国家与社会关系，在这种关系中，加强了国家与社会间的互动与合作，建立起互惠关系，以达到国富民强的双赢目标。

关于国家和社会的新理论反映在政府与市场的关系上，就是要求在政府与市场之间保持平衡并不断建立新的平衡。中介组织，特别是一些行业性组织即是作为有利于实现这种平衡的调节机制而出

现的。这类组织的出现无疑在一定程度上弥补了政府和市场双方的缺陷。不论是从政府与市场关系还是从国家与社会关系的发展来看，世界各国的发展趋势均是在政府与市场之间以及国家与社会之间逐渐形成一个中介层面，通过这一中介层面，实现政府与市场的平衡以及国家与社会的互动。

（二）我国社会自治组织

随着经济体制改革的深入，政府机构改革稳步前进，政府由微观管理转向宏观管理，由直接管理转向间接管理，由部门管理转向行业管理，由机关办社会转向机关后勤服务社会化。通过转变政府职能，政企分开、政事分开、政社分开，中国社会自治组织获得了更广阔的空间。

1. 渐趋广阔的社会生存和发展空间

改革开放以前，中国政府依靠单位制度、户籍制度等各种制度，通过行政权力的行使，管理和控制着全国的政治、经济、文化和社会等各个方面。国家不但垄断着绝大部分的既有资源，而且通过各种途径不断将新资源置于政府的控制之下，从而使中国的社会自治组织缺乏生存和发展的空间。改革开放之后，一方面，经济体制改革促使社会上开始出现自由支配的资源，并由此产生了一些自下而上的民间组织和官方非政府组织；另一方面，政府机构改革和政府职能转变，为民间组织和社会力量的发展提供了机遇。随着经济体制和政治体制改革的不断深入，中国政府提出了"小政府、大社会"的目标模式，将原本应由社会承担的职责还给社会，培育社会民间组织。近些年来，我国民政部门推行了"社区建设""社会福利社会化"，使中国的社会改革出现了新的突破，使中国社会自治组织的发展有了更为宽松的环境和更为广泛的基础。

2. 法律环境不断完善

成熟完善的法律环境是社会自治组织发展最为重要的条件之一。改革开放以来，我国颁布了一系列法律、法规，为规范中国民间组织的发展起到了很大作用。它们使中国民间组织的发展有法可依，便于民间组织活动的规范发展。1988 年颁布了《基金会管理办法》，1989 年颁布了《社会团体登记管理条例和价格商会管理暂行规定》，1998 年 9 月颁布了新修订的《社会团体登记管理条例》，同时还颁布了《民办非企业单位登记管理暂行条例》《公益事业捐赠法》和《事业单位登记管理暂行条例》。1996 年的《中华人民共和国职业教育法》、1998 年颁布的《社会团体登记管理条例》、1999 年颁布的《国务院关于国家行政机关和企业事业单位社会团体印章管理的规定》、1999 年的《中华人民共和国高等教育法》、2008 年的《中华人民共和国残疾人保障法（修订）》、同年的《中华人民共和国就业促进法》、2003 年的《中华人民共和国民办教育促进法》等法律中，都涉及了社会自治组织的相关规定。另外，民政部以及其他部委还有多个社会团体管理规章，地方民间组织管理法规的数量不断增加。比如：1999 年颁布的《社会团体设立专项基金管理机构暂行规定》、2001 年《社会团体分支机构、代表机构登记办法》、2000 年《卫生部业务主管社会团体登记管理办法》、1996 年《社会团体年度检查暂行办法》、1999 年《事业单位、社会团体、民办非企业单位企业所得税征收管理办法》、2000 年《取缔非法民间组织暂行办法》、2001 年《教育类民办非企业单位登记办法（试行）》、1996 年《关于加强职业介绍机构管理的通知》等。所有这些法律法规共同构成了新时期中国民间组织发展的法律环境。

3. 社会需要及社会中间层的形成

社会自治组织可以解决在社会改革过程中，出现的一系列新的社会问题和社会需求，从而缓解我国社会转型改革中的矛盾。因为政府与市场由于自身的局限性，无法或不能有效地满足这些需求、解决这些问题。这种情况下，社会自治组织的低成本、高效率、灵活的优势，赋予其弥补政府和市场不足的功能，从而应"时代责任"的要求来协调新的关系，满足新的要求，缓解社会改革中出现的一些新的社会不公平现象。特别是在维护弱势群体的利益方面，单靠政府难以顾及的情况下，社会自治组织就作为一种新的模式来提供社会服务，促进社会公正。

中国改革开放不断深入，中国经济不断增长，人民收入水平不断提高，因此形成了社会中间层，包括私营企业主、知识分子、个体户、中层管理者，这种社会中间层不仅为社会自治组织提供了新的主体资源，而且可以更好地发挥社会自治组织对社会的服务功能。

4．良好的社会文化基础

在经济市场化和社会多元化的进程中，公民参与的热情越来越高，公民自由、自主、自治和志愿服务的意识逐步培养和觉醒起来，社会各界关心、爱护和支持，并积极参与社会自治组织。目前社会自治组织理论研究已成为热点，正朝着前所未有的深度和广度发展，这也为社会自治、向多元治理模式的转型奠定了文化基础。

（三）我国社会自治组织的问题及对策

1．存在问题

第一，社会自治组织与政府的关系"尴尬"。在我国，群众性政党的执政理念和行为习惯在相应党政体制的支配下并未有真正的改变。由于执政党自身定位的"代表性"，导致党政体系在干预、控制社会时出现"理所当然"的心理优势。而前述的"工青妇"和社会公共事业单位等社会自治组织，到目前为止，很大程度上，还是中国政府体系的"一部分"。

中国政治领域存在着源远流长的利益纠纷和利益冲突的内部化机制。这里所谓的"内部化机制"，不同于政治学意义上的将利益输入政治体系的过程，而是用来形容中国政治传统的一个基本特征。也就是说，中国的政治从表面和总体上倾向于强调共识和一致，而不对分殊化利益及其互相竞争给予政治领域的正当化对待。①在此

---

① 参考白鲁恂：《中国政治变与常》，台湾五南图书出版公司，1989 年版。书中提出：用一个比较稳定的政治中枢吸纳、转化所有领域的利益分歧，同时在意识形态和一般政治领域标示"共同利益"。此种机制试图减少公开竞争带来的"不必要"的"政治成本"。但实际上，这种片面强调集体利益和共识的政治并不能真正减少派系和小集团的利益分歧和竞争，只不过因为不能在政治领域公开合法地表达而转移到幕后而已——而在幕后的政治成本如腐败的代价却是异常昂贵的；与此同时，社会自组织的合法地位就一直存在着问题，要么转变为黑社会与政府暗地里对抗，要么就成为政府权力保护下的组织。政府自然难以接受与其平起平坐、互相对话的社会自组织，因为政府认为民众对社会自组织的依赖将剥夺它（政府）所依赖的群众性支持，从而损害政府权威的正当性和垄断性。

利益转化机制下，社会组织和部分社会范围内的独立利益往往得不到政治当局的合法性认可——当局喜欢社会各方面和所有社会组织都"齐心协力"地致力于"共同发展"，而共同发展的目标又往往是政府方面制定的，缺乏与社会利益组织之间的妥协和沟通。由此带来的对脱离体制控制的自组织倾向的警惕和抵制是自然而普遍的。

我国政府垄断资源或对资源的调动权力，决定了社会自治组织在吸取资源时必须通过政府这一中枢环节，这种情况导致了当前我国诸多公益性团体的"两难困境"。同时，政府的权力本位也势必引发权力的滥用和为显示权力而扩张权力的局面。

第二，社会自治组织的法治缺陷。如前文所述，改革开放以来，我国社会自治组织立法有了突出进步，不仅结束了之前无法可依的状况，而且建立了基本的法律框架。但是总的来说，仍然滞后于社会自治组织本身发展的客观需要，与真正实现公民的结社自由权利存在着较大差距。[①]

①现行法律的层次过低，缺乏一致的法律规定

目前我国在《宪法》中规定了公民的结社自由权利，也制定出了《中华人民共和国工会法》《中华人民共和国红十字会法》等几部专门规范社会自治组织的法律，并制定了《基金会管理条例》《社会团体登记管理条例》《民办非企业单位登记管理暂行条例》《外国商会管理暂行规定》等多部行政法规，但涵盖面相当有限。清华大学公共管理学院副院长王名2006年6月9日在天则经济研究所的论坛上作了题为《中国NGO发展和研究现状》的报告，他说："在中国范围之内开展各种公益或者互益活动的NGO大概是300万家，但是这里边真正按照现行法规登记注册的只有十分之一，90%的非政府组织实际上是在法律框架之外开展活动的。"[②]

---

① 参见邹永贤：《现代西方国家学说》，福建人民出版社，1993年版，第463-465页。陈斯喜：《现状与未来：我国社团立法状况述评》，《环球法律评论》，2002年夏季号的主题研讨《社团与法律》，第175-176页。

② 参见成都公益网，网址www.ccqy.com，《非政府组织90%在法律框架之外》。

经过前文对我国社会自治组织的立法的梳理，可见立法的规制体系欠缺统一性和严谨性，法律规定之间甚至相互冲突。比如根据1998年《社会团体登记管理条例》第六条第二款的规定，国务院有关部门和县级以上地方各级人民政府的有关部门、国务院或者县级以上地方各级人民政府授权的组织，是有关行业、学科或业务范围内社会团体的业务主管单位。而2000年民政部《关于重新确认社会团体业务主管单位的通知》第二条规定：社会团体的业务主管单位是指：（一）国务院组成部委、国务院直属机构、国务院办事机构及地方县级以上人民政府的相应部门和机构；（二）中共中央各工作部门、代管单位及地方县级以上党委的相应部门和单位；（三）全国人大常委会办公厅、全国政协办公厅、最高人民法院、最高人民检察院及地方县级以上上述机关的相应部门；（四）经中共中央、国务院或地方县级以上党委、人民政府授权作为社会团体业务主管单位的组织；（五）军队系统的社会团体的业务主管单位的问题由总政治部明确。如此，就是以部门规章的形式对1998年《社会团体登记管理条例》中有关社会团体主管单位规定作出了不一致的补充。

②社会自治组织立法动机的错位

社会自治组织的成立，应是公民行使宪法赋予的基本政治权利——结社权的结果，是行政相对人参与行政管理的一种方式。因而，关于社会自治组织的立法应该是以保障其权益、促进其发展为目的的。但是，客观状况显示，改革开放以来，中国 NGO 发展的微观制度环境是以约束为主的。[①]这种现状，可以反映出立法的动机是将社会自治组织看作是一个被约束、被限定的对象。但目前我国有关非政府组织立法仍停留在严格管理、从严控制，限制发展的思路上——控制型管理取向，这种做法是建立在对被管理对象"不信任"的基础之上的。如此的立法动机必然导致对社会自治组织的要求"过严"，从其成立到发展都很"苛刻"。比如，《社会团体登记管理条例》

---

① 参见俞可平：《中国公民社会：概念、分类与制度环境》，《中国社会科学》，2006 年第 1 期。

第十条第一款对成立主体作了规定：有 50 个以上的个人会员或者 30 个以上的单位会员；个人会员、单位会员混合组成的，会员总数不得少于 50 个。但世界多数国家的会员人数要求是 2 人以上，德国也只是 7 人以上。从成立资金上看，该《条例》第十条第五款对成立的财产和资金作了规定：有合法的资产和经费来源，全国性的社会团体有 10 万元以上活动资金，地方性的社会团体和跨行政区域的社会团体有 3 万元以上活动资金。这种"过高"的资金"门槛"使得很多弱小的民间组织因"囊中羞涩"而无法成立，更不能谈及良好发展了。"要注册，需要很多钱，没钱就不能注册；而不解决注册问题，就没人敢把钱捐助给你。"①

我国社会团体行政管理体制的双重管理——社会团体的成立要经过民政部这一登记主管机关的审批，并且"挂靠"在一个单位——导致两个主管机关都参行政管理与审批，缩小了社会自治组织的活动空间。

③法律规定虚化，实际操作性低

虽然我国在《宪法》中明确规定了结社自由，但具体的法律规定却缺乏可操作性。首先，相关的专门性法律法规多是程序性登记规定，缺少实体性规定。比如《社会团体登记管理条例》《事业单位登记管理暂行条例》《民办非企业单位登记管理暂行条例》《外国商会管理暂行规定》，甚至综合性的专门法律如《红十字会法》《中华人民共和国城市居民委员会组织法》《中华人民共和国村民委员会组织法》《中华人民共和国工会法》等都主要是规定登记程序的，而具体权利义务和责任的条款却很少。甚至，多是对宪法中的结社权的"宣言性"重申，而无规范性的内容。比如 1993 年的《中华人民共和国农业法》（已经修订）、2004 年的《中华人民共和国农业机械化促进法》、2005 年的《中华人民共和国畜牧法》、2006 年的《中华人民共和国农产品质量安全法》等，虽然都有有关行业协会的专门条款，诸如"畜牧业生产经营者可以依法自愿成立行业协会，为成员

---

① 李咏：《中国 NGO 夹缝求生》，《财经》，2002 年第 13 期。

提供信息、技术、营销、培训等服务，加强行业自律，维护成员和行业利益""农业机械生产者、经营者、维修者可以依照法律、行政法规的规定，自愿成立行业协会，实行行业自律，为会员提供服务，维护会员的合法权益"等。但这些条款明显缺乏具体规范内容，而多流于"形式"。

2. 对策

第一，控制与放权的辩证统一。

首先，目前官方对社会领域自组织的谨慎心态和相应的控制要客观对待。因为在社会领域，政府放松控制容易造成混乱，对给予中国社会"自组织"空间和自由度的担忧也不是完全没有必要的。而中国社会，"特别是底层民众的文化水平有限，识别能力不强，他们在维护自身利益时多显无力，在进入一定的组织网络中，我们也难保他们可以很好地保证自身的权益不受侵犯，更无法保证他们不受某些人的利用。"[①] 其次，"去国家化"——国家应该进一步从社会领域撤离。中国社会自治组织并非缺乏自组织的能力，只是没有足够的自组织的空间和机会：只要条件允许，按照"理性人"的假定，他们会选择有效和有益的自组织生活。

第二，沿袭"治理"理论。此种理论借鉴近年来西方国家和世界范围内的治理革新运动的相关理论，强调打破传统的政府、社会组织、企业和公民个人之间的界限，为了共同的治理目标的实现，形成互助合作的多中心治理网络。其最终目标是实现"善治"（good governance）。这种"治理"摒弃传统的非此即彼、非放（权）即收（权）的二元对立的思维，同时尽量剔除统治、管理和治理之间的政治色彩区分和意识形态偏见，提出一个对当政者来说容易接受的"治理"理论。 对于我国社会的传统模式——缺乏一个真正属于自身的常规领域和相关组织，政府与社会之间一直以来就是强国家压制弱社会的模式。在此情况下谈追求"构建"平等、合作的"互动关系"

---

① 参考刘伟：《当前我国第三领域的发展难题》，《新世纪的公共管理》，中国商业出版社，2001年版，第35页。

是比较艰难的。但是，近来中国政府的亲民倾向和相应的"民本主义""以人为本"的施政原则的一定落实，客观上使部分社会人群加入到组织网络中去。比如民工加入工会，从而为他们权益的保障增加一种可能性。而在中国政治话语中具有正当性的基层民主建设（包括农村的村民自治和城市的社区自治）也被部分人看好。[①]应该说，中国社会自治组织状况存在着改善的乐观前景，国家对社会自治组织不断鼓励与扶持，并由政府对其依法监督和管理。

3. 完善相关法律

首先，我国《宪法》中关于公民结社权的规定的落实，从宪法层面而言，应提倡建立违宪审查制度。由于我国没有违宪审查制度，所以在法律实践中没有直接的意义。[②]其次，提高关于社会自治组织立法的效力，建立专门的商会法、协会法，非政府组织法。如果关于社会自治组织的立法由全国人大及其常委会制订，那么其立法的权威性就得到了保障，如此的效力地位也对落实宪法上的公民自由结社权大有裨益。通过专门的社会自治组织法，可以对社会自治组织的基本原则、具体的权利与义务以及相关的法律责任都进行明确而细化的落实。最后，完善与细化相关配套的法律法规。在宪法与专门的法律的指导下，制订与完善配套法律法规，纠正目前相关法律法规的不严谨，甚至相互"冲突"的现象。对各级政府的相关部门领域中的法规进行细化，加强其可操作性。

二、制度保障的完善

"制度就是稳定的、受珍重的和周期性发生的行为模式，……制度化是组织和程序获取价值观和稳定性的一种进程。"[③]私人主体参与行政，依赖主体自觉和行政主体的积极回应，对此在上文中已经做了回答和设计方向研究。同时，相关法律制度的保障和规范，也对行政参与权主体的完善有深远的影响意义，其中关于行政参与权

---

① 李昌平：《取消农业税将引发一系列深刻变革》，《读书》，2004 年第 6 期。

② 参见葛云松：《非营利组织发展的法律环境》，人民网，http://www.people.com.cn.

③ ［美］亨廷顿：《变化社会中的政治秩序》，生活·读书·新知三联书店，1989 年版，第 12 页。

的主体资格需要法律制度的明确规定和逐步健全。

（一）利害关系人制度

程序参与人的主体地位，已经成为诉讼法学的主要课题。日本学者棚濑孝雄认为："参加模式由于把诉讼当事者的程序主体性提到一个明确的高度，从而能够充分体现在原有的模式中很难找到自己位置的民主主义理念。要求法官的判断作用对当事者的辩论作出回答和呼应的参加模式，不仅仅把当事者的程序主体性作用限定在为了帮助法官作出正确判断而提供足够的资料这一狭窄的范围内，而是容许当事者用双方的辩论内容来拘束法官判断的同时，把法官这个第三者的存在和决定权能纳入自己努力解决自己的问题这样一种主体相互作用的过程。承认当事者具有这种更高层次的主体性，才有可能获得根据具体情况调整程度来追求更合乎实际的解决时必要的正当性。"①同时，邱联恭认为："宪法在承认国民主体之同时，亦保障国民有自由权、诉讼权、财产权及生存权。依据此等基本权之保障规定，在一定范围内，应肯定国民之法主体性，并应对于当事人及程序之利害关系人赋予主体权。此即所谓程序主体性原则，乃立法者从事立法活动、法官运用现行法及程序关系人（含诉讼当事人）为程序上行为时，均须遵循之指导原理。在适用此项原理之程序上，其程序之当事人及利害关系人，不应沦为法院审理活动所支配之客体。"②

关于诉讼当事人程序主体地位的认识，对于我们认识当事人在行政程序中的地位具有一定的理论奠基作用。首先，利害关系人参与行政程序是以主体地位而参与的。主体即意味着具有能动性、主动性、积极性、自主性的人，而不是客体意义上被动的物。其次，利害关系人有表达自己意见，并且该意见有被行政主体倾听的机会。最后，利害关系人应该有影响行政决定的机会和能力。以上所述利

---

① ［日］棚濑孝雄：《纠纷的解决与审判制度》，中国政法大学出版社，1994 年版，第258-259 页。

② 邱联恭：《程序选择权之法理——着重于阐述其理论基础并准以展望新世纪之民事程序法学》，《民事诉讼法之研讨（四）》，三民书局，1987 年版，第 576 页。

害关系人的意见以及其意见的被倾听，最终目的是影响行政过程的结果，对影响自己权益的行政决定发挥影响。

关于利害关系人的概念的解释，本书借鉴了《行政诉讼法》关于原告资格的规定。在我国行政诉讼制度发展的过程中，原告资格制度经过了如下发展阶段：1949 年至 1982 年的"无标准"时期；1982 年至 1989 年的"法律规定的标准"即"无统一标准"时期；1989 年至 2000 年的"合法权益标准"时期；2000 年至今的"法律上利害关系标准"时期。①

1989 年《行政诉讼法》确立了"合法权益标准"，即"公民、法人或者其他组织认为行政机关和行政机关工作人员的具体行政行为侵犯其合法权益"，这一标准借鉴了国外先进经验，比较准确地界定了行政诉讼的原告资格。2000 年实施最高人民法院关于执行《中华人民共和国行政诉讼法》若干问题的解释中，提出了"法律上利害关系"的适用标准。

但"法律上利害关系标准"这一法律概念的内涵还不确定，有学者把"利害关系"划分为四类："因行政行为指向（主体）而存在的利害关系""因行政行为触及的权利、利益而发生的利害关系""因法律上的牵连而存在的利害关系""因事实上的牵连而存在的利害关系"。②最高人民法院关于执行《中华人民共和国行政诉讼法》若干问题的解释中的第十二条确立了"法律上的利害关系"标准之后，

---

① 将行政诉讼原告资格的发展划分为四个阶段：第一阶段，从 1949 年到 1982 年《中华人民共和国民事诉讼法(试行)》颁布前，这一时期可称为"无标准"时期；虽《宪法》规定了公民的异议权，却没有具体的操作性的法律制度。第二阶段，从 1982 年到 1989 年《行政诉讼法》实施前，这一阶段可称为"法律规定的标准"时期，当时全国已有近 130 件法律、法规规定行政相对人可以按照各单行法律、法规的规定提起行政诉讼，但由于对原告资格无统一规定，客观上给行政相对人行使诉权造成许多不便，从而限制了行政相对人的原告资格；第三阶段，1990 年《行政诉讼法》的实施，这一时期可称为"合法权益标准"时期；2000 年《最高人民法院关于执行〈中华人民共和国行政诉讼法〉若干问题的解释》进一步明确了行政诉讼的原告资格"与具体行政行为有法律上利害关系的公民、法人或者其他组织"。该《解释》虽没有改变《行政诉讼法》"合法权益标准"的规定，但实际上为审判实践中判断原告资格提出了一个具体的操作性标准，也是行政诉讼原告资格制度的重要发展。参见夏锦文、高新华：《我国行政诉讼原告资格的演进》，《法商研究》，2001 年第 1 期。

② 参见杨小君：《行政诉讼原告资格:影响与利害关系》，《法治论丛》，2006 年第 7 期。

为了对其进行进一步解释而在第十三条中列举了四种情形。这对"利害关系"的理解是有益的，因为其明确了对于原告资格的理解应当放弃曾经盛行的"行政相对人"的限制性范围。[①]

这些在行政诉讼制度中，关于"利害关系人"范围的拓展趋势，也给确定行政过程中"利害关系人"的范围提供了有益的借鉴。一般认为，行政过程的利害关系人的范围包括行政相对人和行政相关人两类。

所谓行政相对人，是指行政行为主观上追求影响其权益的人，即行政主体主观意思表示中包含对其影响期待的人。行政相对人与行政法律关系的发生具有明显的关联性，表现在他们的行为促使了行政法律关系的形成，如行政许可行为中的申请人；或者他们的行为促成了行政法律关系得以形成的法律事实，如行政处罚中被处罚人的违法行为；或者他们的利益就是行政行为的客体，如被征收人的财产、专利申请人的智力成果。行政相对人与行政行为存在明显的利害关系，决定了他们以当事人的资格享有参与行政过程，在法律上不存在任何障碍。对此，世界各国的行政法律制度中都已经有相关规定，美国、瑞士、挪威、瑞典等国行政程序法中的"当事人"制度，西班牙、葡萄牙、希腊等国行政程序法中的"利害关系人"制度以及日本、韩国、意大利行政程序法中的"相对人"制度等，都明确规定了这类人的行政参与权利和参与方式。

行政相关人的参与主体地位，即行政相关人享有对行政过程的参与权。考察行政行为的客观效果是否影响了其权益，"这首先取决于利益本身是否有必要采取法定化的形式。法通常只选择和确认利

---

① 由于《行政诉讼法》第二十七条对行政诉讼第三人的规定，使得在 2000 年之前，学界和法院皆将是否具有行政诉讼的原告资格同是否为具体行政行为的相对人联系起来，而其他一些非相对人，或者说，同该具体行政行为也有一定利害关系的当事人就因此失去了行政诉讼的原告资格，这些人的唯一选择就是作为第三人参加行政诉讼，但是，这种参加却需要以行政相对人的起诉为前提，否则，非相对人以外的利害关系人的利益就不能通过行政诉讼得到保护。因此，最高人民法院的这一条解释实际上明确放弃了用相对人界定原告资格的观点，而转用了"法律上的利害关系"的标准来明确原告资格，拓展了可以成为原告的范围。参见杨寅：《行政诉讼原告资格新说》，《法学》，2002 年第 5 期。

益体系中的基本的和重要的并且与社会生活具有关联性的利益作为法律利益。另一方面，也取决于一定的社会环境和社会制度的状况，如一定的国家制度、社会制度的文明程度，以及一定的法律制度本身的进步程度。"①

而行政相关人在行政行为中的利益，如果没有相应制度的保障，则存在无法实现的情况。"因为各利益主体一般总是基于自己的利益追求，而参与人们的共同社会生活，他们所追求的利益，他们关于满足自己利益追求的愿望，在没有制度规制的情况下，是容易逾越界限而对其他主体的利益发生负面影响的。"②例如，火车票价格的涨价行为，是政府宏观调控的一项举措，同时也是铁路系统基于成本效益分析后的调整举措，这都会在客观上对消费者的正当权益造成必然的影响。行政相关人与行政相对人以及行政主体之间利益的矛盾和冲突，需要法律的介入才可以解决，如博登海默所言："法律的主要作用之一就是调整及调和上述种种相互冲突的利益，无论是个人的利益还是社会的利益。这在某种程度上必须通过颁布一些评价各种利益的重要性和提供调整种种利益冲突标准的一般性规则方能实现。"③一种一般利益转化为法律利益的主要且直接的原因在于，这种利益之间的冲突和矛盾需要法律予以调节和处理。因此，将行政相关人对行政行为拥有的利益确认为法律利益，明确其在行政过程中的参与权，即成为解决这种矛盾和冲突的逻辑途径。

享有参与权的行政相对人参与行政过程，这样就获得了一个迫使行政主体对其利益诉求作出回应的论辩场所，由其提供的有关信息在很大程度上成了行政主体决策的事实根据。而且，官僚队伍的组织化和常任制促使了行政主体不可能长期地、一直地与被管制者，尤其是组织化的被管制者，保持对立的姿态。所以，行政权力就会向受管制利益妥协、甚至被受管制利益"俘获"。由于行政相关人与

---

① 周旺生：《论法律利益》，《法律科学》，2004 年第 2 期。

② 同上。

③ [美] 博登海默：《法理学：法哲学及其方法》，中国政法大学出版社，1999 年版，第398 页。

行政行为的利害关系，并且行政相关人与被管制者利益指向的反方向性，寻求在行政主体与管制相对人之间的第三方的参与，就成为解决这种困境的有效途径。

从行政程序制度的国际发展趋势来看，当代各国行政法都是在允许更多的、甚至所有的、与行政行为有利害关系的人参与到行政程序中。各国《行政程序法》都普遍规定了这类行政相关人参与行政程序的法律权利。

（1）其他国家和地区的相关制度

美国 1976 年《联邦行政程序法》第 554 条第 3 款规定：机关应向所有利害关系人提供下列机会：第一，提出并研究各种事实、论据、解决方案或调解建议的机会，如果该程序的时间、性质及公众利益允许。第二，在当事人之间不能通过协商解决纠纷的情况下，依本编第 556 条和第 557 条规定获得听证和通知后裁定的机会。而且，在第二上诉法院 1962 年的一个判决中明确到，"现在，只要不影响公共事务有条不紊地进行，任何有利害关系的人都有权参加听证。"①

美国国会于 1990 年颁布《协商制定行政规章法》中规定，协商程序既可以由行政主体启动，也可以应相对人申请启动，协商制定规章的要点和协商委员会的组成须在美国《联邦登记》上公布，以便社会公众对相应规章制定的参与。参加协商制定规章程序的各方达成一致而形成的相应规章正式草案，应经过通告评论程序后方可正式发布生效，生效后也可以应其他未参与协商程序的利害关系人的请求而接受司法审查，以保证其民主性，同时也可防止行政部门在协商程序中被规制对象俘获而为其谋利。

日本 1993 年《行政程序法》第十七条规定，听证主持人认为必要时，对当事人以外之人，依该不利益处分所依据之法令与该不利益处分有利害关系者，得要求其参加该听证程序或许可其参加该听证之相关程序。韩国 1996 年《行政程序法》第二十七条规定，"当

---

① 王名扬：《美国行政法》，中国法制出版社，1995 年版，第 425 页。

事人等"可以"在处分之前向行政主体以书面、计算机通信或言辞等方式提出意见""为立证其主张添具证据资料等",行政主体作出处分时"应诚实考虑当事人等提出之意见"。而"当事人等"系指"因行政主体之处分而直接成为相对人之当事人和依行政主体之职权或申请而参与行政程序的利害关系人。"[1]

葡萄牙1991年《行政程序法》第五十三条列举了享有参与行政程序的正当性的私人及相应团体的范围:(二)下列人因其受保护的分散利益而具有正当性:市民因行政活动造成或将会造成其诸如公共卫生、住所、教育、文化财产、环境、领土整治以及生活质量等基本权益严重受损;居民因位于其所属区域的某些公产受行政活动的损害。(三)为着维护居住于特定区域的居民的分散利益,致力于保护该利益的社团以及在相关区域的地方自治团体均有正当性。[2]

(2)对我国的借鉴意义

明确所有利害关系人制度,是行政法治以及行政实践和程序法制的必然选择,也为我国行政程序法典的制定指明了方向。首先,我国应明确行政相对人和行政相关人的程序主体地位,在未来的行政程序法典中充分彰显当事人的程序主体地位。[3]第二,关于公众在行政过程中的程序主体地位及其参与方式,也应成为程序主体制度的重要内容。当然,公众的主体地位并非源自一般意义上的"社会公众"的地位,而仍然根源于其与行政过程的法律上的利害关系,即公众之成为行政程序主体地位存在于两类行为:抽象行政行为和相关人为非特定人的具体行政行为,如可能影响环境的规划许可行为等。第三,应建立程序权利制度,规定当事人的权利内容,比如程序发起权、知情权、表达权、获平等对待权、防御权等。如此,可以更有效地保障当事人程序主体地位,因为其可以通过程序制度转化为义务性规定而对行政主体具有强制性的约束力。最后,《行政

[1] 应松年:《外国行政程序法汇编》,中国法制出版社,2004年版,第543、572-582页。
[2] 同上,第343页。
[3] 皮纯协:《行政程序法比较研究》,中国人民公安大学出版社,2000年版,第569页。

程序法》还应建立相应的程序制度来保障程序主体权利的实现，为程序主体具体参与行政过程、影响行政决定提供规范依据和实现路径。

当然，公众的行政参与主体资格，仅限定在公众作为行政行为的行政相对人或行政相关人的情形下发生。公众成为行政相对人，主要是发生在抽象行政行为过程和公共决策的形成过程；而公众成为行政相关人，主要存在于规划、环保等客观影响广泛的行政行为。就公众参与行政过程的利益基础而言，除了表现为普遍性的公共利益之外，更多只是一定范围内的共同利益而已。因为严格意义上的公共利益就是社会成员的普遍利益，"公共利益不是个人利益的简单集合，也不是多数人利益在数量上的直接体现，它是社会共同的、整体的、综合性和理性的利益。"[①]而行政过程对全体社会成员的普遍利益发生影响的情形只存在于全国性的行政法规，以及全局性的公共行政决策形成的过程中，这种情形下普遍的社会公众都属于该项行政过程的行政相对人，因而都具有参与该项行政过程的权利。然而，这样全局利益的把握由立法机关、执政党通过某种方式发生影响，因而这种领域的公民参与对政治民主的意义要比对行政民主的意义要大。不同于此的公众在行政过程中的参与，大多是对一定范围内共同利益的追求和维护。"共同利益首先是在同一社会关系，尤其是经济关系和经济地位基础上形成的，是处于同一社会关系和社会地位中的人们的各自利益的相同部分。"[②] "共同利益是一定范围内全体成员或绝大多数社会成员的相同利益，也可以称为相同利益。"[③]共同利益的主体是两个或者两个以上的社会成员。一般认为，"有共同利益的个人组成的集团通常总是试图增进那些共同利益"。但是，"除非一个集团中人数很少，或者除非存在强制或其他某些特殊手段以使个人按照他们的共同利益行事，有理性的、寻求自我利

---

① 韩大元：《宪法文本中公共利益的规范分析》，《法学论坛》，2005 年第 1 期。

② 王浦劬等：《政治学基础》，北京大学出版社，2006 年版，第 54 页。

③ 叶必丰：《行政法的人文精神》，北京大学出版社，2005 年版，第 29 页。

益的个人不会采取行动以实现他们共同的或集团的利益。"[1]因而，共同利益的存在和实现逻辑，为非政府组织和共同利益代表人追求一定范围内的共同利益，而参与行政过程的正当性和必要性提供了社会基础。

（二）公益代表人制度

在行政立法行为、行政规划行为、涉及社会普遍利益的行政决策行为等，这些行政过程的利害关系人为普遍的社会公众时，行政参与主体制度需要研究如何既保障参与的有效性，又保障参与的广泛性。

美国行政法通过判例逐步建立的公共利益代理人制度，为此种情形下的行政参与主体制度的健全提供了有益的借鉴。美国行政法的传统模式一直试图协调政府权力和私人自主权之间的相互冲突。其所采用的方式是，除非立法授权，否则禁止政府对私人财产的侵犯。为达成这一目的，传统模式要求行政主体遵循法定的行政裁决程序。这样的情况下，在私人福利方面，政府权力的扩张势不可挡；某些特定的领域，许多行政主体失于履行维护公共利益的职责时，传统模式却没有相应的矫正机制。

受行政政策影响的所有人都应当有适当的代表，这一需求与传统模式的局限性的合力最终导致了行政过程的"传送带"模式和"专家知识"模式的解体，并通过判例，逐渐拓展和变革了传统模式的利益代表机制。这些都在很大程度上摒弃了阻碍当事人向法院质疑行政行为合法性的起诉资格原理，广泛地授予了各种利害关系人参与行政正式程序的权利以及促使行政正式程序启动的权利。

美国行政法的发展趋势是，行政法的功能不再是保障私人自主权，而是提供一个政治过程，从而确保在行政程序中广大受影响的利益得到公平地代表。个体或组织的实质利益和团体的利益，都可以在行政过程中得到较好地代表。但是，当公共利益受到损害，即某个行政决定的影响虽然广泛但是又非常分散的时候，单个的个体

---

① [美] 奥尔森：《集体行动的逻辑》，上海人民出版社，1995年版，第1-2页。

没有受到可以激励其去提起诉讼的严重损害，并且，昂贵的诉讼成本和获益的集体性质阻碍人们联合起来进行诉讼，此时，公共利益代表人制度，就为这些广泛而分散的利益在行政过程中得到代表提供了可能性。而这种代理主要是由私人律师、私营公司、一些有固定成员的组织、甚至特定情形下政府的特定组织等来承担。尤其是私人律师，其代表广泛共享的公共利益，可以为行政决定的作出提供更多的信息和主张，从而对行政主体的决定施加一些影响，促使行政主体在行使自由裁量权时更多地尊重公共利益。而且近年来，私人律师在公共利益代表方面的努力和对于促使行政过程改善的成效，受到了人们的普遍赞扬。①

美国《行政程序法》中的公共利益代表人制度，德国、韩国、我国台湾地区《行政程序法》中建立的共同代理人制度等都能够较好地满足公众的程序主体地位的保障，值得我们借鉴。在我国，目前也有律师代表公共利益参与行政过程的案例。律师的参与，在某种程度上可以克服个体性参与的局限性。但我国现阶段的律师制度尚不发达，公众以及国家机关对于律师的认识、律师能够提供法律服务的领域以及律师可能发生的社会作用等都未得到充分发展。而这种发展既依赖于良好制度的导引以及社会公众的宽容，更依赖于律师自身的发展。律师作为公共利益代表人参与行政过程的优势体现在如下几个方面：

首先，律师拥有法律知识和参与技巧，在某些领域中，这些甚至是行政主体都不能比拟的——这为律师参与行政过程奠定了知识

---

① 当然，公共利益代理人制度也面临两个发展的困境：其一，由于分散的公共利益的私人代表目前可以利用的资源短缺，不足以确保所有受到行政决定显著影响的利益都获得适当的代表，从而使得哪些利益在行政程序中能够获得代表，取决于私人律师和为这种代表提供资金的基金会。这种对行政过程中可获得利益的私人选择与参与权利扩大的原则和发展趋势是相悖的。其二，没有任何有效的责任机制约束律师，以确保其忠于自己声称要代表的、分散的个别利益主体。也许，公共利益代理人制度不是一个最好的制度，但至少在当代，它所发挥的作用至少是"有益的和重要的"。这些关于公共利益代理人制度和美国行政法的发展趋势，可参见［美］理查德·斯图尔特：《美国行政法的重构》，商务印书馆 2002 年版，第 156 页。

基础；第二，"律师"职业以及律师群体对行政主体的潜在压力，也可能在一定程度上消解普通公民代理公共利益时面临的"枪打出头鸟"的体制尴尬；最后，律师可以借助其社会影响，获得一些非政府组织、基金会以及利益集团的支持，比如消费者协会、工会、个体劳动者协会等。

另外，从我国行政法制度的发展趋势来看，律师作为公共利益代表人制度也有一定的发展空间。"乔占样质疑铁道部 2001 年票价上浮案"就充分展现了这种发展空间。乔占祥于 2001 年 1 月春运期间，分别购买了从石家庄到磁县、石家庄到邯郸的火车客票 2 张，比票价上浮前多支付 9 元钱。此后，他到北京市第一中级人民法院起诉，状告铁道部票价上浮侵犯他的财产权、知情权和公平交易权。北京一中院于 2001 年 11 月作出一审判决，以"原告提起的行政诉讼请求缺乏法律依据，2001 年春运期间部分旅客列车价格上浮决定是经过市场调查、方案拟定、上报批准的，程序未违反有关法律规定"为由，驳回原告诉讼请求。这起案件的影响意义在于"我们应当看到本案在整个社会上所产生的良好影响，此案对中国行政法治进程以及公民法律意识提高都将起到积极的推动作用。"[①]首先，本案从法治意义上所彰显的实质正当性，和其所引发的公民关注和参与，使得国家计委开始重视程序正义性。[②]于是，在 2002 年 1 月举行了旅客列车票价实行政府指导价方案听证会，对春运期间提高部分铁路票价进行了论证。其次，价格听证会制度的发展和完善。自 2002 年铁路票运价格听证会后，社会各个领域关于公共产品、垄断行业产品的价格调整，均开始寻求"听证会"的程序正义。第三，公民参与观念的训练和扩展。自该案之后，对国家其他垄断行业的有关产品价格和服务质疑，逐渐深化到对政府行为合法性、正当性

---

① 梁士斌：《状告铁道部票价上浮上诉案律师乔占样终审败诉》，《法制日报》，2002 年 2 月 29 日。

② 我国《价格法》第二十三条规定："制定关系群众切身利益的公用事业价格、公益性服务价格、自然垄断经营的商品价格等政府指导价、政府定价，应当建立听证会制度，由政府价格主管部门主持，征求消费者、经营者和有关方面的意见，论证其必要性、可行性。"据此，国家计委关于铁路票运价格调整方案的形成，"应当建立听证会制度"。

的质疑，并且在日益壮大的公众参与队伍中，有了更多的普通公民的参与。最后，证明了私人对于法治发展的意义。法治的发展动力不仅来自国家，更来自社会，尤其是其中的个体，个体性参与是有益且重要的，至少"私人在法之目的的实现中承担着并不亚于政府的重要角色"。①

三、以消费者协会为例

（一）消费者协会

在市场经济社会，由于市场机制与政治自由、经济自由紧密相连，因此，"市场机制"本身是政府所竭力保护的最大、最直接的公共物品。政府应该采取必要措施以切断消费者无知与经营机会主义者之间的恶性循环，而且，尽管消费安全问题对于特定消费者而言只涉及个人利益，但对于整个社会而言，消费者无知就不可避免地损害消费安全、消费信誉以及正式意义上的消费选择自由等公共利益。就此而言，政府介入经营——消费关系之中似乎存在理由。

但是，政府作为公益代表，既要代表消费者、也要代表经营者，它不能顾此失彼，尤其当政府不得不考虑疏远经营者可能丧失经营者的政治支持与经济资助时，它自然更多地选择中立。直到进入 20 世纪之后，西方政府在消费保护方面似乎有所改变，开始颁布一些行政管理法规，授权政府介入一些消费领域，强化消费领域的行政管理。②但是，由于行政管制往往只能在部分消费领域中起到"保底"作用，在更多领域中仍然要囿于角色限制而"鞭长莫及"。同时，新商品、新服务的品种与科技含量的与日俱增，

---

① ［日］田中英夫、竹内昭夫：《私人在法实现中的作用》，法律出版社，2006 年版，"前言"第 2 页。

② 比如，美国消费者运动的首次高涨出现在 20 世纪初，以争取洁净食品与药品为目标，直接推动了 1906 年美国《联邦食品和药品法》出台，并促成美国政府开了行政干预之先河。参见李昌麒、许明月：《消费者保护法》，法制出版社，1997 年版，第 16 页。

所谓的"消费者"问题[①]，仍然没有解决。

这种情况下，消费者无法依靠市场力量自我解放，也不能指望消极政府指点迷津、给条出路，那么，通过公民发挥参与性的自治化形成消费领域第三部门的要求也就应运而生了。"合约失灵理论解释的是为什么有些私人物品要由非营利组织提供，而市场失灵或政府失灵理论解释的是为什么有些公共物品要由非营利组织提供。"[②]

从根本上说，处于弱势的消费者是从经营者的强势与政府消费保护不力这个起点上逃遁，最终逃向消费者协会以寻求"组织保护"，从"消费自觉"过渡到"组织自觉"。这是一种从传统共同体向现代共同体集体逃遁规律在消费保护领域的形象展示。

具体而言，在现代化过程中，"以强制谋求私益"的机制或早或晚要被"以志愿求私益""以强制求公益""以志愿求公益"三种新型机制所取代。""摆脱共同体的束缚，实现公民个人经济权利，并通过自由交易提供私人物品的市场化进程，它产生了现代企业制度；摆脱共同体的束缚，实现公民个人政治权利，并通过自由投票产生公益代理人，由他在法定范围内行使权力去提供公共物品的民主化进程，它产生了现代政府制度；摆脱共同体束缚，实现公民个人社会权利，并通过志愿行动形成自由人联合体，不经代理环节而直接提供公共物品的自治化过程，它产生了现代第三部门。"[③]就此而言，如果民众通过市场化建立了现代企业、通过民主化建立了现代政府，却没有通过自治化的参与性而建立消费者协会等第三部门，那么，他们在消费领域中的处境，很可能处在非常尴尬与窘困的地步。

---

① "消费者问题"是尾随商品交换而来的一种普遍存在的商品经济问题，主要表现为消费者在接受生活资料和生活服务时因为经营者的过错而利益受损；它以商品交换当事人的利益形态差异为存在前提，并因交换媒介的货币化而普遍加重。参见罗豪才：《行政法论丛》第5卷，法律出版社，2001年版，第99页。

② 王绍光：《多元与统一——第三部门国际比较研究》，浙江人民出版社，1999年版，第35页。

③ 秦晖：《政府与企业以外的现代化——中西公益事业史比较研究》，浙江人民出版社，1999年，第17页。

（二）消费者协会的自治性

作为公民参与政府与社会关系体现的消费者协会，"人们相信它们不受政府支配，能够独立地筹措自己的资金，独立地确定自己的方向，独立实施自己的计划，独立完成自己的使命。'非政府组织'这个叫法也是为了强调这些组织不是政府的附庸和尾巴。"①世界上大多数的消费者组织，即便像日本财团法人性质的日本国民生活中心、香港消费者协会这种半官方的消费者组织，也从未放弃自主决策、自我完善的机会，更不用说诸如美国消费者联盟、英国消费者协会与新加坡消费者协会等更具民间性的消费者组织，特别标榜其自治性。

首先，消费者协会追求"组织自决权"。作为参与性要求的产物，消费者协会的普遍设立这个事实本身，就已经宣告了"消费者协会自治"的社会合法性。我们以官办色彩较重的中国消费者协会来证明消费者协会的"组织自决权"。中国消费者协会经国务院批准而成立，成立之后，它从未放弃过对于组织的自决权的追求，尤其是当我国《消费者权益保护法》第三十一条与第三十二条第二款"追认"了它的"社会团体"身份之后。②在该法颁布后不久，中国消费者协会理事即于 1993 年 12 月对"中国消费者协会章程（1984 年）作了较大修改，一改旧章程对组织终止问题的避而不谈，毫不含糊地宣告了"组织自决"的坚定立场。新章程第十三条规定："中国消费者协会的终止由理事会决定。终止的决定必须经三分之二以上理事通过方为有效。"显然，中国消费者协会认为组织终止与否完全取决于自己，而非政府。

其次，各级消费者协会之间是"业务指导"关系。消费者协会

---

① 王绍光：《多元与统一——第三部门国际比较研究》，浙江人民出版社，1999 年版，第 53 页。

② "消费者协会和其他消费者组织是依法成立的对商品和服务进行社会监督的保护消费者合法权益的社会团体""各级人民政府对消费者协会履行职能应当予以支持"。概言之，我国对社会团体合法性的要求，经历了由"软约束"向"硬约束"演进的历程。在 1989 年的《社会团体管理暂行条例》颁行以后，社团的法律合法性才正式开始成为明确要求，而在 1997 年的社团清理整顿和 1998 年的《社会团体管理条例》公布以后，社团的法律合法性终于成为硬性要求。参见苏力：《规制与发展——第三部门法律环境》，浙江人民出版社，1999 年版，第 315 页。

之间的非层级性、非官僚化，是各级消费者协会，尤其是低层次消费者协会自治化的必要前提。《中国消费者协会章程》第十二条规定：县以上行政区划可根据实际条件成立当地的消费者协会。地方的工作受中国消费者协会指导。《中国消费者协会受理消费者投诉规定》也明确指出：中国及各省、自治区、直辖市、计划单列市和省辖市三级消协做好各地域内受理投诉的协调指导工作。

再次，倡导消费者集体行动时的自我决策。消费者协会不仅要替消费者防范来自经营者的直接侵权，还要时刻提防政府实施消费者歧视决策。因此，消费者协会要想在经营者与政府之间为消费者群体撑起一片安全消费的空间，就不得不与政府、经营者分别保持适度距离，而不必看它们的脸色行事。倘若消费者协会在经营者和政府之间不中立，则会因为角色错位而迷失方向。当然，这并不意味着消费者协会所确定的消费者运动主题绝对不会与经营者的经营宗旨或政府的消费政策之间可能出现某种巧合，但这只能是巧合，而不应当成为消费者协会"迎合"的结果。

最后，具有化解消费纠纷的功能。可以说，如果第三部门绝对地没有自我化解相关纠纷的功能、完全仰赖外部力量来维持秩序，那么，这恐怕就表明了第三部门并不享有真正意义上的自治权。

（三）公民分享国家权力资源

消费者协会——即使是半官方的消费者协会，虽然素来声称自己独立于政府、甚至独立于整个国家权力体系之外，只依赖组织权威来影响社会行动，但实际上的消费者协会从来都不愿与国家权力划清界限，总是要通过分享国家权力资源以促成其组织更富有成效。这种说法，在某种程度上可能有失公允，因为，一则，消费者协会不可能做到完全超脱于权力体系之外；二则，政府往往为证实国家权力的正当性而允许消费者协会分享国家权力资源。

首先，分享立法资源。在立法领域，消费者协会所组织的消费者运动，不仅经常起着消费者权益保护制度变迁的第一推动力作用，[①]直接影响着立法者的判断与决策；而且，它还经常代表消费者进行全方位的立法参与，以影响立法者对社会资源的分配与再分配，为消费者争取到更多消费者权益保护条款的同时，也为自身争取到了更多的法定职能与更高的社会地位。消费者协会代表着消费者群体推动立法、参与立法，维护消费者权益，从而与其他利益集团——尤其是商业组织及其行业协会相抗衡，成为权力多元化、社会化的一种重要标志。[②]

其次，分享行政资源。由消费者协会组织发起的、持续不断的消费者运动，恐怕是促成政府将部分行政资源用于保护消费者权益的最大力量。譬如，美国的消费者运动直接推动了各级政府设立各种消费者保护机构，仅联邦政府中涉及保护消费者保护的行政机构就多达 30 几个，譬如联邦贸易委员会、食品药物管理局、消费者商品委员会等；各州也根据自身情况设立了比如消费者事务部等专门机构。再如，日本的消费者运动在 1973 年直接推动了专门保护消费者权益的行政机构——国民生活中心的出现。[③]

消费者组织除直接推动政府作有利于消费者的行政资源分配外，它还经常与各类行政机关携手共进，通过协助行政执法的方式保护消费者权益。譬如，我国《消费者权益保护法》(1993)第三十三条明确规定，消费者协会具有"参与有关行政部门对商品和服务的监督、检查"的职能；基于此，《中国消费者协会章程》(1993)第五条非常婉转地表达了消费者协会对于行政资源的重视：中国消费者协会在工作中与工商行政管理、技术监督、进出口商品检验、物价、卫生、农业等部门保持密切联系，并得到它们的协助和支持。

---

① 参见宋功德：《行政法的制度变迁》，载《行政法论丛》第 4 卷，法律出版社，2001年版，第 76 页。消费者协会对于消费者立法的推动作用，可以从中国消费者协会对推动《消费者权益保护法》出台所做的贡献中足见一斑。从 1985 年起，中国消费者协会就在国务院法制局、全国人大法工委和国家工商局的指导下，开展了对指定全国性保护消费者权益法的探索，反复起草了 20 多个草案，开展了广泛的社会调查与国外考察，多次召开立法论证会、广泛征求各方面意见。

② 郭道晖：《权力多元化与社会化》，《法学研究》，2001 年第 1 期。

③ 参见李昌林、许明月编著：《消费者保护法》，法律出版社，1997 年版，第 19-21 页。

中国消费者协会曾会同这些行政部门开展了一系列监督、检查活动，例如与国家工商局、卫生部合作，对河北固安中药材市场进行调查，分析了伪劣中药产生的背景原因，并呼吁有关部门加强管理监督。

最后，分享司法资源。囿于司法程序的烦琐、精细以及司法力量、技术的不足，消费者运动在直接催生了消费者协会之后，便匹配其化解消费争议的功能，从此在消费者纠纷领域便形成了消费者协会调解、诉讼、仲裁三分天下的态势。不仅如此，消费者协会还通过支持诉讼等方式以分享更多的司法资源。对于消费者而言，消费者协会化解消费争议只是一种"居间"调解[①]，并未因此损失消费者的诉权；但对于经营者而言，由于消费者协会化解纠纷具有强硬的行政权背景[②]，以及它依法支持消费者诉讼、给法院施加压力从而影响其判决的现实威胁。因此，这些都很可能使得较消费者协会而言处于弱势的经营者，在调节中退让妥协，而不至于引起诉讼。作为博弈的结果，消费者协会因此分享了司法资源。[③]

（四）借用社会权力资源

1. 借用媒体力量

消费者协会借用媒体力量的方式有两种：

第一，通过自己的出版物来传播消费信息。这似乎成了各国消费者协会以及国际消费者联盟维护消费者权益的常规武器。我国《中国消费者协会章程》在第六条中将"出版《中国消费报》《中国消费者》杂志和有关刊物"视作中国消费者协会的一项"任务"。

第二，通过其他传媒大造消费舆论。我国《消费者权益保护法》

---

① 消费者协会旨在代表处于弱势的消费者而与经营者相抗衡，以助消费者与经营者讨价还价一臂之力。就此而言，让消费者协会"居间"调解，似有名不副实之嫌。但消费者协会的角色定位限制了其超脱性，这也同样可以作为质疑由消费者协会去仲裁消费争议的理论主张与实践作法。

② 比如《北京实施〈中华人民共和国消费者权益保护法〉办法》第16条第一款规定：消费者协会受理消费者的投诉后，应当对投诉事项进行调查、调节，经营者应当积极配合。经营者不接受调解或者不履行调解协议的，消费者协会可以根据消费者的要求，将案件移送有关行政部门处理。

③ 消费者协会不仅要通过支持诉讼等各种方式促成法院作有利于消费者的裁判，而且，还推动着司法体制朝着有利于保护消费者的方向改革。

第三十二条第一款（七）以及我国《中国消费者协会章程》第六条（7）都规定："对损害消费者合法权益的行为，通过大众传播媒介予以揭露、批评"。

2. 借用专家权威

在现代社会，消费者无知主要归结为信息的不对称，普通消费者缺乏必要的商品品质判断知识——尤其是高科技商品，更是只知其然、不知其所以然。因此，消费者协会欲取信于民，就要顺应消费者对专家的普遍依赖情节，凭借专家权威来引导理性消费、维护消费者的合法权益。

只有当消费者协会的资源配置与角色设计相匹配时，消费者协会才能合法地存在、真实地存在、有意义地存在。之所以如此，借用苏力先生的分析就是，"知识是权力的产物"，由于单个消费者无法运用足够的社会权力资源从而不得不处于无知境地。因此，消费者协会要去解决、至少要弱化这种"消费者无知"，就必然要动用足够多的国家的或社会的权力资源。"权力以及在此基础上形成的求知者对于知之对象的支配性关系是获得知识的一个重要条件。如果没有此条件，至少在这一点上，知的关系就无法存在，至多只有一种求知的意愿，而无法形成行动。"[①]尤其对于有组织的现代企业与商业而言，消费者协会的这种资源配置是其获得经营权、服务者是否"规矩"的知识，并迫使它们接受一种来自消费者协会的潜在威胁的知识、迫使它们"规矩"行使的必要条件。

尽管消费者协会分享了国家权力资源、借用了社会权力资源，但是，这并非意味着消费者协会是依附于国家权力与社会权力之下的，成了它们的附庸。相反的，消费者协会正是一种巩固参与的自治基础、畅通参与的自治之道的理性选择。因为，在政治国家与市民社会二分的制度结构中，国家权力资源与社会权力资源表现为对峙；但在"国家——第三部门——社会"三分的制度结构中，起着承上启下作用的第三部门就必然既要分享国家权力资源、又要借用

---

① 苏力：《制度是如何形成的》，中山大学出版社，1999 年版，第 177 页。

社会权力资源，以拓宽生存空间、增加其社会合法性。

第二节　调整行政参与权的司法救济

"权利与救济不能分割，救济的性质决定权利的性质。"[①]司法救济是行政参与的终极保障。只有在司法程序中使相对人权利得到救济，矫正行政机关在参与程序上偏私或是忽视相对人参与的行为，行政程序中的参与人才会感到有正义的支持，才会使我们的行政程序法治建设在参与行政的贯彻下渐趋完满。

一、扩大诉讼保护的权利范围

根据《行政诉讼法》第五十四条之规定，人民法院经过审理，根据不同情况，分别作出以下判决：（一）具体行政行为证据确凿，适用法律、法规正确，符合法定程序的，判决维持。（二）具体行政行为有下列情形之一的，判决撤销或者部分撤销，并可以判决被告重新作出具体行政行为：1. 主要证据不足的；2. 适用法律、法规错误的；3. 违反法定程序的；4. 超越职权的；5. 滥用职权的。（三）被告不履行或者拖延履行法定职责的，判决其在一定期限内履行。（四）行政处罚显失公正的，可以判决变更。通过第五十四条可以看出，具体行政行为有违反法定程序的，人民法院可以判决撤销或部分撤销，此款为概括式的立法，行政相对人的程序性权利可依此获得保护。

但是，我国行政诉讼法规定的行政诉讼所保护的权益主要是人身权和财产权，而对于侵犯参与权的行政行为则没有明确规定是否能提起行政诉讼。因此，应该将参与权明确纳入行政诉讼的保护范围，以更好地保护行政相对人参与权利。

建议在受案范围中增加一款，以列举式与概括式相结合的方式，

---

① ［英］威廉·韦德：《行政法》，中国大百科全书出版社，1997年版，第538页。

强调程序性权利的保障。可增加"认为行政主体侵犯相对人程序性权利如知情权、参与权等"一款，将侵犯相对人参与权利的行为明确纳入受案范围。

二、扩大司法审查范围

完善适合中国国情的司法审查制度，一方面，要完善行政诉讼制度，在《行政诉讼法》修改中，应当扩大行政诉讼的受案范围，将规范性文件纳入司法审查的范围，延长起诉期限，充分保障相对人的行政诉权。实践中，很多法院对涉及地方政府或社会影响较大的案件往往顾虑重重，不敢受理，因为法院在人财物等方面仍依附于地方，法院的地方化严重影响了行政审判的开展。因此我国迫切需要改革现行的行政审判体制，建立起相对独立的行政法院系统，[①]用制度排除各方面的干扰，使行政诉讼制度在保障公民的行政参与权方面更好地发挥作用。

另一方面，我国要建立适应我国国情的宪法诉讼制度，在法律缺乏规定或现行规定不足以保护公民基本权利时，对公民的宪法性权利提供直接救济，为行政参与权的行使提供最具权威的、终极意义的保障。司法审查制度的完善，可以借鉴西方国家和有关地区的具体制度和基准。

（一）英国

英国法院对行政活动的司法审查的基准是合理原则。合理原则中的合理包含了"诚实""善意""公平"的意思。合理原则审查的内容极为丰富，包括：恶意（bad faith）；不诚实（dishonesty）；恣意（arbitrariness）；刚愎（perversity）；反复无常（caprice）；禁止反言原则（the doctrine of estoppel）[②]；政策不一致（inconsistency）；

---

① 马怀德：《行政审判体制重构与司法体制改革》，《国家行政学院学报》，2004 年第 1 期。

② 行政机关作出的行政决定，如果违法承诺或者契约，就违反禁止反言原则，属于不合理的行为。此原则的中心含义是政府的行为应带有相应的连续性。参见罗明通：《英国行政法上合理原则之应用与裁量之控制》，群彦图书股份有限公司，1995 年版，第 45 页。

违反市民合法期待（contrary to the citizen's legitimate expectation）。^①
上述几个方面都涉及政府诚信、保障行政参与权的内容。

关于英国法院在判决中直接涉及社会自治组织的案例，以"威斯特敏斯特公司诉伦敦和西北铁路公司案"为例。1891 年的威斯特敏斯特公司诉伦敦和西北铁路公司案，是有关伦敦市政府依 1891 年《公共卫生法》第 44 条执行其法定权力以设置公共卫生设备时，法院是否有权干预的争议。当时的法官 Macnaghten 在判决中称，"以法律赋予法定权力之公共团体于执行其权力时，必须注意不能逾越其权力或滥用权力，此原则在英国已根深蒂固。该团体必须限制其自身在法律授权范围界限内行使权力；必须以最大诚意行使之；并必须合理行使。"该判决的意义在于，对社会自治组织的权力合理性作出了判决。

（二）美国

在美国，最早的案例是"达特毛瑟学院校董事会诉乌德华案"。当时政府准许达特毛瑟学院设立董事会，董事会有权决定院长人选以及其他重大事宜。十几年后，由董事会决定的院长与董事会在学校经费以及教学管理方面总有摩擦，双方矛盾激化，于是由院长向州议会告发，要求彻底清理学院各方面的问题。州议会命令学院停办，增设 9 名由其委派的董事会成员，并设州议会委派的 25 名监事，监事对董事会的决定有否决权。原董事会起诉要求州议会撤销这些行为，恢复原设置。最高法院受理了这起案件，大法官马歇尔最终认定：最初董事会自筹经费设立私立学院，是经当时的政府允许，此行为应视为双方成了契约关系，在契约上政府与平民是一样的，必须遵守自己的承诺。州议会的行为属于毁约。

这个案件通过一个普通简单的教育机构的设立的命运，表明政府必须对参与权予以尊重，作了承诺不得悔改；而且刺激了西方法律文化中的一个重点内容："在法律面前，政府与平民一样，必须说

---

① 林惠瑜：《英国行政法上之合理原则》，《行政法之一般法律原则》，三民书局，1994年版，第 197 页。

一不二。"①

三、完善程序违法的责任规定

我国现行的行政程序法律规范大都对程序违法的法律责任缺乏专门性的规定。目前作为司法救济首要依据的《行政诉讼法》第五十四条将可撤销的行为仅仅限定在具体行政行为，并且这种行政行为违法是实体行政行为违法。根据《行政诉讼法》第五十四条规定，在某一具体行政行为违反法定程序的情况下，人民法院可以撤销或者部分撤销该项行政行为，这种实体行政行为因违法被撤销后，行政主体不得以同一事实和理由作出与原具体行政行为相同的具体行政行为。但如果是因程序违法被撤销后，被告可以依照"新的"或者"正确"的程序重新作出行政行为，甚至结果是与原具体行政行为相同的行政行为。如此："原告起诉被告程序违法没有实际意义，不能解决任何实际问题，而只能解决形式问题，名义上原告是赢了官司，但被告却可以重新作出与原行政行为相同的行政行为。对于原告来讲，赢了一场名义上的官司而并没有赢得实际结果。当这个做法成为一种普遍制度的时候，原告再进行这种官司还有什么意义？"②那么，现有的法律一大弊病就是相对人缺乏监督、纠正行政行为的积极性，显然对行政主体遵守行政程序的制约是不够的。

对于行政程序违法的救济，应借鉴其他国家和地区的经验，结合我国的实际情况，针对不同情形，设定多种责任形式，构建一个程序违法的责任形式体系，具体来说，各国有关程序违法的法律责任形式有以下几个方面。

（一）无效

无效是指行政行为因具有重大明显瑕疵或具备法定无效条件，自始不发生法律效力的情形。对于无效的行政行为，任何人及任何机关原则上自始当然不受其拘束。为确保行政机能的有效运作，维

---

① 徐炳、刘星：《西窗法雨》，法律出版社，2008年版，第13页。

② 应松年、杨小君：《法定行政程序实证研究——从司法审查角度的分析》，国家行政学院出版社，2005年版，第87页。

护法的安定性并保护公民的信赖利益,行政行为的瑕疵须达到重大,依一般人合理之判断甚为明显且一目了然的,始为无效。但瑕疵是否重大明显,适用上不免存在争议。为了减轻法律适用上的困难,许多国家和地区在行政程序法中就行政行为无效的情形作了具体规定,这些规定中包括因程序违法而导致行政行为无效的情形。

比如德国《行政程序法》第四十四条规定,行政行为具有严重瑕疵的,包括程序严重瑕疵的,为无效行政行为。[①]对程序重大、明显违法而无效的行政行为,因其自始对当事人不具有拘束力,从理论上推导,当事人具有程序抵抗权,即拒绝服从或合作的权利。赋予当事人程序抵抗权的目的,是为了排斥行政主体实施行政行为时任意、专断,及时有效地保护当事人的合法权益。但当事人的程序抵抗权又不能仅靠法理上的推导,在实践中行使该权利是存在较多困难的。为了既让当事人的程序抵抗权落到实处,又避免当事人随意行使程序抵抗权而使行政活动陷入瘫痪状态,应在制定法上为当事人行使程序抵抗权规定条件,提供依据。

（二）撤销

对程序一般违法的行政行为,不适宜用补正的方式予以补救的,可采用撤销的处理办法。行政主体程序违法行为在何种情况下予以撤销,各国区分了不同的情形加以运用,且作了必要的限制。在我国,撤销权的行使也应区别不同的情况加以灵活运用。一般来说,对程序违法给相对人的合法权益造成侵害或不利影响的行政行为,应以撤销为原则,以不撤销为例外。不撤销应严格限制,只有在撤销会给公共利益或其他人的合法权益造成重大损害的情况下,才不予撤销;对程序违法而使相对人受益的行政行为,基于对相对人信赖利益的保护,应以不撤销为原则,以撤销为例外。只有在不撤销会给公共利益或其他人的合法权益造成重大损害的情况下,才予以撤销。

---

① 参见陈丽芳:《非立法性行政规范研究》,中共中央党校出版社,2007 年版,第 137-138 页,第 387 页。

（三）补正

补正是由行政主体自身对其程序轻微违法的行政行为进行补充纠正，以此承担法律责任的方式。根据现代学者的观点，不再拘泥于过去的形式主义，对违法的行政行为，动辄宣告无效或予以撤销，转而注重公共利益和对公民信赖的保护，并顾及行政行为被撤销后对社会所造成的影响，尽量设法维持违法行政行为的效力。[①]补正限于程序轻微违法的情形，对于实体违法或程序严重违法的行为，不能补正。补正使行政行为的效力得以维持，补正行为的效力追溯既往，其作为程序违法的一种责任形式需要有法律的明文规定作依据。德国和我国台湾地区对程序瑕疵的补正作了详细规定。根据德国和我国台湾地区《行政程序法》的规定，违反程序或方式规定的行政行为，除依法规定为无效的外，因下列情形而补正：（1）须经申请始得作出的行政行为，当事人已于事后提出申请的；（2）必须记明的理由已于事后记明的；（3）应给予当事人陈述意见之机会已于事后给予的；（4）应参与行政行为作成的委员会已于事后作成决议的；（5）应参与行政行为作成的其他机关已于事后参与的。

（四）责令履行职责

当行政主体因程序上的不作为违法且责令其作为仍有意义的情况下可采用责令履行职责这种责任形式。美国《联邦行政程序法》规定："法院可以强制履行非法拒绝履行的行政行为或不正当延误的行政行为"。行政主体程序上的不作为行为有两种表现形态：一是对相对人的申请不予答复。二是拖延履行法定作为义务。对行政主体不予答复的行为，有权机关（如行政复议机关、人民法院等）应当在确认其违法的前提下，责令行政主体在一定期限内予以答复。对行政主体拖延履行法定作为义务的行为，有权机关应当在确认其违法的基础上责令行政主体限期履行作为义务。

（五）确认违法

确认违法作为行政主体程序违法的一种责任形式，在我国是有

① 罗传贤：《行政程序法基础理论》，台湾五南图书出版公司，1990年版，第261页。

法律依据的。例如，《行政复议法》第二十八条第三项的规定。确认违法这种责任形式在实践中有着广阔的适用空间，其可适用于下列情形：一是行政主体逾期不履行法定职责，责令其履行法定职责已无实际意义的，适用确认违法这一责任形式。确认违法后，可建议有权机关追究行政主管人员和直接责任人员的法律责任，如给予行政处分。确认违法还可以为行政主体承担赔偿责任起到预决作用。二是行政主体逾期履行法定职责，该"逾期"行为并未给相对人的合法权益造成侵害或实际不利影响。例如，法律规定某行政机关应在 60 日内给符合条件的申请人颁发某种证照，该行政机关在第 61 天才颁发。此种情况下，采用撤销的方式追究行政主体的法律责任并不妥当，而对行为结果不予撤销，只确认行政主体逾期履行职责的行为程序违法，并建议有权机关追究行政主管人员和直接责任人员的法律责任能较好地达到目的。三是对不能成立的行为，可采用确认违法的方式追究行政主体的责任。例如，我国《行政处罚法》第四十一条规定：行政机关及其执法人员在作出行政处罚决定之前，不依法向当事人告知给予行政处罚的事实、理由和依据，或者拒绝听取当事人的陈述、申辩，行政处罚决定不能成立。"不成立"意味着该处罚还不成其为具体行政行为，也就不能适用撤销而应当适用确认违法这一责任形式。四是行政行为程序违法，但撤销该行政行为会给公共利益造成重大损失的，应当确认该行政行为违法，使该行政行为继续有效，并责令行政主体采取相应的补救措施。五是行政行为程序违法但结果正确，若采用撤销的处理方式，又得责令行政主体重新作出行政行为，且行政主体重新作出的行政行为与原行政行为的结果相同；若采用确认程序违法的方式进行处理，使该行政行为继续有效，但建议有权机关追究行政主管人员和直接责任人员的法律责任。这样做，既能达到追究责任的目的，又能收到降低行政成本的功效。

第三节　健全行政参与权制度

一、行政参与权保障制度

（一）公民参与行政决策

在公共行政中，行政决策是与国计民生息息相关的公共事务领域的政府决策，事实上几乎所有公共事务领域的重大改革措施都是通过行政政策来推动的。从行政程序的角度讲，行政政策的制定过程应当恪守正当法律程序的程序正义理念，举行行政听证就是公共行政中决策应有的正当法律程序。政府部门在制定行政决策时举行行政听证会，不仅是为了程序公正，同时也为了达到一种"双赢"的结果，这也是市场经济不断向纵深发展给公共行政带来的观念上的影响。

现代法治国家的重要标志之一是"有限政府"。在公共行政中政府决策存在着经济学意义上的信息不对称状况，政府的知识优势往往在于对"结果"信息的掌握比较全面、快速和充分，而劣势则是缺乏"过程"信息。实践证明，行政听证制度恰恰弥补了这种缺陷。一方面，政府决策部门可以通过听证会制度吸纳民意，以尊重民意的姿态和彰显决策的民主性来赢得行政政策的正当性进而赢得公众的支持；另一方面，听证会制度可以通过集思广益弥补政府在行政决策方面的信息知识缺陷，为公共行政的决策提供知识支持。这有助于政府部门在公共行政中制定出民主性、合理性和可行性兼容的公共政策。因此，行政听证制度作为为行政决策而制定的"正当法律程序"，既是公民参与公共行政，为权利而斗争的重要途径，也是遏制行政恣意并弥补政府知识信息缺陷的"双赢"机制。

一项行政决策的出台，需要以充分的信息为基础，因此需要公民的广泛参与及信息输入，因此，本书在此探讨公民参与行政决策的基础。

1．组织化参与

参与者基于其主观利益可能会受到行政决策影响而参与行政决策过程，其功能意义在于防御行政权的滥用，以防对其利益产生不利影响。

因参与主体不同，可进一步细化为未经组织化的利益主体参与和组织化的利益主体参与。大量分散的、未经组织化的利益主体由于参与的成本高，并缺乏足够的动机参与决策程序，使得其在人、财、物以及信息等资源方面的限制而"微不足道"。相对而言，组织化的利益主体由于其在行政决策过程中利益会受到较大的影响，而且在人力、物力及信息等资源占有方面都有更强的优势，有更强的动机和能力参与行政决策过程，表达其利益诉求，进而影响行政决策。

2．公民个体参与

参与者以公民身份，作为政治生活共同体的成员而对行政决策过程的参与。该参与是基于公民责任，基于对公共生活的关切而进行的参与。因为行政决策对一些主体而言，其产生的影响是直接而巨大的，这些主体有足够的利益动机去参与行政决策过程；而对其他主体只产生间接而细微的影响，从利益的角度看，没有足够的动机去参与行政决策。但在一个公民社会中，公民责任对一个社会的健康发展起着重要作用，对行政决策有着重要影响。

3．专家参与

基于专业知识的参与，主要指的是专家参与。因为现代行政事务日益专业化、技术化，行政机关的决策必须经过对专业问题的科学论证，才能实现决策的科学性与技术性，因此有赖于专家为其提供决策所必需的技术支持。如果没有专家参与的话，行政决策的科学性与技术性无法得到保证。但一项公共政策的出台，不仅仅涉及专业技术问题，而且会涉及更广泛的价值选择和判断问题，即使是同一领域的专家，也可能在专业方面不能达成共识，或者在达成共识的基础之上作出截然不同的选择，因此专家知识也并不能构成行政决策的唯一依据。

公民参与行政决策过程，并不意味着必然会左右行政主体的最后决策。决策权是行政权的核心，行政决策的最终出台，取决于信息的充足性、事务的专业性、利益的权重性以及相关的政策判断及价值取舍等众多重要要素，取决于行政机关的最终判断。通过公民参与，可以使得在缺少法律明确规定的情况下，通过程序的正当性来获取结果的可接受性，实现公共利益最大化。

（二）我国公民参与行政决策的制度保障

我国目前法律制度中并不缺少公民参与行政决策的制度性规定。比如《宪法》第二条的规定，该规定为公民参与行政决策提供了宪法依据。除此之外的一系列法律、政策也对此作了相应规定。如《价格法》首次将听证制度引入行政决策领域，《立法法》规定了公民有权参与行政立法过程，《国务院依法行政实施纲要》提出了要"建立健全科学民主决策机制"，《行政许可法》规定了公民参与行政评价制度，等等。但是在这些法律的原则性规定或者政策性规定之下，基本上都缺少具体而精细的制度设计。

在救济制度方面，我国现行《行政复议法》和《行政诉讼法》是以人身权和财产权等实体性权利保障为目的的。参与权作为一种程序性权利在我国现有法律制度框架内的保障有其困难性。尽管如此，却并非不存在法律救济的制度空间。救济在我国也应遵循"穷尽行政救济"的原则，首先通过正式的行政复议程序或非正式的行政申诉程序，由行政机关对其行政决策的民主性与正当性进行审视，由行政系统内部进行自律性救济，并改进和完善其行政决策程序。在经由行政程序而救济不得的情况下，可以向人民法院提起行政诉讼。①在法律有明确规定的情况下，可以以行政程序违法侵害其人身权或财产权为由提起行政诉讼；在法律没有明确规定的情况下，同样可以通过主观诉讼的形式，由人民法院根据正当行政程序的基本要求对行政决策过程进行审查，如果违背正当程序的基本要求的，则应确定行政程序违法。在此，人民法院有必要超越形式法治意义

---

① "穷尽行政救济原则"并不是要否认行政相对人的救济程序选择权。

上的制定法准据主义，而通过法解释学，从宪政体系及行政法目的
出发，综合衡量各种要素，对公民是否享有参与权作出实质法治主
义的判断。这并不违背我国基本的宪政制度，相反，通过此类司法
实践，可以有效地推动我国法治主义进程（在现代社会，法院是"法
治国家中不可替代的一种限制国家权力的形式"，其意义不限于"简
单的权力划分"，更重要的意义在于"对——参与形成和执行国家决
定的——各方力量之间的相互监督、制约与均衡"①，共同促进个人
利益和公共利益的实现）。

二、听证制度的完善

在一些国家，听证已是一个非常普遍、经常发生的情况，政府
在制定关系到纳税人切身利益，比如涉及药品、食品、电信、铁路
等政策时，都要由政府相关独立管理机构召开听证会。无论是英国
的自然正义原则，还是美国的正当法律程序原则，都包含着一种公
民参与的精神，并通过行政程序法制度赋予公民参与权利以崇高的
地位。在这种理念中，行政程序是联结政府和民众的纽带，听证制
度作为一种行政程序制度也不例外。下文中将对几个典型国家中的
听证制度简单梳理，并通过这种梳理和比较，总结出可供我国借鉴
的经验，以丰满我国的听证制度，保障公民行政参与权的实现。

（一）美国的听证制度

1946 年，美国制定《联邦行政程序法》，首次以成文法的形式
明确规定了行政听证程序，使之成为行政活动的一个主要环节，也
成为世界各国建立听证制度的范本。它的基本精神是：以程序的公
正，保证结果的公正。

美国《联邦行政程序法》第 554 条关于正式听证范围，确定听
证时间、地点的便利原则、机关义务、权限的规定；第 556 条关于
听证主持人权力和责任，证据、记录作为裁决根据的规定；第 557 条
关于初步决定、结论、行政复议、当事人意见的规定等均详细具体，

---

① ［德］弗里德赫尔穆·胡芬：《行政诉讼法》，法律出版社，2003 年版，第 5 页。

对行政机关义务权限的设置多处体现了对行政权力的限制，保障了公民的听证权利。

1. 关于听证主持人

1946 年美国通过的《联邦行政程序法》规定了审问审查官的地位。1966 年《联邦行政程序法》编纂过程中，将审问审查官更名为"听证审查官"（Hearing Examiner），编入美国法典第五编。《联邦行政程序法》为保障听证审查官的独立性，做出了一系列规定，部分地修改了听证审查官的地位。该法第 554 条（d）款规定，主持听证的职员不得对为某个机关履行调查或追诉的职员或其代表负责，也不得受其监督或接受其指示；为机关履行调查或追诉的职员或代表，不得主持该案的听证；不得参与该案或与该案有事实上联系的案件的裁决；也不得对这类案件的裁决提供咨询意见或提出建议性裁决。行政机关无权自由任命听证审查官，只能根据工作需要，由文官事务委员会在具有律师资格和某种行政工作经验的人选中，通过竞争考试选择录用。听证审查官在生活和编制上虽然是听证所在机关的职员，但在任命、工资、任职方面不受该机关的控制，而受文官事务委员会的控制。除非有文官事务委员会所规定或确认的正当理由，并经过正式的听证程序，听证审查官不能被随意罢免。听证审查官没有试用期，可以轮流听证。按照职能分离原则，听证审查官不能执行与听证工作不相容的职务。某一行政机关缺乏足够的听证审查官时，可以挑选使用其他机关的听证审查官，但须经文官事务委员会同意。

为了进一步强化听证主持人的地位和威信，文官事务委员会于1972 年将听证审查官改称为行政法官（Administrative Law Judge）。美国行政法官是美国行政机关行使审判型听证权的一类特殊行政人员。改称行政法官表示听证主持人的工作性质已相当接近于司法官员，这也是听证程序司法化的集中表现。当然，行政法官与司法官员还是有区别的，从拥有的权力来看，行政法官对案件仅仅享有初步决定权或建议性决定权，当事人不服听证后作出的行政裁决，还受司法审查的监督，司法官员则拥有完全的决定权；从地位保障来看，行政法官的地位只有法律规定的保障，而司法官员的地位受到宪法的保障，终身任职；从数量上来看，听证官员的数量大大高于司法官员，而且还在迅速发展。

2．关于听证的形式和分类

（1）形式

有两种形式的行政听证会：情况介绍听证会和规章听证会。通常，一个行政机关会举行听证会以听取公众和利益集团的意见，以便确定是否需要采取行政规制措施，以及如果需要，该措施的内容如何。在听证会之前，会发布一个"拟议决策预先通知"（ANPR, advance notice of proposed rulemaking）。听取意见的行政机关主持听证，公众会被邀请参加，这就是情况介绍听证会（Informational Hearings）。另外一种是规章听证会（Regulatory Hearings），行政机关进行的更重要的听证是那些处理实际拟议的行政规章（administrative regulation）的听证。规章（regulations）是那些为执行一项国会通过的法律而做出的必要的具体规定。如果一个行政机关不具备合法授权，就不能制定规章。换句话说，必须由相关法律授权某机构来制定和执行规章。

（2）分类

①事前听证和事后听证

这是以听证举行的时间是在作出行政决定之前还是之后为标准。事前听证是指如果行政机关的裁决会使当事人立即陷入危难的境地，必须在作出裁决前举行听证。有时行政机关的裁决虽然不会使当事人立即遇到困境，但可能给当事人造成不可弥补的损失，也必须事前听证。事后听证是指如果行政机关的裁决不损害当事人的权利，对当事人不产生无法弥补的损失，可以先作出行政裁决，当事人对裁决不服的，可以要求举行听证。事后听证有利于行政机关迅速作出裁决。

②正式听证与非正式听证

正式听证是指机关在制定法规或者做出裁决时，依法律规定举行听证，使当事人得以提出证据、反证、对峙或诘问证人，然后基于听证记录做出决定的程序。依照 K.C.Davis 的观点，这种正式听证为"审讯型之听证"（trail-type hearing），一般也常用"准司法式听证"（quasi-judicial hearing），"基于证据的听证"（evidentiary hearing）以及"裁决式听证"（adjudicatory hearing）等名词来形容。

非正式听证指机关制定法规或做出裁决，只需让当事人口头或者书面陈述意见，以供机关参考，不须基于记录做出决定的程序，这种听证也被称为"辨明型听证"（argument-type hearing），也可称作"准立法式听证"（quasi-legislative hearing）、"陈述的听证"（speech-making hearing）及"法规制定的听证"（rule-making hearing）等。

③非正式程序中的通告评论制度与例外程序

美国行政机关制定规章绝大部分是按照非正式程序进行的，依据就是联邦行政程序法第 553 条的规定。这个程序包括通告、评论、最终法规的公布和生效日期几个环节。通告的载体是联邦登记或州登记。通告的内容主要有以下三点：第一，制定规章建议的法律依据；第二，制定规章建议的公开程序的时间、地点和性质；第三，规章建议中的条款或主要内容，或者说明规章建议中所涉及的对象和问题。为了帮助公众了解和评论，制定规章的行政机关往往自动附带一个解释性的序言。这里需要强调，通告的内容，虽然不必公布规章草案的全部建议条款，但如果不包括规章建议中的主要内容，必须补充通告，否则，这个通告将被法院判作无效，由此而制定的规章也无效。

评论是非正式程序中公众或利害关系人对已经公布的规章建议表示意见的正式渠道，是公众参与制定规章的法定权利。公众提供评论意见的方式由行政机关决定，主要有：接受书面意见、书面资料；接受公众口头提供的意见；采取非正式的磋商、会议、咨询的方式；其他可供公众表示意见的方式。联邦法律不要求在非正式程序中采取口头听证、口头辩论等提供意见的方式（在加州，州的行政程序法规定，要举行听证）。书面评论是非正式程序中公众参与制定规章的主要方式。公众参与提供意见的程度也由行政机关决定。

行政机关在制定规章时，虽然必须考虑公众所提意见，但是完全不受公众所提意见的限制，行政机关仍然可以自由地根据档案材料，以及自己的立法管理经验、知识和现实需要制定规章。但是，对公众提供的意见，有权制定规章的行政机关无论采纳与否必须反馈。反馈的方式一般采取以下两种：第一，共同性意见，行政机关采纳了多少，未采纳多少，采纳和未采纳的理由，一次性在联邦或者州登记上公布；第二，个别意见，采纳和未采纳的理由单独向意见提供者反馈。评论的时间至少30天，有的州规定60天。

联邦行政程序法规定的"例外"程序，主要指免除非正式程序所要求的通告和评论的环节。主要的例外是：（1）合众国的军事和外交职能（保守秘密的需要）；（2）机关内部管理、人事（涉及当事人的法律地位应除外）、公共财产、信贷、补助金、福利和合同事务；（3）解释性法规、关于政策的一般声明、机关组织、办事程序和手续（不影响私人的权利和义务）；（4）行政机关有正当理由认定通告和公众参与是不切实际的、没有必要的或违背公共利益的，但必须把这认定简要说明理由，并载入所制定的规章。

（3）听证适用的范围

美国的听证制度不仅广泛适用于政府行政的各种决策过程，而且也适用于国会的许多立法决策过程。在80年代后期，美国法学界人士纷纷主张应该扩大听证的范围。例如，美国法学协会第二号决议案便建议扩大法规制定时公民参与的机会，而缩小免除听证的范围，即便是通常被视为不能听证的国防、外交决策也应严格限制在确属机密事项的范围之内；美国行政会议建议案第69-8号也主张扩大听证的范围。

3．关于听证的主体

（1）听证的当事人

美国法律规定的参加听证利害关系人的范围在逐渐扩大，从权力和利益直接受到行政决定影响的人，发展到权力和利益间接受到行政决定影响的人。权力和利益直接受到行政决定影响的人，是行政机关命令为一定行为或不行为的人，或向行政机关申请执照和其他利益的人，或营业和收费标准受到行政机关管辖的公司等。这类人是直接受到行政行为影响的客体或引起行政行为的主体，是明显的当事人（obvious party），他们以当事人的资格，有权要求参加听证。

（2）听证的参加人

受行政行为影响的人，不以明显的当事人（obvious party）为限。他们虽然不是行政行为直接的对象，但也与行政机关的决定具有利害关系。

美国当代行政法发展的趋势是允许更多的公众参与行政机关的程序，反对行政机关自由决定行政听证参加人的资格。有权参加行政裁决正式听证的人，不只限于与行政决定具有直接利害关系的明显的当事人，也包括间接利害关系人，如竞争者和消费者。第二巡回法院在 1962 年美国通信协会诉联邦政府案的判决中认为："现在，只要不影响公共事务有条不紊地进行，任何有利害关系的人都有权参加听证"。哥伦比亚特区上诉法院在 1959 年弗吉尼亚石油工会诉美国联邦电力委员会案中认为："为了保证听证能够有效率迅速地进行，方法不在于排除有权参加听证的利害关系人，而在于控制听证的进程，要求所有参加听证的利害关系人不偏离所争论的问题，不提出重复的或无关的证据。"

（3）听证的代理人

《联邦行政程序法》第 555 条（b）款规定："被机关或其代表传唤的人，有权由律师代表或陪同出席，或者由其作顾问。如果机关允许，也有权由其他合格人选代表或陪同出席，或者由其作顾问。在机关的裁决程序中，任何当事人都有权亲自参加，或由律师和其他合格的人陪同，或代为参加"。

4．关于听证的法律效力

（1）案卷排他

行政机关的裁决只能以案卷作为根据，全部听证的记录和文件构成案卷的一部分，除听证的文件和记录以外，案卷还包括裁决程序中做出和收到的各种文件和记录。行政机关不能在案卷以外，以当事人所未知悉的和未论证的事实作为根据。案卷排他保障了当事人陈述意见的权利，和批驳不利于己的事实的权利。案卷排他也保障了法院对行政机关的监督，因为行政机关的决定只能以案卷中的记载为根据，法院凭此容易检查行政决定的合法性和是否有足够的证据支持。案卷排他是正式听证的核心，如果行政机关的裁决不以案卷为根据，则听证程序只是一种欺骗行为，毫无实际意义。《联邦行政程序法》556条（e）款规定："证言的纪录、证物连同裁决程序中提出的全部文书和申请书，构成按照本编第557条规定作出裁决的唯一案卷。当事人交纳法定的费用后，有权得到副本"。

（2）案卷排他的例外

官方认知（official notice）是案卷排他的重要例外。根据官方认知原则，行政机关可以在听证记录以外，在当事人提供的证据以外，认定案件中的事实，并且以这样认定的事实作为裁决的依据。行政裁判中的官方认知原则相当于法院审判中的司法认知原则，范围比司法认知广。行政机关除对于司法认知的事实可以认知外，还可以利用专门知识及档案中的资料，以认定裁定中的事实，而无须经过通常的证明程序。官方认知在最初阶段限制比较严格。随着行政裁决数量的增加，官方认知的范围也在扩大。

（3）禁止单方接触

《联邦行政程序法》第557条第（d）款规定"除法律授权可以单方处理的事项外,任何机关以外的利害关系人都不得就本案的是非依据问题同该机关的领导集体成员、行政法官，以及其他参与或有可能参与该裁决过程的雇员进行或故意促成单方联络；机关的任何领导集体成员、行政法官、以及其他参与或有可能参与该裁决过程的雇员，都不得就本案的是非依据问题同该机关以外的任何利害关系人进行或故意促成单方面联络；机关的领导集体成员、行政法官、以及其他参与或有可能参与该裁决过程的成员，如果收到或者进行或故意促成了本款所禁止的单方联络，则应在该程序的公开案卷中记载所有这种书面联络的材料；记录所有这种口头联络基本内容的备忘录；联络所作的全部书面答复材料和记录口头答复基本内容的备忘录。"行政机关也不能利用其职员的秘密调查报告作为证据，因为这些材料没有记载在案卷之中。行政机关不能就案件中所涉及的物体，单方面进行观察。因为行政机关进行观察时，其本身已经成为证人，所以必须邀请当事人在场作成记录，才符合证据法的原则。行政机关在做出决定时，不能屈服于外界的影响和压力。这些影响不论来自哪个方面，都没有记录在案卷中，不能作为裁决的根据。"除法定情形外，案卷应对利害关系人公开。行政机关无正当理由拒绝公开的案卷不能作为行政行为的依据。"凡是与行政案件有关的卷宗材料都属于行政相对人卷宗阅览权的范围。凡是行政相对人不得查阅的卷宗材料应当由法律明确列举。"

（二）德国听证制度

1. 行政听证制度的类型

在德国，有下面五种不同类型的听证：（1）行政听证或"征询"听证。在涉及城市规划建设的有关事项时，行政机关必须将规划草案通知公众，征询公众的意见。行政机关往往通过报纸广告来发布听证会的时间和地点，以及公众意见可以发表和登记备案的渠道。在征询过程结束之后，公众的意见要么被纳入最终的城市规划，要么就举行听证会。（2）立法听证或参与式听证。立法机构，或者立法机构的组成部分，例如党团（党组），就法律草案举行听证，或者就他们以及公众关注的问题举行听证，以便最终提出法律草案。（3）立法调查听证。立法机构可以设立特别委员会来举行听证，查问任何类型的政府事务，例如政府行为、腐败问题、严重的渎职行为或其他法律问题等等。这种特别委员会有类似于法庭的强大法律权力。（4）立法政策听证。立法机构可以设立特别委员会来调查讨论非常重要的基本政策问题，例如是否应当把保护环境写入宪法。这种听证往往涉及专家证言和长达数周或数月的审议，通常最终会形成冗长的报告。（5）由议会之外的其他组织举行的非立法听证。

另外，德国《联邦行政程序法》也对听证作了具体规定。其中第二十八条规定：干涉当事人权利的行政处分作出之前，应给予当事人对与决定有关的重要事实表示意见的机会。这是关于听证的一般性规定，即行政机关在作干涉当事人权利的行政处分时，要举行听证。此外，第六十三条规定如果法规规定适用正式行政程序的，行政机关适用正式行政程序。而在正式行政程序中，行政机关有听证的义务，必须举行听证，采用言辞辩论的方式调查证据，作出决定。德国已经有不少特别法规定了听证程序，例如建设法典第一〇四条以下规定的征收程序，危害青少年印刷品防治法第十二条以下规定的危害青少年印刷品认定程序，兵役法第十九条规定的体格检查程序，联邦公害防治法第十条规定的设施许可程序等。《联邦行政程序法》规定的是标准模式，立法机关认为特定领域应当适用正式程序时可以引用。

2．行政听证的范围

德国联邦行政程序法通过具体列举的方法，明确了不需听证的范围：如果根据案件的情况，没有听证必要的，可以不举行听证。特别是在下列情况下，行政机关可以免除听证：（1）急迫的情形，或为公共利益显有必要应立即决定的；（2）如举行听证将难遵守对决定有重大关系的期限的；（3）官署拒绝当事人的请求，而且对当事人在申请或声明中所作的关于事实的陈述，作出不同的对其并无不利的认定的；（4）官署作一般处分，或作大量相同种类的行政处分，或通过自动机器设备作行政处分时，不适用听证；（5）行政执行时所采取的措施；（6）与公益的强制性要求相抵触时。

3．行政听证的形式

德国注重实际效率，实行以非正式听证为主、正式听证为例外的原则。德国《联邦行政程序法》对一般行政程序不作言辞审理的要求，但要式行政程序应当采用言辞审理。要式行政程序是德国《联邦行政程序法》以外的其他法律规定必须符合一定程序条件方能作出决定的程序。对于要式行政程序，有五类无须进行言辞审理而由行政机关直接作出规定：作出决定的内容与所有参与人的申请完全一致的；参与人在规定的期间内未对拟出的措施表示反对的；行政机关将其不进行言辞辩论而直接作出决定的意图告知参与人后，参与人在规定的期限内未表示反对的；参与人均表示放弃言辞审理的；

因紧急情况，需采取不可延缓措施的。《联邦行政程序法》第十条规定，如果法律对程序形式没有特别规定，行政程序不受确定形式拘束，行政程序应该简单，合乎目的并迅速地进行。《联邦行政程序法》第六十八条规定，言辞辩论不公开进行。

4．听证主持人

（1）听证主持人的选任：由行政机关的首长或指定的人员担任。但是德国遵循职能分离原则，规定计划拟定人、听证机关、计划确定机关在程序中履行不同的职能。

（2）听证主持人的权力：听证主持人只享有组织听证的权力，不享有作出决定的权力。在正式听证程序中，主持人应当询问当事人或其他利害关系人的地位和代理权限；主持人应当特别注意使当事人有机会提出与本案有关的一切观点和证据，并对其他利害关系人、证人、鉴定人所提出之观点，或被公认的事实，以及他人提出之申请或行政机关调查的结果，发表意见。

德国《联邦行政程序法》第六十八条第二项规定，审理主持人应就案件与参与人进行讨论。审理主持人应负责在审理过程中，促使其对不够明确的申请作出说明，提出有利于案情的申请，补充不完整的陈述，以及作出对认定案件事实有价值的声明。本条第三项规定，审理主持人负责对秩序的维持。主持人可要求不遵守其命令的人离场。审理可在该人缺席时继续进行。

5．正式听证参加人

申请人及被申请人；行政机关的行政行为拟指向或已指向的人；行政机关拟与之或已与之订立公法合同的人；机关依职权或应申请，通知因行政程序的结果而利益受损害的人作为参与人；程序结果对第三人有影响的，应其请求亦应通知其为参加人；行政机关知道该等人的，应在行政程序开始时即对其作出通知；监督机关的代表或在行政机关从事培训的人，可参加言辞审理；没有参与人反对时，其他人的参加由主持人批准。

《联邦行政程序法》第十四条规定：（1）参与人可由全权代理人代理。全权代理包含行政程序的所有程序行为，程序行为的性质不允许者除外。被要求时，全权代理人应以书面文件证明其代理权。代理权的撤销仅在行政机关收到该通知时，方对行政机关产生效力。（2）全权代理权不因委托人死亡或其行为能力的变更，或法定代表的变更而撤销；全权代理人在代理权利继受人时，应以书面文件证明其代理权。（3）为行政程序设定全权代理人的，行政机关可与之联络。参与人有协助义务时，行政机关也可与参与人联络。属后者情况，应告知全权代理人。对全权代理人送达的规定不受此影响。（4）参与人也可以与辅佐人一并参加审理和辩论。除非参与人立即表示反对，否则辅佐人所作陈述视为参与人所为。（5）代理人与辅佐人未经授权而依商业惯例处理他人法律事务的，应予以拒绝。（6）如果代理人及辅佐人不适宜做书面陈述，可驳回其陈述；同样，他们不具备作出适当口头陈述的能力时，其口头陈述也可被驳回；经授权而按商业惯例处理他人法律事务的人，不得被拒绝。（7）第 5 款及第 6 款规定的对代理人和辅佐人的拒绝，应通知有关的参与人；被拒绝的代理人和辅佐人在拒绝之后所作的程序行为，不产生效果。

《联邦行政程序法》第十九条规定：（1）代理人须认真维护被代理人的利益。代理人可实施行政程序所涉及的所有程序行为。代理人不受指示的约束。（2）准用第 14 条第 5 款至第 7 款的规定。（3）行政机关指定的代理人，可要求该行政主体给予适当报酬及偿还其垫款。行政机关可向被代理人要求同等数额的偿还。报酬由行政机关确定，垫款和费用的数额亦由行政机关认定。

6. 听证的法律效力以及各方意见如何采纳

（1）行政机关作出的决定必须综合全面反映行政程序所有的结果，委员会在商议表决时，仅允许参加言辞听证程序的委员在场，在此种情况下，言辞审理人就是决定作出人。听证纪录对最终决策具有一定的约束力，在《联邦行政程序法》之外的其他法律明确规定以听证纪录为根据的，行政机关必须以听证纪录为根据。

《联邦行政程序法》第六十九条第一项：官署应斟酌全部程序的结果，决定之。第七十一条第一项：委员会展开要式行政程序的，任何委员均有权提出对案件有益的问题。一委员有异议的，由委员会决定其异议是否成立。本条第二项：在商议及表决时，仅允许参加过言辞审理的委员在场。在组成委员会的行政机关从事教育的人，经委员会主席批准，也可在场。表决结果必须记录在案。

（2）当一项法案交由政府准备和起草时，对此负责的政府部门可以将计划草案通知社团的代表人并征求他们的意见。而是否采取这一步骤取决于这位部长。

典型的情况是，这一部门的部长或一位高职公务员写信给有这方面信息或其有利益受该法案影响的一位专家或一个社团。他将法案的有关信息连同法案的初稿交给这位专家或这个社团，征求他们的意见、建议及异议。专家或社团也以信函答复。通常部门的代表们或者部长本人会与其会面交流意见。

但是这种接触和会面并非如以后在议会组织的那样是公开或正式的听证。它们只是政府和行政机关作为一方，社团和专家作为另一方而进行的内部的相互的信息和观点的交流沟通。

（三）日本听证制度

在日本，为了充分表达民意，协调各方面的利益，提高政府决策的质量，广泛实行了决策听证制度，并在发展过程中，形成了鲜明的特点。

1. 听证适用的范围

日本的听证制度广泛适用于政府各类决策领域。大到国会委员会审查案，小到行政机关制定命令，均可适用听证程序。《行政程序法》规定，属于下列情况之一的，必须采取听证程序：（1）作出撤销许可证的行政处罚时；（2）作出直接剥夺当事人资格或地位的行政处罚时，如吊销营业执照，解除公司的经理、董事、监事职务等；（3）当事人是法人，命令法人解除其经理、董事、监事的职务，解聘其员工，除名其会员的行政处罚时。法人若服从行政处罚，对于该法人的经理、董事、监事、员工、会员等来说，其地位将被剥夺。在这种情况下，上述人员被看作是行政机关行政处罚的实质性对象，应当进行听证以保障其权益；（4）行政机关认为适当时。

此外《行政程序法》还规定，下列情形不必采取听证程序，否则反而有损于公益：（1）由于情况特别紧急而作出行政处罚，并被认为是不得已而为之且有利于公益时。例如，在即将发生或发生了产品事故时，为了防止危害产生及扩大而作出的行政处罚；（2）行政机关根据客观的资料，就能充分掌握作出行政处罚的事实根据时。例如，对已经担任公司的董事、经理的人，根据有关竞业禁止的规定而作出解除其职务的处罚时，行政机关可以向有关部门调查其任职情况，而不必听证后再作出行政处罚；（3）法律法规已经明确规定了设施或设备的设置、维持、管理以及商品的制造等技术性标准的，在通过计量、测量、实验等客观方法能够确认当事人没有符合该标准，而作出令其服从标准的行政处罚时；（4）命令交纳金钱数额、撤销金钱给付决定等关于金钱的处分。对于金钱的处分，即使有争议，最终还是能够以金钱支付这种形式来了结，因此，从行政效率的角度考虑，不必听证；（5）行政处罚的内容显著轻微；（6）法律规定的其他行政处罚。

2. 听证主持人

（1）听证主持人的选任

在日本，基本上是由行政机关的首长或指定的人员担任听证主持人。《行政程序法》第十九条规定符合下列各款之一者，不得主持听证：该听证之当事人或参加人；前款所规定之人的配偶、四亲等内之亲属或同居之亲属；第一款所规定之人的代理人或于次条第三项所规定之辅佐人；曾为前三款所规定之人；第一款所规定之人的监护人、监护监督人或保护人；参加人以外之关系人。

（2）听证主持人的权利

日本听证主持人的作用具体有以下几方面：要求利害关系人参加听证，或者许可其参加听证；在第一次听证开始时，要求案件调查人员开场说明；允许当事人或参加人质问案件调查人；许可辅佐人出席听证；发问当事人或参加人，要求其陈述意见或提出证据，或者要求案件调查人员作出说明；判断是否继续进行听证，决定新的听证日期，或者在当事人不出席听证的情况下终结听证；制作记载听证审理经过的听证调查书，制作记载关于当事人及参加人的主张是否合理的报告书。另外，日本的听证主持人还可在听证结束后向行政机关递交的报告书中写明其认为当事人的主张有无理由的意见。

3. 其他听证主体

听证主体一般包括听证主持人、当事人、案件调查人、代理人、辅佐人、其他利害关系人等，日本《行政程序法》对代理人、辅佐人、其他利害关系人等其他听证主体也特别作了规定。

4. 听证程序

（1）听证的通知程序

《行政程序法》规定，行政机关有义务在实施听证之前的合理期间内，向当事人发送听证通知。通知书一般记载如下内容：拟作出行政处罚的内容及其法律依据；构成行政处罚的事实依据；听证的日期及场所；行政机关的名称及所在地。此外，还应书面告知当事人的相关权利。通知书一般采取直接送达或邮寄送达的方式。如果不能确认当事人的住所地时，可以在行政机关的布告牌上以布告的方式通知。这种情况下，从张贴布告之日算起，经过两周以后，该通知被视为送达。

（2）听证的审理程序

在日本，听证的审理是一种证明行政机关将要作出的行政处罚是否正确的证明程序。审理首先由主持人将行政机关拟作出的行政处罚的内容、法律依据和事实依据等，向听证会进行说明。辩论与质证：开场说明后进入案件调查人员和当事人或参加人相互辩论的阶段。经主持人许可，当事人或参加人可以向案件调查人员提出质问。值得注意的是，《行政程序法》并没有设置听证主持人对有关证据进行调查的规定。听证审理的终结：辩论与质证后，在主持人作出双方皆已穷尽其主张的判断后，宣布听证审理的终结。如果有正当理由，当事人在听证日不能出席听证，听证不能终结；当事人若无正当理由，却在听证日不出席听证，又不事前提出陈述书或者证据的，并且在相当长的时间内没有出席的可能时，主持人可以规定期限，要求其提出陈述书及证据，若仍然不提出时，可以终结听证。

与我国《行政处罚法》确立的听证公开原则相反，日本的听证原则上不公开进行。但是，当事人请求公开，并且行政机关认为对有关人员的隐私权不会造成侵害时，可以公开审理。《行政程序法》还规定，如果主持人判断双方未充分穷尽其主张时，应规定新的日期，继续进行听证。

（3）文书的阅览程序

为了准备听证审理程序，当事人及参加人可以请求阅览行政机关所持有的、证明行政处罚原因和事实的资料。这是《行政程序法》所规定的听证程序中颇具特色的事项。对于这些资料，当事人提出阅览请求时，除具有侵害第三人利益的危险，以及有其他正当理由外，行政机关不能拒绝。《行政程序法》规定的阅览是对行政机关所持有的、证明行政处罚原因和事实的资料提出阅览请求；《行政程序法》所说的"阅览"，不包括誊写；阅览可以在听证终结之前的任何时间内进行。当事人可以请求阅览成为行政处罚原因和事实的任何资料；一般只限于阅览该行政处罚作出后自己的利益将受到侵害的部分；因行政处罚而获得利益者没有权利要求阅览相关文件。

5. 听证调查书、报告书的制作

（1）听证调查书的制作

听证终结后，主持人应制作记载听证审理过程的听证调查书。听证调查书中应记载听证日期，对行政机关所出示的、证明行政处罚的原因和事实，对案件调查人员的质问，案件调查人员对质问的回答，当事人及参加人陈述的意见及相关的反论等。

（2）听证报告书的制作

听证报告书是记载主持人意见的文件，其内容主要是阐明当事人对证明行政处罚原因和事实的主张是否合理。《行政程序法》非常重视听证主持人的自由心证，规定将其制作成意见书提交给行政机关的负责人。

调查书应该在听证审理时即时制作，而报告书则应该在听证终结后迅速制作。听证的当事人及参加人可以请求阅览这些调查书及报告书。

6. 听证笔录的效力

听证记录对最终决策具有一定的约束力，行政机关应斟酌听证记录作出决策。但行政机关不是必须以听证记录为根据，只有在行政程序法之外的其他法律明确规定以听证记录为根据的，行政机关才必须以听证记录为根据。

（四）各国听证制度对我国的借鉴意义

1. 逐步扩大听证的适用范围

总的来说,听证制度在中国已迈出第一步，但其涉及的范围还极其有限，仅涉及公共政策的方案规划、特定主体利益的行政处罚决策与行政许可决策、不特定主体的价格决策和立法决策等方面。而从各国听证制度的现状和发展趋势来看，听证的适用范围是不断扩大的。所以，按照我国现阶段的情况，应当首先考虑将听证制度的重点推行领域集中在关系民生的行政决策领域。在条件成熟时，我国政府一方面应扩大在整个公共政策过程中的应用范围；另一方面是由现有的行政处罚决策、行政许可决策、价格决策和立法决策等领域推广到其他涉及公共利益的重大决策。

2. 确定听证主持人制度

主持人在听证程序中起着重要的主导作用，如何确定听证主持人以及主持人的职权，直接影响到听证会的公正性和客观性。对于这一点，我国现行法律法规中并没有规定，可以考虑作以下改进：发挥我国行政机关内部法制工作机构具有法律方面与行政管理的知识和经验的积极作用；对于一些重大决策，比如立法、重大工程和投资项目等，听证会应设立以人民代表大会及其各专门委员会为核心的听证委员会，作为保证其顺利进行的重要机构；借鉴美国的行政法官制度，通过考试考核选拔听证主持人，逐步建立一支高素质、高水平、具有独立地位的行政听证官队伍；借鉴行政法官应回避的情形，确保听证的公正。

3. 听证形式的选择

听证的程序形式有很多类型,具体确定采用何种听证程序形式,首先要考虑保护利害关系人权益原则，同时要兼顾平等和效率。对于我国公用事业价格听证制度，因为城市公用事业价格的调整事关每一个城市居民（自然人及社会组织、机构）的切身利益，那么，保障价格决策的合理性、科学性从而维持社会公平及稳定方面的因素比行政效率方面的因素要重要得多。所以，应采用听证会的形式。

此外，还可以考虑借鉴德国的非正式听证程序，一般的行政程序中所包含的听证程序没有固定的形式，只有在特别法中规定的要式行政程序才要求用言辞审理的方式进行听证。这种没有固定形式的听证程序既可以达到政府征求意见、群众表达想法的效果，又可以简化言辞审理程序，达到提高效率的目标，在一定程度上可以缓和对听证程序成本过大的质疑。

4．保证听证的公开性

公开听证是一项有效的保证，用以对抗武断方法所进行之程序。美国法律规定，除非涉及国家机密和安全、个人隐私和商业秘密，听证必须公开举行。这种公开性主要体现在听证会的举行应提前让公众知悉和听证过程的公开化。听证通知书是听证程序的开始。美国相关法律规定，决定举行听证时，必须对当事人发出通知书。以环保立法为例，除了环保部门之外，包括其他相关政府部门、当地媒体、附近居民的代表、社区服务组织、相关环保研究机构、环保组织、当地商业联合会等，都会事先接到听证通知。而举行听证会的消息也会通过报纸、网站、电视、广播、社区公告栏等各种手段让公众知悉。

对于重要决策的听证会，政府部门都会在至少3个以上的大型报纸、2个以上的电视频道上公开"召开公众听证会"的消息。在听证过程中，会有电视台、广播台等的现场直播。听证结束后，公众也有权查看听证会的相关记录。听证过程的公开化、透明化，使其处于社会全方位的有效监督之下，既有利于保证当事人的利益，又有利于听证结果为社会各方所接受。

5．提高听证过程的透明度

听证会最重要的价值，在于把公民引进了决策程序，让公民"知情参政"。只有解决了透明性问题，才容易解决目前听证制度中存在的其他问题，听证才能实现规范运作。提高听证透明度，主要应注意以下几个方面：（1）在不涉及国家机密的情况下，必须实现听证信息公开，以便让各利益相关者、专家等有针对性的准备好发言材料。（2）听证会应以公开举行为当然选择，不公开为例外。（3）广泛引入非听证代表旁听制度，明确规定旁听者的权利义务。（4）加大新闻媒体的宣传力度，重大听证会可以通过媒体现场直播，还可以引进网络技术，确保听证的前、中、后期公众拥有的知情参政权最大化。（5）听证结果公开，包括依据听证笔录制作的听证报告向社会公开、对没有采纳听证意见的说明公开等。

三、信息公开制度的完善

对于我国信息公开制度的现状及问题，在前文中已经做出论述，这里仅仅就相关问题的完善提出对策及建议。

（一）其他国家相关经验给我国的启示

政府信息公开制度最早出现在北欧的瑞典。早在1776年，瑞典就制定了《出版自由法》，赋予了普通市民享有要求法院和行政机关公开有关公文的权利。不过，真正率先实现政府信息公开制度规范化的当属美国。到目前为止，世界上已经有澳大利亚、加拿大、法国、德国、英国、韩国、日本等四十多个国家和地区制定了专门的信息公开法。从这些国家和地区的信息公开法中可以得出如下共性的内容。首先，由于信息公开的法制化涉及政府文件、会议、电子记录等诸多信息载体的公开以及公民隐私权、国家秘密、商业秘密的保护等一系列问题，因而制定单一的信息公开法典是困难而且不现实的。以美国为例，美国的政务信息公开制度由一系列法律构成，其《信息自由法》仅仅是对美国联邦政府各机构公开政府信息作出了规定。此外，美国于1972年制定的《咨询委员会法》规定联邦行政机关的咨询委员会的组织、文化和会议等必须公开。1976年出台的美国《阳光下的政府法》进一步规定合议制行政机关的会议必须公开，公众有权观察会议，取得会议情报。1974年美国又制定了《隐私权法》，旨在保护公民隐私权不受政府机关侵害，控制行政机关处理个人记录的行为，保护个人检阅关于自己的档案的权利。美国这种分阶段、分步骤地进行信息公开立法、最终形成一个内部和谐的法律体系的务实做法，对中国来说无疑是值得借鉴的。其次，虽然看似以议会制定专门的信息公开法作为国家信息公开法的完成标志，但是实践并不是这样的。因为如果时机不成熟就匆忙地制定全国统一的信息公开法，将会产生负面影响。对此，可以借鉴韩国的经验：先在地方制定相应的信息公开条例，然后议会在总结各地条例制定经验的基础之上，制定出在全国范围内实施的信息公开法。最后，发达国家信息公开法治化的进程，有效的诉讼机制都是极为重要的环节。美国的经验为此提供了有力的证据。在美国，涉及信息公开的诉讼有两种：一是"情报自由法诉讼"，即公众有权针对政府信息不公开而向法院起诉，请求法院命令政府信息公开；二是"反情报自由法的诉讼"，美国的经验显示较完善的信息公开诉讼权制对信息公开法治化具有巨大的推动作用。

（二）完善我国政府信息公开制度的建议

首先，在我国法律中明确规定公民享有知情权。只有明确规定了公民享有知情权才会使得我国的政府信息公开制度有一个坚实的制度根据，才会使得我国的政府信息公开立法得以充分展开和实施。其次，制定一部比较系统而完善的《政府信息公开法》将是对完善我国政府信息公开制度大有裨益的。

（1）制定《政府信息公开法》是为了确保政府对其负有责任的社会公众提供获取政府信息资源的机会和途径，从而实现资源共享，最大限度地使用政府信息资源。（2）政府信息应以公开为原则，不公开为例外，即除涉及国家秘密、商业秘密和个人隐私等的以外，其余一般均应公开。政府信息公开的范围大小决定了信息公开的程度。因此，应当明确规定政府信息公开的范围，使公众确实地了解哪些信息资源是可以依法获得的。（3）政府信息公开的方式应以最大限度地方便公众获取政府信息为出发点。（4）政府应当设置不履行公开义务行为的法律后果及救济途径。政府信息应当公开而未公开的，对公众不生效力；同时应当明确规定政府机关及其工作人员无正当理由拒不提供信息所应承担的法律责任；并且明确公民知情权因政府信息公开相关事宜而受到侵犯时，可以采取的法律救济途径。包括行政救济和司法救济等途径。

总之，公民行政参与权的行使，确实可以促使行政机关考虑相关利益，促进行政决策的科学性与正当性，形成政府与公民之间的良性互动，同时将纠纷解决机制前置，促成多元利益主体之间的妥协与让步，化解冲突与矛盾，实现社会和谐。不可否认的是，公民行政参与权的行使确实也存在诸多弊端，如：可能导致在行政决策过程中不同利益之间的对抗与冲突，使得行政机关难以抉择；利益主体的参与也不可能避免地使行政机关在作出决策时偏向某种利益，如组织化的利益；民主参与机制也必然会造成行政成本的扩大与效率低下，等等。为了避免这些问题，行政机关可能会尽可能采用非正式的决策程序方式达成行政管理目的，从而造成利益代表机制的虚置。如在法律规定"听取意见可以采取座谈会、论证会、听证会等多种形式"时，行政机关可能会选择采取座谈会、论证会、书面提交意见等形式而避免采用正式的听证程序。即使在法律规定采用正式听证制度的领域，由于法律规定的不明确性，行政机关仍有很大的裁量空间选择决策方式。①但是我们不能由此而否定公民行政参与权的合理性及其在行政过程中的意义。在民主制度下，行政民主化的趋势不可阻挡，公民行政参与权的实现是现代行政的必然要求。

---

① 如我国《价格法》第 23 条明确规定："制定关系群众切身利益的公用事业价格、公益性服务价格、自然垄断经营的商品价格等政府指导价、政府定价，应当建立听证会制度，由政府价格主管部门主持，征求消费者、经营者和有关方面的意见，论证其必要性、可行性。"而国家计委发布的《关于公布价格听证目录的通知》（计价格［2001］2086 号）明确列举了国家计委举行价格听证的目录。由法律的概括性规定到行政机关的明确列举，行政机关在执行《价格法》规定的听证制度时，对价格目录之外的公益产品的定价，在我国目前的法律制度之下，成功地避开了正式听证程序。

四、法治政府建设

（一）行政参与权对法治政府建设的意义

行政参与权是法治政府推动社会公共事务发展不可缺少的要素，是建设法治政府的重要环节，对建设法治政府具有重大意义。法治政府的权力，由人民以法律的形式授予，其权力的行使，要充分地代表人民的意志。我国宪法明确规定，国家的一切权力属于人民。人民群众通过各种途径和形式参与国家、社会事务，使自己的主张和利益诉求，在政府的行政立法和行政决策过程中得以体现，使行政立法和行政决策更加科学合理，符合民意，从而实现人民在政治、经济、文化、社会等各领域的民主权利，因此，行政参与权的行使，是维护和实现人民当家做主权利的有效途径。

行政参与权对监督和防止政府权力滥用起到积极作用。法律在赋予政府权力的同时，还必须对其实施必要的限制，即政府必须在法律规定的职权范围内活动，并接受公民和社会的监督和制约。不受制约的权力必然导致权力的滥用和腐败。有效防止公权力的扩张和滥用，一方面需要来自于权力体系的相互制衡；另一方面，也需要权力体系之外的制约，即公民和社会的制约。行政参与权的行使，是监督政府权力和防止政府权力滥用的有效手段。

法治政府要求的是阳光下行政，即坚持公开透明原则，实行政务公开，使人民充分享受知情权和监督权，确保权力依法行使，并保证令行禁止，政令畅通。行政参与权的行使，必定要求政府公开相关的信息和政府行为，从而在客观上迫使政府公开相关的信息，推动政府信息公开的主动性，扩大信息公开的范围，丰富信息公开的内容，提高信息公开的层次和水平，推动阳光政府建设的实现。同时也能促使政府及时了解公民的诉求、意见和建议，并做出积极的回应，以满足公民对利益诉求的关注，提升施政透明度，强化政府责任。

（二）行政法治建设以保证行政参与权的实现

现行行政法制度与参与式行政法制模式要求最大的差距就是，虽有参与程序的形式，但参与实效不足，其中原因之一在于公众的行政参与权没有得到有效地保障，因此，我们必须改革现行行政法制，充分保障行政参与权的实现。

1. 建立行政参与权的效力制度

首先，从立法上明确行政参与权的先定力，这是行政参与权程序上的效力，亦即有参与资格权的社会公众申请参加行政活动，政府机关必须确认和接受，从而形成参与式行政关系；其次，要明确行政参与权的拘束力，公众提供的正确信息、合理意见以及合法的利益诉求，政府机关须听取与采纳，并且要依此为依据作出行政决定；再次，要明确行政参与权的执行力，这是行政参与权的最终效力，也是实质上的效力，亦即公众有权参与体现公众意志的行政决定的实施，以实现公众的利益诉求，保障行政参与权的最后实现，从而真正实现反映民意的行政目标。

2. 建立相关法律责任制度

行政参与要成为公众实质意义的行政参与权，必须明确政府满足这种权利实现的义务，包括：满足公众因享有参与资格的发起权的确认义务，满足公众了解权的信息公开义务，满足公众表达权的回应和反馈义务，满足公众监督权的纠错义务，满足公众参与行政决定权的合意决定义务，满足公众参与决定实施权的合作实施义务等。行政主体不履行公众参与程序的这些法定义务，必须承担相应的法律责任。比如，行政立法、行政决策以及行政执法中要求必须举行听证的不举行听证，或者虽然举行了听证，但是却操控听证，使听证流于形式，都要追究法律责任。其中法律责任包括内部责任和外部责任。内部责任主要是不断规范和完善行政问责制度，实行违反满足公众行政参与权义务的个人责任追究制，追究个人的法律责任。《政府信息公开条例》第 35 条已有类似的规定，行政机关不依法履行政府信息公开义务，不及时更新公开的政府信息内容、政府信息公开指南和政府信息公开目录的，由监察机关、上一级行政机关责令改正，情节严重的，对行政机关直接负责的主管人员和其他直接责任人员依法给予处分。实际上这是对未满足公众知情权义务的责任追究，我们还需要建立追究不履行满足公众其他行政参与权义务的个人责任制度。外部责任是指具有参与资格的相对人可以对在行政活动中对违反公众参与程序规定，侵害自己的行政参与权的行政主体提起行政复议或行政诉讼，追究不履行公众参与程序的法定义务的行政主体的法律责任。

3. 建立和完善保障的配套制度

第一，完善政府信息公开制度。信息是参与的"眼睛"，开放的信息是有效参与的前提，如果没有必要的信息，参与者知识的运用就会变得非常困难，将极大地约束参与者的行动能力。美国行政法学者戴维斯教授也指出："公开是专横独断的自然敌人，也是对抗不公的自然盟友。"因此，要保障公众能有效参与行政活动，行政活动的相关信息都必须公开。公众只有知晓相关信息后，实现了解权，才能知道如何参与，也才能知道参与的效果并对参与结果进行评价等。由于我国已有的《政府信息公开条例》还属于行政法规，还不是法律，并且存在与《中华人民共和国保守国家秘密法》的衔接问题，这也导致政府信息公开实践在信息公开范围、程序以及监督等方面存在不少问题，因此，为了解决这些问题，应尽快制定《政府信息公开法》，为政府信息公开提供完善的法律保障。

第二，完善个体利益组织化制度。个人参与与政府博弈、协商对话的能力是有限的。"利益分散是多元社会个体有效参与的障碍"，而"社会中各种利益的组织化，也正是公众参与制度赖以维系和有效运行的社会组织基础。"

因此，个人利益需要组织化。这就要求完善社团登记制度，放宽社团成立条件，其核心就是应当取消现行的双重许可制，尽可能消除社团组织设立的限制与障碍，使公民能通过社团组织更加有效地参与行政活动，实现行政参与权。

第三，建立和完善操作性制度。公众参与行政实践是操作性很强的活动，需要一些可操作性制度的支持。因此，要实现和保障公众行政参与权，我们应当从以下几方面建立和完善公众参与的操作性制度：

（1）建立主体的代表制度。很多情况下有公众参与资格的主体都会人数众多，而在参加政府机关举行的"座谈会、论证会和听证会"等公众参与行政活动时，选择与确定适合的参与代表非常重要，正如姜明安教授所言："如果代表产生不合理，代表在各不同利益团体的分配比例不平衡，参与不仅不能保障公正，而且可能导致比没有参与的行政单方面决策可能形成的不公正更大的不公正。"首先，应当建立利益代表的分配制度，根据利益平衡原则和权利行使的监督原则，应该规定每一利益团体分配至少两名以上的代表；其次，确定代表的总数，根据参与行政活动的可行性和必要性原则，来确定代表总数，并且规定代表人数的下限，亦即保证每一利益群体至少有两名代表；再次，规定代表的条件，包括利益关系、权利能力和行为能力、专业知识等；最后规定代表产生办法，应当采取由利益团体公推公选的方式产生。

（2）建立知识与技能的培训制度。可以定期举行培训班，既包括对行政公务员的培训，又包括对公民的培训，尤其是对广大农民的培训。培训内容包括民主观念与法治思想教育、法律知识、信息技术、听证与谈判技能等。通过培训与学习，培养政府公务员与社会公众的法治意识和民主意识，提高依法参与行政活动的能力和水平，促进参与式行政活动的合法、有效开展。

（3）完善利益表达机制。公众表达权是行政参与权的主要内容之一，要使公众利益得以实现，公众意志能影响并制约行政决定的形成。公众必须能够把自己的意见和利益诉求及时传递给有关政府机关，要让政府机关听到公众的声音和诉求，政府才有可能对其进行选择和作出处理，否则，公众并不是真正的参与主体，公众失去了与政府沟通、博弈和协商的基础和动力，其诉求也很难影响行政决定，公众利益也可能会失去保护。因此，要保障行政参与权的有效实现，我们应当完善利益表达机制。首先，应当明确政府机关在提供公众利益表达机会，保障公众表达权的法律责任，落实政府机关提供诉求表达条件和接受公众意见的具体义务。比如，在行政立法、行政决策和行政执法制度中政府机关收集和接受公众意见应成为其法定义务，确立日常行政中政府机关建立民意表达网站、电子信箱等民意表达载体，并及时接受和处理收到的意见的义务。同时规定，不履行这些义务，应该承当相应的法律责任。其次，构建多样化的社会利益表达渠道和载体，使各种社会公众都能及时便捷地表达意见。利益表达的关键是有关行动者能够获得进行表达的渠道或途径。因此，应当开创多种意见表达渠道和路径。信息时代，我国应充分利用现代社会发达的网络媒体，完善网络意见征求制度；应当进一步完善听证会、座谈会和论证会等具有交涉性的意见表达制度；应当完善电视、报纸、信函等传统媒体传播行政信息并收集意见的制度，保障农民的表达权的实现；应当建立利益团体的表达制度，使公众利益的表达实现组织化，可以在利益团体设立电话、信箱等，并由专人负责，接收团体内利益关系人的意见，也可以采取由利益团体召开座谈会的形式，征求团体内利益关系人的意见。本利益团体内所有组成人员均有权利参加，对涉及利益团体利益的行政活动提出意见或建议，并根据这些意见制作书面意见稿，由代表人提供给相关政府机关。

（4）建立与完善反馈制度。政府机关对公众意见和诉求的处理和反馈，是参与式行政政府与公众互动与合作关系的体现，应当从以下方面建立和完善参与式行政中的政府对公众意见的处理和反馈制度，以保障公众行政参与权的实现。其一，政府机关应当及时公布公众意见和诉求；其二，政府机关应在法定期限内，组织相关部门、专家对公众意见和诉求进行研究和论证，并决定是否采取，涉及利害关系人重大利益的，还应通知利害关系人和意见提出人参加，其中决定不采取的，要说明理由，并及时通知意见提出者；其三，提出意见的利害关系人对涉及其重大利益的意见处理结果有异议的，有权要求政府机关单独予以说明，政府机关必须对异议者单独进行解释，若属于行政立法或行政决策中的重大异议，提出意见的利害关系人有权要求举行听证；最后，政府机关应当将所有意见处理结果定期公布，并形成意见处理说明书存档，以备公众查询。

4. 建立与完善相关救济制度

无法律救济就无权利的保障。因此，要落实与保障公众行政参与权，必须建立与完善救济制度。

第一，建立与完善行政参与权受侵害后的行政调解制度。公众行政参与权与政府行政权有着目标的同一性、手段的交涉性、结果的合意性等，这与行政调解的原则、机理与目标相契合，使公众与政府在行政参与权的保障与救济方面有了调解的可能。行政参与权救济的行政调解是指在上级行政机关的主持下，以行政参与权争议双方自愿为原则，依法促进当事人双方沟通与协商，并加强对未满足行政参与权义务的行政机关的规劝，促使双方达成满足行政参与权实现的协议的制度。行政参与权救济的行政调解需要满足以下条件：（1）政府机关未完全履行满足行政参与权的义务；（2）行政参与权有恢复行使的可能；（3）行政参与权争议双方愿意调解；（4）调解应在上级行政机关的主持下进行。

调解的程序包括：（1）认为被侵害行政参与权的相对人提起调解请求；（2）上级行政机关受理调解申请；（3）在上级行政机关的主持下，双方谈判和协商；（4）达成是否恢复行使行政参与权的调解协议；（5）义务机关履行调解协议，即履行满足行政参与权的义务，并启动行政参与程序。当然，如果不能达成调解协议或者行政机关不履行调解协议，相对人可以提起行政复议或行政诉讼。

第二，建立与完善行政参与权受侵害后的行政复议制度。应当将行政参与权纳入行政复议对相对人的合法权益保护范围。鉴于我国行政复议制度的受案范围限于具体行政行为，只能附带审查部分抽象行政行为，而公众参与行政活动更多是抽象行政行为，这样，当抽象行政行为侵害了行政参与权时，相对人不能直接提起复议，这显然不利于保护相对人的行政参与权。因此，我们认为应当修改行政复议法，将行政复议的受案范围扩大至除国务院制定行政法规以外的其他所有抽象行政行为，这也符合内部监督行政的目的，从而保障上级行政机关监督下级行政机关履行满足行政参与权的义务。

第三，建立与完善行政参与权受侵害后的行政诉讼制度。对行政侵权行为最有效的监督是司法审查，因此，我们应当建立行政参与权受行政机关侵害后的行政诉讼救济制度。由于现有行政诉讼制度的受案范围也局限于具体行政行为的争议，因此，我们急需修改《行政诉讼法》，扩大行政诉讼受案范围，将规章及规章以下的抽象行政行为纳入行政诉讼受案范围。这样，可将绝大部分侵害公众行政参与权的行政行为纳入行政诉讼受案范围，公众可以程序违法为由，对政府机关不履行满足行政参与权义务的行为提起行政诉讼，追究政府机关侵害了公众行政参与权的法律责任，公众的行政参与权就得到了司法保障。

结　语

本书对行政参与权的相关理论内容进行了分析和归纳，并就其实现保障进行了说明，以求实现理想民主国家的民主宪政目标；在实现这一最终目标的过程中，达到行政公开与行政民主的目标。

行政参与权的实现需在确保行政相对人主体性地位的基础上，彰显公民的基本权。通过参与行政，为实现行政民主，乃至公共治理提供了动力与保障。同时，行政民主与治理民主又反过来对行政参与起到促进与保障作用。

行政相对人通过行使行政参与权而参与到行政过程之中，如此就是一种法律的确认与保障。并且，相对人因此拥有了更多表达意见和实现自我意志的机会，从而使行政决定的作出，不再仅仅是行政主体单方的意思表示，而是包含了行政过程中相对人的意思表示。"随着行政民主化的发展，现代社会的行政相对人已广泛地参与了行政程序或者行政行为的实施，即参与意思表示。"[1]因此，行政行为的作出，是由行政主体与行政相对人双方共同参与，受多种因素综合作用的博弈结果。

行政参与权的实现，依赖于相关制度的保障。行政管理中的参与表现为行政主体依法律、法规的规定，遵守行政程序的规定，通过听证、信息公开、告知、说明理由等制度，以及利益关系人、公益代表人等制度保障，实现行政相对人的行政参与。

相关制度的完善，有利于当事人参与的"便利"，客观上对行政主体实施权力进行了"约束"。通过法律规定、当事人参与以及法律、法规的更新与完善、相关机制的严格，这些方式都可对行政主体产

---

[1] 姜明安：《行政法与行政诉讼法》，高等教育出版社，1999年版，第143页。

生压力，促进行政公平，实现行政民主。

　　推行依法治国，建设社会主义法治国家，离不开行政参与权制度的构建，只有从法律和制度上，赋予行政相对人全面、切实的参与权，允许相对人参与行政活动，才能广泛接纳行政相对人参与管理国家事务的意见和建议，最大限度地激发行政相对人参政议政的积极性和创造性，形成政府谋划、民主决策的机制，相对人的权益才能得到切实的保护，行政机关的权力才能得到有效的监督，行政机关管理国家的决策和行政相对人的意愿才能达到和谐统一，政府执政为民的宗旨才能真正实现。因此，行政参与权在我国建设民主法治国家的过程中扮演着举足轻重的角色。

参考文献

一、中文著作

罗豪才：《现代行政法制的发展趋势》，法律出版社，2004 年版

罗豪才：《现代行政法的平衡理论》，北京大学出版社，1997 年版

罗豪才：《行政法论丛》（第 4 卷），法律出版社，2001 年版

袁曙宏：《社会变革中的行政法制》，法律出版社，2001 年版

肖北庚：《走向法治政府》，知识产权出版社，2006 年版

杨海坤、关保英：《行政法服务论的逻辑结构》，中国政法大学出版社，2002 年版

孙笑侠：《法律对行政的控制》，山东人民出版社，1999 年版

石佑启：《论公共行政与行政法学范式转换》，北京大学出版社，2001 年版

周志忍等：《当代国外行政改革研究》，国家行政学院出版社，1999 年版

顾丽梅：《信息社会的政府治理》，天津人民出版社，2003 年版

杨冠群：《政府治理体系创新》，经济管理出版社，2000 年版

方福前：《公共选择理论——政治的经济学》，中国人民大学出版社，2000 年版

周旺生：《立法研究》，法律出版社，2003 年版

湛中乐：《现代行政过程论——法治理念、原则与制度》，北京大学出版社，2005 年版

叶必丰：《行政法的人文精神》，北京大学出版社，2005 年版

张英俊：《现代行政法治理念》，山东大学出版社，2005 年版

张千帆、赵娟：《比较行政法——体系、制度与过程》，法律出版社，2008 年版

王锡锌：《公众参与和行政过程——一个理念和制度分析的框架》，中国民主法制出版社，2007 年版

于安：《WTO 协定国内实施读本》，中国法制出版社，2002 年版

甘雯：《行政与法律的一般原理》，中国法制出版社，2002 年版

应松年：《行政法学总论》，工人出版社，1985 年版

姜明安：《行政法与行政诉讼法》，北京大学出版社，1999 年版

张树义：《行政法学新论》，时事出版社，1991 年版

李培林、李强、孙立平等：《中国社会分层》，社会科学文献出版社，2004 年版

苏力：《法治及其本土资源》，中国政法大学出版社，1996 年版

武树臣等：《中国传统法律文化》，北京大学出版社，1994 年版

俞可平：《治理与善治》，社会科学文献出版社，2000 年版

柳华文：《论国家在经济、社会和文化权利公约下的义务的不对称性》，北京大学出版社，2005 年版

王万华：《行政程序法研究》，中国法制出版社，2000 年版

王绍光：《多元与统一——第三部门国际比较研究》，浙江人民出版社，1999 年版

苏力：《规制与发展——第三部门法律环境》，浙江人民出版社，1999 年版

张维迎：《博弈论与信息经济学》，生活·读书·新知三联书店，1996 年版

涂纪亮：《分析哲学及其在美国的发展》，中国社会科学出版社，1985 年版《布莱克维尔政治学百科全书》，中国政法大学出版社，2002 年版

［美］昂格尔：《现代社会中的法律》，吴玉章等译，译林出版社，2001 年版

［德］哈贝马斯：《公共领域的结构转型》，曹卫东等译，学林出版社，2000 年版

［美］亨廷顿：《变化社会秩序中的政治秩序》，王冠华等译，生活·读书·新知三联书店，1996 年版

［德］韦伯：《现代社会中的经济与法律》，张乃根译，中国大百科全书出版社，1998 年版

［美］罗尔斯：《正义论》，何怀宏译，中国社会科学文献出版社，2000 版

［美］塞尔兹尼克：《转变中的法律与社会》，张志铭译，中国政法大学出版社，1994 年版

［美］哈定：《文化与进化》，韩建军、商戈令译，浙江人民出版社，1987 年版

［美］施瓦茨：《行政法》，徐炳等译，群众出版社，1985 年版

［日］室井力：《现代行政法入门——基本原理、行政组织法、行政作用法》，法律文化社，1982 年版

［法］狄骥：《公法的变迁》，郑戈译，春风文艺出版社，1999 年版

［美］亨廷顿：《文明的冲突与世界秩序的重建》，周琪译，新华出版社，1999 年版

［美］戈登：《比较法律传统》，米健等译，中国政法大学出版社，1991 年版

［美］奥斯特罗姆：《公共事物的治理之道》，徐逊达、陈旭东译，生活·读书·新知三联书店，2000 年版

［美］斯图尔特：《美国行政法的重构》，沈岿译，商务印书馆，2002 年版

［美］史珂拉：《美国公民权：寻求接纳》，刘满贵译，上海世纪出版集团，2006 年版

［美］帕特南：《使民主运转起来》，王列、赖海榕译，江西人民出版社，2001 年版

［美］阿尔蒙德：《公民文化——五个国家的政治态度和民主制》，徐湘林等译，华夏出版社，1989 年版

［英］哈耶克：《自由秩序原理》，邓正来译，生活·读书·新知三联书店，1997 年版

［英］霍布斯：《论公民》，应星、冯克利译，贵州人民出版社，2003 年版

［美］巴伯：《强势民主》，彭斌译，吉林人民出版社，2006 年版

［法］托克维尔：《论美国的民主》，董果良译，商务印书馆，2004 年版

［英］哈耶克：《法律、立法与自由》（第一卷），邓正来等译，中国大百科全书出版社，2000 年版

［英］卢瑟福：《经济学中的制度——老制度主义和新制度主义》，陈建波、郁仲莉译，中国社会科学出版社，1999 年版

［英］霍奇逊：《现代制度主义经济学宣言》，何以斌等译，北京大学出版社，1993 年版

［法］布雷迪：《实践与反思——反思社会学导引》，李猛等译，中央编译出版社，1998 年版

［美］熊彼得：《资本主义、社会主义与民主》，吴良健译，商务印书馆，1999 年版

［英］拉蒙特：《价值判断》，马俊峰译，中国人民大学出版社，1992 年版

［英］斯坦：《西方社会的法律价值》，王献平译，中国法制出版社，2004 年版

［美］布坎南：《自由、市场与国家》，平新乔等译，生活·读书·新知三联书店，1991 年版

［美］穆勒：《公共选择理论》，杨春学等译，中国社会科学出版社，1999 年版

［德］柯武刚：《制度经济学》，商务印书馆，1999 年版

［德］胡芬：《行政诉讼法》，莫光华译，法律出版社，2003 年版

［英］赫尔德：《民主的模式》，燕继荣译，中央编译出版社，1998 年版

［美］博登海默：《法理学——法哲学及其方法》，邓正来译，华夏出版社，1987 年版

［日］谷口安平：《程序的正义与诉讼》，王亚新、刘荣军译，中国政法大学出版社，1996 年版

［日］美浓部达吉：《法之本质》，林纪东译，台湾商务印书馆，1992

年版

［法］霍尔巴赫：《自然的体系》，管士滨译，商务印书馆，1964 年版

［美］波斯纳：《法理学问题》，苏力译，中国政法大学出版社，2002 年版

［英］罗素：《西方哲学史》（下卷），马元德译，商务印书馆，1976 年版

［英］边沁：《道德与立法原理导论》，时殷弘译，商务印书馆，2000 年版

［美］布坎南：《同意的计算——立宪民主的逻辑基础》，陈光金译，中国社会科学出版社，2000 年版

［德］考夫曼：《法律哲学》，刘幸义等译，台湾五南图书出版社，2000 年版

［德］拉伦茨：《法学方法论》，陈爱娥译，台湾五南图书出版社，1996 年版

［美］范伯格：《自由、权利和社会正义》，王守君、戴栩译，贵州人民出版社，1998 年版

［德］康德：《法的形而上学原理》，沈叔平译，商务印书馆，1991 年版

［德］施托莱斯：《德国公法史——国家法学说和行政学》，雷勇译，法律出版社，2007 年版

［日］和田英夫：《现代行政法》，倪建民、潘世圣译，中国广播电视出版社，1993 年版

［日］美浓部达吉：《公法与私法》，黄冯明译，中国政法大学出版社，2003 年版

［美］古德诺：《政治与行政》，王元、杨百朋译，华夏出版社，1987 年版

［德］毛雷尔：《行政法学总论》，高家伟、刘兆兴译，法律出版社，2001 年版

［美］利文：《行政法与行政程序概要》，黄列译，中国社会科学出版

社，1996 年版

[美]伯恩斯：《民治政府》，陆震纶等译，中国社会科学出版社，1996年版

[英]米尔恩：《人的权利与人的多样性——人权哲学》，夏勇等译，中国大百科全书出版社，1995 年版

[美]阿尔蒙德：《比较政治学：体系、过程和政策》，曹沛霖等译，上海译文出版社，1987 年版

[美]汉弥尔顿、杰伊、麦迪逊：《联邦党人文集》，程逢如等译，商务印书馆，1980 年版

[美]马洛伊：《法律和市场经济——法律经济学价值的重新诠释》，钱弘迫、朱素梅译，法律出版社，2006 年版

[日]蒲岛郁夫：《政治参与》，解莉莉译，经济日报出版社，1989年版

[美]科恩：《论民主》，聂崇信、朱秀贤译，商务印书馆，2004 年版

[美]阿瑟奥肯：《平等与效率》，王奔洲译，华夏出版社，1999 年版

[日]青木昌彦：《比较制度分析》，周黎安译，上海远东出版社，2001年版

[美]斯蒂格利茨：《正式和非正式的制度》，武锡申译，社会科学文献出版社，2004 年版

[日]棚濑孝雄：《纠纷的解决与审判制度》，王亚新译，中国政法大学出版社，1994 年版

[美]奥尔森：《集体行动的逻辑》，陈郁等译，上海人民出版社，1995年版

二、主要论文

罗豪才、宋功德：《现代行政法与制约、激励机制》，《中国法学》，2000（3）

张康之：《论"新公共管理"》，《新华文摘》，2000（10）

李建华、刘激扬：《政治文明的伦理分析》，《伦理学研究》，2003（6）

郭道辉：《权力的多元化与社会化》，《法学研究》，2001（1）

俞荣根：《观念更新、制度创新与人大监督》，《政治与法律》，2000（3）

杨解君：《当代中国行政法学的两大主题》，《中国法学》，1997（5）

杨解君：《关于行政法理论基础若干观点的评析》，《中国法学》，1996（3）

于海：《结构化的行动，行动化的结构——读吉登斯〈社会的构成：结构化理论大纲〉》，《社会》，1998（7）

肖文涛：《社会转型与政府行政范式转换》，《东南学术》，2001（6）

石佑勇：《公共行政改革与行政法学范式的转变》，《行政法论丛》（第四卷），法律出版社，2001年版

张文显：《后现代方法与法学研究范式的转向》，《吉林大学社会学科学报》，2001（5）

陈振明：《评西方的新公共管理范式》，《中国社会科学》，2000（6）

高全喜：《"以人为本"的法理学思考》，《改革内参》，2006（6）

罗豪才：《行政法的核心与理论模式》，《现代行政法的平衡理论》，北京大学出版社，2003年版

罗豪才、袁曙宏、李文栋：《现代行政法的理论基础——论行政机关与相对一方权利义务的平衡》，《中国法学》1993（1）

沈岿、王锡锌、李娟，《传统行政法控权理念及其现代意义》，《中外法学》，1999（1）

罗豪才、宋功德：《现代行政法学与激励制约机制》，《中国法学》，2000年（3）

徐显明，谢晖：《法治之治与法治之制》，《法学》，1998（10）

郭春艳：《公共事业由政府管理向公共治理的转变——以计划生育为例》，《湛江海洋大学学报》，2002（2）

薛澜：《公共管理与中国发展——公共管理学科发展的回顾与前瞻》，《管理世界》，2002（2）

任维德：《公共治理：内涵、基础、途径》，《内蒙古大学学报》，2004

（1）

王鹤：《评欧共体的辅助性原则》，《欧洲》第 11 卷（2）

王玉叶：《欧洲联盟之辅助原则》，《欧美研究》，第 30 卷（20）

蔡允栋：《官僚组织回应的概念建构评析——新治理的观点》，《中国行政评论》，2001（2）

韩东屏：《论价值定义困境及其出路》，《江汉论坛》，1994（7）

方宇：《市场经济与价值重建》，《中国社会科学》，1994（3）

陈端洪：《对峙——从行政诉讼看中国宪政的出路》，《中外法学》，1995（4）

章戎：《市场经济下法律价值观的重审》，《法学》，1994（11）

方军，刘奔：《实践、历史、然性、价值》，《哲学研究》，1993（11）

公丞祥：《邓小平的法制思想与中国法制现代化》，《中国法学》，1995（11）

［美］阿道夫·伯利：《美国行政法评论》，《哈佛法学评论》，1949（30）

［英］罗伯特·罗茨：《新的治理》，俞可平主编：《治理与善治》，社会科学文献出版社，2000 年版

［美］查尔斯·泰勒：《市民社会的模式》，《国家与市民社会——一种市民社会的研究路径》，中央编译出版社，2002 年版

三、外国文献

Beate Koch，Rainer Eising，The Transformation of Governance in the European Union，London: Routledge，1999

Orly Lobel，The Renew Deal: The Fall of Regulation and the Rise of Governance in Contemporary Legal Thought，Minnesota Law Review. Vol. 89 (2) (2004)

Colin Scott，Regulation in the Age of Governance: The Rise of the Post-Regulatory State，http://www.anu.edu/NEC/scottl.pdf

Jerry L. Mashaw，Accountability and Institutional Design: Some thoughts on the Grammar of Governance.

Bill Clinton，Address Before a Joint Session of the Congress on the State of the Union，Jan.23，1996

Bill Clinton，Remarks on Signing the Unfunded Mandate Reform Act of 1995，Mar.22，1995.

Martha Minnow，Partners，not Rivals: Privatization and the Public Good，Beacon Press，2002.

Jody Freeman，Extending Public Law Norms Through Privatization，116 Harvard Law Review. 1285，1295(2003)

Martha Minnow，Public and Private Partnership: Accounting for the New Religion，116 Harvard Law Review，1229，1243 (2003).

Gunther Teubner，Substantive and Reflexive Elements in Modern Law，Law&Society Review (1989)

Carol Harlow，Law and Public Administration，Convergence and Symbiosis，International Review of Administrative Sciences，Vol.71 (2) p.283 (2005)；Peter Cane，Responsibility in Law and Marality，Oxford Portland Oregon (2002)

Aurel Croissant, 'Legislative Powers, Veto Players, and the Emergence of Delegative Democracy:A Comparison of Presidentialism in the Philippines and South Korea', Democratization Vol. 10,No. 3 (2003), pp. 68–98

William Case, 'Southeast Asia's Hybrid Regimes: When Do VotersChange Them?' Journal of East Asian Studies Vol. 5, No. 2 (2005), pp. 215–37.

Garry Rodan, 'State-Society Relations and Political Opposition in Singapore', in Garry Rodan (ed.) Political Oppositions in Industrialising Asia (London: Routledge, 1996), pp. 95–127.

Youth Connect Workshop Report, Feedback Unit, Ministry of Community Development and Sports, Singapore, 2005, p. 10.

Unit Political Matters and Media Group, 'Position Paper: Recommendations for Best Practices in Political Governance for

Singapore', Singapore: Ministry of Community Development and Sports, September 2002, p. 11

Melanie Beresford, 'Vietnam: the Transition from Central Planning', in Garry Rodan, Kevin Hewison and Richard Robison (eds), The Political Economy of Southeast Asia (3rd edition) (Oxford: Oxford University Press, 2006), p. 210.

Sarah Biddulph, 'Mapping Legal Changes in the Context of Reforms to Chinese Police Powers', in John Gillespie and Pip Nicholson (eds), Asian Socialism and Legal Change: The Dynamics of Vietnamese and Chinese Reform (Canberra: Asia Pacific Press Australian National University, 2005), p. 224

Cowen, M & Shenton, R (1995) The invention of development, in: J Crush (ed), Power of Development, pp 27–43 (London: Routledge).

Crush, J (1995) Introduction: imagining development, in: J Crush (ed), Power of Development, pp 1–26 (London: Routledge).

Hauptman, L M (1981) The Iroquois and the New Deal (Syracuse, NY: Syracuse University Press).

Hirschmann, D (1999) Development management versus Third World bureaucracies: a brief history of conflicting interests, Development and Change, 30, pp 287–305.

Huxley, J (1931) Africa View (London: Chatto and Windus). International Monetary Fund International Development Association (1999) Poverty Reduction Strategy Papers—Operational Issues, 10 December.

Joy, L & Bennet, Systemic Improvement of Public Sector Management—Process Consultation (New York: UNDP Management Development Programme).

后　记

　　本书是在我的博士论文《行政法视阈下的行政参与权研究》的基础上修改完善而成的，现名《行政法视阈下参与权解析》。本书初稿完成于2010年，鉴于5年来公共管理理论与公共行政改革实践的发展，我国的法治社会建设不断繁荣，因而近一个时期以来，我一直努力将原有文稿进行整理和更新。在这个过程中，由于平时教学、科研以及工作上派遣等事务所累，致使本书成书周期较长。本人参考了大量文献资料，但仍未把全部资料来源一一列举。加之对文献掌握和研究能力有限，难免有纰漏和不当之处。在此，向为本书成书提供有益观点以及理论的学者们致以诚挚的谢意，并恳请谅解，同时敬请同行以及读者批评指正。

　　借本书即将付梓之际，我要向我的导师，南开大学沈亚平教授致以由衷的谢意。沈老师做学问严谨慎思、儒雅风范，做人光明磊落、行为师范。导师始终践行"授人以鱼，不如授之以渔"的原则，经常教导我要志存高远，严格遵守学术规范，为以后的继续研究和深造打好坚实基础。能有这样一位谦和恭谨的恩师，我心怀感恩，并十分珍惜。感谢南开大学周恩来政府管理学院和法学院的各位老师们，在本书成书过程中，他们在观点、材料、结构、内容和行文措辞等方面提出了许多宝贵意见，没有他们的亲切指引和建议，书稿是很难顺利完成的。

　　感谢培养我的单位——天津外国语大学的各位领导、各位老师、同事和学生们。感谢天津外国语大学"求索文库"学术著作出版资助项目的大力支持，为青年教师搭乘学术快车提供了良好平台。感谢大家对我工作和科研的支持和鼓励，为我的研究提供了良好的环境与启迪，为我的生活带来照顾与温暖。自告别求学生涯，进入天津外国语大学工作以来，我在这里逐渐成长、成熟。工作之初，有幸被天津外国语大学派至葡萄牙工作，得到了锻炼的机会，得以开阔眼界，学习西方优秀经验，接触更为前沿的学术科研成果，丰富了本书的内容。

感谢我的父母和家人，你们的包容、关爱和鼓励促使我完成学业，教会我热爱生活，是激励我努力拼搏的不竭动力。我爱你们。过去、现在和未来，希望我们如愿一起体会生活的平静之美，分享我成长的喜悦。

最后，感谢参考文献中的所有作者，各位前辈。感谢南开大学出版社工作人员的辛勤付出，将拙作在母校出版社印制成书，作为一名南开人，我十分感动，万分感激。

我希望以此书的出版为跨学科研究抛砖引玉，融合公共管理理论以及行政法学研究，能为建设法治社会做出一点自己的贡献。"靡不有初，鲜克有终。"实现中华民族伟大复兴，需要一代又一代人为之努力。希望本书的研究可以在中国实现"依法治国"的道路上，在实现"中国梦"的奋斗中贡献我的绵薄之力。

在葡萄牙工作期间学习到一句谚语："Uma jornada de duzentos quilômetros começa com um simples passo.（千里之行，始于足下）"今后我会以此激励自己继续前行。